出口食品农产品 供给侧结构性改革 探索与实践

山东出口食品农产品质量安全示范省创建纪实

·理论篇·

山东省商务厅◎编

中国农业科学技术出版社

图书在版编目（CIP）数据

出口食品农产品供给侧结构性改革探索与实践：山东出口食品农产品质量安全示范省创建纪实 / 山东省商务厅编 .—北京：中国农业科学技术出版社，2018. 12

ISBN 978-7-5116-3531-0

Ⅰ. ①出…　Ⅱ. ①山…　Ⅲ. ①出口商品-农产品-质量管理-研究-山东　Ⅳ. ①F326. 5

中国版本图书馆 CIP 数据核字（2018）第 297884 号

责任编辑　史咏竹　任玉晶
责任校对　马广洋

出 版 者　中国农业科学技术出版社
北京市中关村南大街 12 号　邮编：100081
电　　话　(010) 82105169 (编辑室)　(010) 82109702 (发行部)
(010) 82109709 (读者服务部)
传　　真　(010) 82106626
网　　址　http://www. castp. cn
经 销 者　各地新华书店
印 刷 者　北京科信印刷有限公司
开　　本　787 mm×1 092 mm　1/16
印　　张　40. 5
字　　数　961 千字
版　　次　2018 年 12 月第 1 版　2018 年 12 月第 1 次印刷
定　　价　168. 00 元(全三册)

《出口食品农产品供给侧结构性改革探索与实践》

编委会

前　言

山东省是中国重要的农产品生产、出口、消费大省。省委、省政府高度重视出口食品农产品质量安全工作。2007年以来，山东省积极探索出口食品农产品质量安全管理新模式，历经“区域化管理”“出口农产品质量安全示范区”“出口农产品质量安全示范市”和“出口食品农产品质量安全示范省”四个阶段，建立了出口农产品质量安全监管“一个机制、两个平台、六大体系”新模式。经过10年建设，山东省有106个县（市、区）建成示范区，13个市建成示范市。2017年，经原国家质检总局现场考核验收，山东省建成中国首个出口食品农产品质量安全示范省。示范省的建成被评为2017年度“国家十大质量事件”。2018年6月7日，《人民日报》头版头条对示范省建设情况进行了报道。示范省建设取得显著成绩，山东省农产品出口规模稳居全国首位，质量安全走在全国前列。2016年全省农产品出口额首次突破千亿元大关，2018年达到1 150.3亿元，占全国的近1/4，连续20年位居全国首位。出口农产品检验检疫合格率连续多年保持在99.95%以上，区域性、系统性和行业性重大质量安全风险得到有效控制。山东经验已在全国200多个县（市、区）推广。

为系统总结示范省建设的经验做法，山东省商务厅组织专家编写了《出口食品农产品供给侧结构性改革探索与实践——山东出口食品农产品质量安全示范省创建纪实》。本书编写过程中，得到了才利民、夏耕、任爱荣、王华、佘春明等领导同志的悉心指导和大力支持，参考了示范省创建过程中系列文件和历次会议的内容，以及部分媒体发布的信息，在此一并表示感谢。由于本书所涉时间跨度较大，编写时间较紧，编写水平有限，书中难免有疏漏和不当之处，敬请读者批评指正。

编写组

2018年6月

目　　录

第一章　山东农业总体情况 …………………………………………………… (1)

一、山东概况 ………………………………………………………………… (1)

二、山东农业资源概述 ……………………………………………………… (2)

三、山东农产品出口状况 …………………………………………………… (3)

第二章　出口农产品质量安全管理提出的背景 ………………………………… (6)

一、进入新时期国家对农产品质量安全工作提出了新要求 ………………… (7)

二、创新农产品质量安全管理模式成为发展现代农业的主攻方向 ………… (9)

三、应对日益严重的农产品国际贸易壁垒需要从提高质量安全管理水平上求突破 ……………………………………………………………………… (15)

四、面对激烈的国际竞争需要把转变农业发展方式作为核心竞争力 ……… (19)

五、适应消费升级必须用提高农产品质量安全管理来创造新需求 ………… (22)

六、发展高质量农业需要高标准质量安全管理制度作保障 ………………… (25)

第三章　创建出口农产品质量安全示范省的重要意义 ………………………… (28)

一、是转变农业发展方式推进农业现代化的迫切要求 ……………………… (29)

二、是加快推进农业供给侧结构性改革提高农业发展质量的重要举措 …… (31)

三、是实现农业标准化、国际化的有力手段 ………………………………… (35)

四、是创建农产品质量安全监管新机制的有益尝试 ………………………… (40)

五、是破解农产品国际贸易壁垒的关键一环 ………………………………… (43)

六、是培育农业发展新优势提高国际竞争力的有效措施 …………………… (44)

七、是深化“农业走出去”战略的重要内容 ………………………………… (47)

八、是保障“舌尖上的安全”的民生工程 …………………………………… (52)

第四章　创建出口食品农产品质量安全示范省的历程 …………………………… (54)
一、第一阶段：以“区域治理”为重点的区域化管理体系建设 …………………… (54)
二、第二阶段：以县级区域为重点的示范区建设 …………………………………… (57)
三、第三阶段：以市级区域为重点的示范市建设 …………………………………… (59)
四、第四阶段：以省级区域为重点的示范省建设 …………………………………… (62)

第五章　创建出口食品农产品质量安全示范省的基本做法 ……………………… (65)
一、全力构建“六大体系”夯实创建基础 …………………………………………… (65)
二、统筹整合资源壮大区域农业发展优势 …………………………………………… (99)
三、实施市场多元化战略大力开拓国际市场 ……………………………………… (112)
四、健全工作推进机制形成创建合力 ……………………………………………… (118)

第六章　创建出口食品农产品质量安全示范省取得的成绩 ……………………… (130)
一、农产品质量安全水平显著提高 ………………………………………………… (130)
二、农产品国际市场竞争力明显提升 ……………………………………………… (136)
三、农产品内外贸一体化发展格局形成 …………………………………………… (138)
四、农产品品牌美誉度和影响力不断提升 ………………………………………… (141)
五、构建了农产品质量安全管理的制度体系 ……………………………………… (143)

第一章　山东农业总体情况

一、山东概况

山东省地处中国东部、黄河下游，位于北半球中纬度地带。全境南北最长 420 多千米，东西最宽 700 余千米，陆地总面积 15.67 万平方千米，约占全国总面积的 1.6%，居全国第十九位。境域东临海洋，西接大陆，是中国主要沿海省市之一。水平地形分为半岛和内陆两部分，东部的山东半岛突出于黄海、渤海之间，隔渤海海峡与辽东半岛遥遥相对，庙岛群岛（又称长山列岛）屹立在渤海海峡，是渤海与黄海的分界处，扼海峡咽喉，成为拱卫首都北京的重要海防门户。西部内陆部分自北而南依次与河北、河南、安徽、江苏 4 省接壤。2017 年常住人口 10 005.83万人。

山东省地形复杂。山东省中部山地隆起，地势最高，主峰泰山海拔 1 545米，为全省最高点。鲁东丘陵海拔多在 500 米之下，鲁北、鲁西平原海拔多在 50 米以下，黄河三角洲一般海拔 2~10 米，为全省陆地最低处。中部山地突起，西南、西北低洼平坦，东部缓丘起伏，形成以山地丘陵为骨架、平原盆地交错环列其间的地形大势。境内地貌复杂，大体可分为中山、低山、丘陵、台地、盆地、山前平原、黄河冲积扇、黄河平原、黄河三角洲等 9 个基本地貌类型。山地约占全省总面积的 15.5%，丘陵占 13.2%，平原占 55%，河流湖泊占 1.1%。

山东省四季分明。山东省属暖温带季风气候区，四季分明。春季气候多变，多西南大风，地面增温快，蒸发大，降水少，常干旱；夏季炎热湿润，降水集中，时有暴雨冰雹天气出现；秋季云雨较少，秋高气爽，个别年份出现秋雨连绵天气；冬季雨雪稀少，多偏北风，寒冷而干燥。全省年日照时数为 2 200~2 900小时，日照百分率为 50%~65%，太阳年总辐射量在 481~540 千焦/平方厘米；全省年平均气温在 11.0~14.2℃，年平均无霜期为 173~250 天；全省年平均降水量为 550~950 毫米，自东南向西北递减，夏季降水量占全年的 57%~71%；全省农业自然灾害主要有旱涝、冰雹、大风、干热风、低温霜冻、海潮、病虫害等。

山东省土地资源丰富。山东省土地因受黄河入海口泥沙淤积等因素影响而不断延伸扩大。目前，土地利用类型按一级分类共有耕地、园地、林地、牧草地、城乡居民点及工矿用地、交通用地、水域、未利用土地八大类，其特点是垦殖率高，后备资源少。因受生物、气候、地域等因素影响，全省土壤呈多样化，共有 15 个土类、36 个亚类、85 个土属、257 个土种，适宜于农田和园地的土壤主要有潮土、棕壤、褐土、砂姜黑土、水稻土、粗骨土 6 个土类的 15 个亚类，其中尤以潮土、棕壤和褐土的面积较大，分别占耕地的48%、24%和19%。山东农业历史悠久，耕地率属全国最高省份，全省农用地1 154万公顷，其中，耕地总面积762万公顷，在常用耕地面积中，水田约占3%，旱地有效灌溉面积约为529万公顷，占全省耕地面积的69%。

山东省水资源丰富。山东省分属于黄河、淮河、海河三大流域，境内主要河流除黄河横贯东西、大运河纵穿南北外，潍河、沂河、弥河等中小河流密布全省，主要湖泊有南四湖、东平湖、白云湖、青沙湖等。全省水资源主要来源于大气降水，多年平均降水量676.5毫米，多年平均天然径流量222.9亿立方米。水资源总量168.44亿立方米，其中，地表水资源总量84.3亿立方米，地下水资源与地表水资源不重复总量84.14亿立方米，黄河多年平均入境水总量385.8亿立方米。

二、山东农业资源概述

山东省是我国农业发源地之一，是全国粮食作物和经济作物重点生产区，素有“水果水产之乡”“菜园子”“果篮子”“粮棉油之库”之称。小麦、玉米、地瓜、大豆、谷子、高粱、花生、蔬菜、水果、茶叶、药材、蚕桑等农作物产量大，在全国占有重要地位。其中，花生、蔬菜、水果是全国重要的主要产区之一，其产品产量和质量均名列全国前茅。山东利用全国约1/17的耕地面积和1/52的淡水资源，生产出约占全国1/6的蔬菜、1/7的水产品，出口农产品占全国的1/4，农林牧渔业总产值、第一产业增加值和农产品出口额均居全国第一位，畜产品、水产品、蔬菜、果品、油料等产品总量居全国首位，粮食、棉花等总量居全国前三位。

（一）粮　食

山东省是我国主要的粮食产区之一，全省粮食种植分夏、秋两季。夏粮主要是冬小麦，秋粮主要是玉米、地瓜、大豆、水稻、谷子、高粱和小杂粮。其中，小麦、玉米、地瓜是山东省三大主要粮食作物。2017年全省粮食总产量4 723.2万吨；油料总产量327.7万吨。

（二）蔬　菜

山东省蔬菜生产自然条件优越、品种资源丰富，素有“世界三大菜园”之称。从20世纪90年代开始，全省蔬菜生产基本实现了由以城郊生产为主到以建设农区大基地生产为主，由以秋菜生产为主到以冬春菜生产为主，由以大路菜生产为主到以精细菜生产为主，由以省内消费为主到以供应省外和出口为主的转变，并因其量大质优而逐步确立了“中国第一菜园子”的地位，“鲁菜”无论是种植面积、总产量，还是市场流通量、出口量，都稳居全国首位。目前山东省有大白菜、芹菜、生姜、大葱、胡萝卜等100多个蔬菜种类、3 000多个品种。其中，产量的70%以上销往省外，出口量占全国的1/3，基本形成省内、省外以及出口各占1/3的格局。2017年全省蔬菜及食用菌总产量10 618.3万吨。

（三）水　果

山东省是北方果树最适栽培区域之一，被誉为“北方落叶果树的王国”，是全国水果主要产区之一。主要种植苹果、梨、葡萄、桃等各类水果 20 多种，品种达数百个，果园遍及全省各地。2017 年全省水果总产量 3 295. 8万吨，其中园林水果 1 776. 9万吨。其中，苹果产量 939. 5 万吨，梨 103. 7 万吨，葡萄 109. 9 万吨，桃 294. 6 万吨，杏 13. 2 万吨，红枣 83. 2 万吨，柿子 11. 5 万吨，山楂 27. 7 万吨。

（四）畜产品

山东省畜牧业发展历史悠久，品种资源丰富，已成为推动全省农村经济发展的最强“引擎”之一。拥有一大批像鲁西黄牛、渤海黑牛、莱芜猪、里岔猪、青山羊、寿光鸡等地方良种，尤其是小尾寒羊被誉为“国宝”，拥有地方畜禽品种 36 个，32 个列入国家资源名录，约占全国总量的 6%；肉、蛋、奶产量在全国名列前茅，总产量占全国的 1/10，是全国养殖类别最全的省份之一；畜产品出口到 30 多个国家和地区，年均出口创汇 20 多亿美元，肉类出口特别是禽肉出口占到全国出口总量的 50%以上，兔肉出口占全国出口总量的 90%以上。2017 年全省肉类产量 866 万吨，禽蛋产量 445. 1 万吨，牛奶产量 231. 3 万吨，畜牧业总产值达到 2 501. 4亿元。

（五）水产品

山东省濒临黄海和渤海，海岸线长达 3 121千米，约占全国的 1/6，沿海滩涂面积 3 000平方千米，近海海域面积 17 万平方千米，内陆湖泊、水库 300 多万亩①，卤水资源丰富。鱼、虾、蟹、贝、藻等水产生物资源 600 余种，产量居全国前列，海带产量占全国的 50%，冷水鱼养殖产量约占全国产量的 25%。名、优、新、珍、稀水产品养殖发展迅速，是全国重要的“海上粮仓”之一。2017 年全省水产品养殖面积 83. 4 万公顷，水产品总产量（不含远洋渔业产量）868 万吨，其中，海水产品总产量 737. 2 万吨，淡水产品总产量 130. 8 万吨。

三、山东农产品出口状况

改革开放以来，我国经济社会发展水平明显提升，成为世界第二大经济体、第一货物贸易大国。特别是加入世界贸易组织以来，中国农产品贸易规模持续快速扩大，贸易地位和影响不断提高，已成为世界第三大农产品国际贸易国。中国农产品贸易总额由 2001 年的 279 亿美元增长到 2017 年的 1 998. 2亿美元，年均增长 13. 1%。其中，农产品进口额由 118. 3 亿美元增长到 1 246. 8亿美元，年均增长 15. 8%；出口额由 160. 7 亿美元增长到 751. 4 亿美元，年均增长 10. 2%。山东省作为全国重要的农产品生产、出口

① 1 亩≈667 平方米，全书同。

和消费大省，农产品对外贸易持续快速发展，外向型特点突出。从 1999 年开始，山东农产品出口连续 19 年位居全国第一，到 2017 年山东农产品出口额达到 170.1 亿美元（1 152.4亿元），占全国总出口额的 22.6%。山东出口农产品发展到水海产品、蔬菜、水果、肉食品、花生及制品等五大类产品，其中，大葱、大蒜、生姜、花生、苹果等多种农产品出口居全国首位，遍布全球 200 多个国家和地区，与乌克兰、美国得克萨斯州并称“世界三大菜园”。2017 年农产品出口额占农业总产值的比重达到 12.6%，带动 1 900多万人就业。

（一）农产品出口规模持续扩大

2007 年以来，山东省把健全完善质量安全体系作为促进食品农产品国际贸易发展的关键举措，以建设“出口农产品质量安全示范区”为载体，在全省大力推进出口食品农产品供给侧结构性改革，突出源头管理，强化全过程监管，全力保证出口农产品质量安全，国际市场竞争力进一步增强，国际市场份额稳步提升。2016 年山东省农产品出口达到 1 075.3亿元，首次突破千亿元大关，成为山东省农产品开拓国际市场的重要里程碑。实施示范区创建以来，2007—2017 年十年间山东农产品累计出口 10 629.1亿元，年均增长 28.7%。

（二）出口农产品队伍迅速壮大

随着外贸体制改革的持续深化，山东省农产品贸易经营队伍，尤其是外资和民营企业队伍迅速成长壮大。1978 年山东省只有 7 家国有专业外贸公司从事农产品贸易，随着民营企业不断壮大，以及外资企业的不断发展，山东农产品出口经营队伍迅速发展。2017 年，山东省有出口实绩的农产品企业4 497家，出口额超过 10 亿元以上的 2 家，5 亿元以上的 18 家，1 亿元以上的 268 家；国有企业出口额 13.7 亿元，占 1.2%，外资企业出口额 341.4 亿元，占 29.6%，民营企业出口额 797.2 亿元，占 69.2%。

（三）农产品出口新旧动能加速转换

随着示范区内农产品加工原料品质不断提升，原来需要从国外采购的原材料本地化供应能力增强，加工贸易出口逐步转变为一般贸易出口，2017 年山东省以一般贸易方式出口的农产品为 887.4 亿元，比 2007 年增长 1.1 倍，占全省农产品出口的比重由 2007 年的 65.2%上升至 77%，比十年前提高了 11.8 个百分点。精深加工产品比重大幅提高，2017 年山东水产品出口中加工品比重达到 31.4%，蔬菜出口产品中精深加工产品比重提高到 40.7%，出口花生中加工品比重达到 79.7%。

（四）市场多元化发展格局更加优化

山东农产品出口遍布全球 200 多个国家和地区，在巩固欧美日韩等传统市场基础上，主动加强与“一带一路”沿线国家的合作，积极开拓东盟、拉美等新兴市场。2017 年，对新兴市场出口 430.7 亿元，占山东农产品出口的 37.4%，比十年前提高了 5.9 个百分点。新兴市场的蓬勃发展，弱化了山东出口农产品企业对传统市场的依赖程度，减少了山东农产品出口受国际贸易技术壁垒的影响，为山东省农产品出口平稳增长提供了保证。

（五）惠及“三农”的社会效益日益显现

近年来，随着农产品贸易的持续快速发展，农产品出口在山东农业增加值中所占比重逐步提高，对于全省经济社会发展发挥了重要作用。2017 年，山东省农林牧渔业总产值 9 104.4亿元，农产品出口 1 152.4亿元，占农业总产值的 12.6%，带动 1 900多万人就业。农产品出口的快速发展带动食品农产品加工企业大量增长，山东省 9 400多家规模以上食品农产品加工企业吸纳了 1 000多万农村剩余劳动力，直接带动了农民增收。

第二章　出口农产品质量安全管理提出的背景

民以食为天，食以安为本。中华人民共和国成立初期我国经济总体发展落后，在食品农产品上，落脚点是解决“吃得饱”的问题，对“吃得好”的问题关注度并不高。过去吃不饱的时候，人们对质量安全并不在意。但是，随着我国社会经济的快速发展和人民群众生活水平的不断提高，食物消费已彻底摆脱仅仅满足于“吃得饱”的阶段，进入了以质量消费为主导的新时期，广大人民群众对食品农产品质量安全的要求越来越高，食品农产品质量安全越来越受到社会各界的广泛关注。安全健康的食品农产品是我们健康生活的基本保障，保证民众吃得饱、吃得好、吃得安全、吃得放心是最基本的民生问题，事关民生福祉，事关我国小康社会的全面建成。食品农产品质量安全与否，不仅关系人类身体健康、生命安全，也关系国家经济发展、社会稳定。近年来，我国食品农产品质量安全水平不断提升，但问题隐患仍然存在，社会舆论高度关注，广大人民群众还不尽满意。

食品安全的重点在于农产品质量安全，农产品质量安全是根基、是基石，它为整个食品产业链提供初级原材料，因此把住农产品质量安全这一关，企业加强自律，规范生产行为，就夯实了整个食品产业链的安全基础。

农业丰则基础强，农民富则国家富，农村稳则社会安。农业是安天下，稳民心的战略产业，没有农业现代化就没有国家现代化，就没有国家强盛、民生幸福和社会稳定。中国作为一个农业大国，9 亿人口在农村，7 亿人口从事农业生产。作为“安天下，稳民心”的战略产业，中国农业的发展与走向，特别是农产品质量安全与否，决定着中华民族的未来。从人类社会的发展来看，农业发展真正的落脚点不是创造多么大的物质财富，而是给整个人类提供安全优质的农产品，维持生命的延续。

从 20 世纪 90 年代开始，世界各国越来越重视食品农产品的质量安全，欧盟、日本、美国等世界主要农产品进口国不断提高食品农产品质量安全技术指标，这种日趋严格的农产品贸易技术壁垒，严重制约着我国农产品出口贸易。特别是进入 21 世纪，随着日本肯定列表制度、欧盟新食品卫生法规的实施，中国农业遭受了前所未有的农产品出口“寒冬”。

国际贸易形势的新变化，国内民众消费的新需求，成为中国农业发展面临的“两座大山”，造就了中国农业倒逼发展的新机遇。如何破解内忧外患的严峻形势，只有扑下身子，狠下功夫，彻底解决好农产品质量安全问题，才能为民众提供安全健康的食品农产品，才能应对破解农产品国际贸易技术壁垒，才能推进我国农产品贸易工作持续稳定发展，保证我国农业持续健康发展，进一步提高我国在全球社会的影响力和话语权。

一、进入新时期国家对农产品质量安全工作提出了新要求

农产品质量安全状况是衡量一个国家经济社会发展水平和人民生活质量的重要标志，农产品质量安全事关民生福祉，事关我国小康社会的全面建成。随着我国经济的快速发展和城乡居民生活水平的不断提高，广大人民群众热切期盼吃得更安全、吃得更放心、吃得更健康，农产品质量与安全问题越来越受到社会各界的广泛关注，加强农产品质量安全成为我国当前亟待解决的重要问题，农产品质量安全也随之上升到国家战略，中央对农产品质量安全的要求也越来越严。早在 2007 年 4 月，中央政治局集体学习时，就针对农产品质量安全问题进行专门研讨，胡锦涛总书记在主持集体学习时强调指出“保障食品安全，是关系人民群众切身利益，关系中国社会主义现代化建设全局的重大任务”。党的十七届三中全会指出，要加强农业标准化和农产品质量安全工作，严格全程监控，切实落实农产品安全监管责任，杜绝不合格产品进入市场。党的十八大以来，中央领导多次就食品农产品质量安全作出重要指示，提出明确要求。2013 年 11 月，习近平总书记视察山东讲话中明确指出：“以满足吃得好、吃得安全为导向，大力发展优质安全农产品。”习近平总书记在 2013 年 12 月 23 日召开的中央农村工作会议讲话中又一次指出：“能不能在食品安全上给老百姓一个满意的交代，是对我们执政能力的重大考验。我们党在中国执政，要是连个食品安全都做不好，长期还做不好的话，有人就会提出够不够格的问题。所以，食品安全问题必须引起高度关注，下最大气力抓好。”2015 年 5 月，中央政治局第二十三次集体学习把农产品质量安全作为重要内容进行专门研讨，并把农产品安全问题上升到公共安全范畴。习近平总书记在主持学习时强调要用“最严谨的标准、最严格的监管、最严厉的处罚、最严肃的问责”，严把从农田到餐桌的每一道防线。习近平总书记指示：“要切实提高农产品质量安全水平，以更大力度抓好农产品质量安全，完善农产品质量安全监管体系，把确保质量安全作为农业转方式、调结构的关键环节，让人民群众吃得安全放心。”李克强总理指出：“食品安全问题社会高度关注，群众充满期待，各级政府要坚持人民利益至上，切实发挥食安委统一领导、综合协调作用，以改革精神和法治思维，坚定实施食品安全战略，加快健全从中央到地方直至基层的权威监管体系，落实最严格的全程监管制度，严把从农田到餐桌的每一道防线，对违法违规行为零容忍、出快手、下重拳，切实保障人民群众身体健康和生命安全。”2016 年 1 月，国务院副总理张高丽在国务院食品安全委员会第三次全体会议上，针对习近平总书记对食品安全工作作出的“确保食品安全是民生工程、民心工程，是各级党委、政府义不容辞之责”重要指示，强调要坚决落实习近平总书记提出的“四个最严”要求，建立健全食品安全治理体系，织就严密的“防护网”，守住不发生系统性区域性食品安全风险的底线。2016 年 4 月，全国人大张德江委员长在湖北省检查食品安全法实施情况时强调指出：“食品安全要关口前移，从源头抓起，严格控制农药、兽药、饲料、化肥等农业投入品使用，切实做好食用农产品的源头防控。”党的十八届五中全会审议通过的“十三五”规划建议，明确提出实施食品安全战略，推进

农业标准化，构建从农田到餐桌农产品质量安全全过程监管体系的任务要求，为抓好农产品质量安全指明了方向。国务院也将农产品质量安全纳入“惠民生政策落实”督察指标，强化考核评价、督查督办等制度，明确提出要把农产品质量安全纳入地方党政部门考核指标，按照属地管理原则，将农产品质量安全纳入县、乡级人民政府绩效考核范围，明确考核评价、督查督办等措施。

食品农产品质量安全问题，既与我国历史上农业生产技术较低，不能有效满足广大人民群众需求、解决基本的温饱问题密切相关，也与我国传统的、粗放式的农业生产习惯以及缺乏完善配套的生产标准体系、法律法规体系密切相关。为解决这种制度性不足的问题，进入21世纪，我国各级政府以及相关职能部门，不断完善食品农产品质量安全监管法律体系，相继出台了一系列法律法规、规章制度、技术要求，以满足安全农产品生产管理需求。2006年11月和2009年6月，国家先后实施了《中华人民共和国农产品质量安全法》和《中华人民共和国食品安全法》。这两部法律的颁布实施，从法律层面，为我国食品农产品质量安全生产管理奠定了基础依据。随后，国家又针对我国农业发展的新形势，对《农药管理条例》《兽药管理条例》《饲料和添加剂管理条例》等法规性文件进行修订，同时，针对食品农产品质量安全管理的不同时期需要，国务院专门下发了《国务院关于加强食品等产品安全监督管理的特别规定》《国务院关于全面加强产品质量和食品安全工作的意见》。农业部①、国家质检总局②、国家工商总局③等国家部委又制定了《食用农产品市场销售质量安全监督管理办法》《农药限制使用管理规定》《高毒农药禁用管理规定》。为有效预防、控制和降低农药兽药使用安全风险，规范农药兽药市场秩序，确保农业生产安全、农产品质量安全和生态环境安全，农业部、卫生部④、国家质检总局等部委用通知、公告、要求等形式，发布了许多禁用和限用的农药、兽药名录。比如，禁止生产销售和使用六六六、滴滴涕、毒杀芬、二溴氯丙烷、杀虫脒、二溴乙烷、除草醚等38种农药，在蔬菜、果树、茶叶、中草药材上不得使用和限制使用甲拌磷、甲基异柳磷、内吸磷等17种农药。卫生部、农业部联合发布《关于食品中百草枯等54种农药最大残留限量的公告》。山东省政府出台了《山东省出口农产品质量安全监督管理规定》《山东省农产品质量安全条例》《山东省出口农产品安全管理条例》等一系列规范性文件。这些法律法规以及部门规章制度为我国和山东省实施安全农业生产提供了完善的法律法规依据，对于指导监管农业生产提供了翔实的依据。

中共中央、国务院对安全农业生产的高度重视和明确要求，是做好食品农产品质量安

---

① 中华人民共和国农业部，全书简称农业部。2018年3月国务院机构改革，将农业部的职责整合，组建中华人民共和国农业农村部。

② 中华人民共和国国家质量监督检验检疫总局，全书简称国家质检总局。2018年3月国务院机构改革，将国家质检总局的职责整合，组建中华人民共和国国家市场监督管理总局。

③ 中华人民共和国国家工商行政管理总局，全书简称国家工商总局。2018年3月国务院机构改革，将国家工商总局的职责整合，组建中华人民共和国国家市场监督管理总局。

④ 中华人民共和国卫生部，全书简称卫生部。2013年和2018年两次国务院机构改革，不再保留卫生部，组建中华人民共和国国家卫生健康委员会。

全工作的动力和鞭策，既是一项重大的政治任务，也是广大民众的迫切愿望，各级党委政府都站在讲政治的高度，进一步增强责任感、使命感和紧迫感，加快解决重点难点问题，针对食品农产品质量安全管理，密集出台了一大批政策法规，完善法律法规体系，为加强农产品质量安全管理工作提供了健全的执法管理依据，为生产优质安全的食品农产品提供了健全的标准依据，为我国切实做好食品农产品质量安全监督工作奠定了坚实基础。

二、创新农产品质量安全管理模式成为发展现代农业的主攻方向

中国农业如何发展，事关民族的未来，事关国家昌盛。农业丰则基础强，农民富则国家盛，农村稳则社会安。作为一个农业大国，农业、农村、农民问题关系党和国家事业发展全局，“三农”问题始终是我国经济社会发展的一条主线。从 1949 年新中国成立，到现在已经近 70 年的历程，一路走来，我国一直都高度重视农业农村发展，结合实践经验，不断在探索中前行。从历史发展来看，新中国成立前，封建主义意识形态下的中国始终延续着自给自足的小农经济。新中国成立后，先后经历了农村土地私有制、农村土地集体所有制、人民公社时期的土地三级（人民公社、生产大队、生产小队）所有制、党的十一届三中全会后实行的家庭联产承包制、党的十八大以后建立了承包地“三权分置”制度。中国农业真正意义上的变革和发展，始于改革开放，历经了家庭联产承包责任制、农业产业化、发展特色现代农业、农业供给侧结构性改革 4 次大的变革，每次变革都推动中国农业实现质的飞跃。而始于 2007 年，源于山东省的出口农产品质量安全示范区建设，就是伴随着这些历史性变革而进行的成功实践。

第一次变革是以“邓小平理论”为基础的家庭联产承包责任制。1978 年 11 月 24 日，安徽省凤阳县小岗村严俊昌等 18 位农民以“托孤”方式签下“生死状”，将村内土地分开承包，把集体土地承包到个人，冒险实施了“大包干”。正是这一视死如归的“生死状”，成了中国农村改革的第一份宣言，开创了中国家庭联产承包责任制的先河，改变了中国农村发展现状，掀开了中国改革开放的伟大序幕。1978 年 12 月，党的十一届三中全会作出了实行改革开放的历史性决策，充分尊重农民的首创精神，以市场化为取向，率先在农村发起改革，废除人民公社制度，全面实行农村土地家庭联产承包制，将土地所有权与经营权分离，赋予了农民对土地的经营自主权，极大地调动了亿万农民的积极性，使集体的优越性和个人的积极性同时得到有效的发挥，有力地解放和发展了生产力，激发了 20 世纪 80—90 年代农业和农村经济的巨大动力，促使农业生产和农村经济得以蓬勃发展，使农村的面貌发生了翻天覆地的巨变，由此带来了中国经济社会的历史性大变革、大跨越，开创了一条具有中国特色的社会主义农村发展道路。这种以市场化为取向的农村土地家庭联产承包制，是中国农业发展的历史性转折点，不仅突破传统体制的束缚，推动农村经济的快速发展，创造了以不足世界 9%的耕地养活世界近 21%人口的奇迹，而且带动和促进了中国经济体制改革的全面展开，有力地支持了中国经济的高速增长。

第二次变革是以“三个代表”重要思想为统领的农业产业化经营。随着中国农产品流通体制改革和产业结构调整不断推进，这种以一家一户生产、小规模分散经营的农村土地经营方式，与市场经济发展的矛盾日益凸显，农产品买难卖难、农民增产不增收等，从一定程度上制约了中国农业发展的步伐。针对这一现状，山东省诸城市等一些地方开始探索“商品经济大合唱”“贸工农、产加销一体化经营”，积极发展农产品加工业，培育农业龙头企业，支持鼓励企业与农民建立密切的利益关系。这些探索和实践，有效地解决了小农户与大市场的连接、有效地解决了农产品买难卖难问题，农业效益和农民收入显著提高。在总结基层创新创造的基础上，山东省潍坊市于20世纪90年代初首次倡导按产业化组织农业生产的新思路，提出了“确立主导产业，实行区域布局，依靠龙头带动，发展规模经营”的农业产业化基本思路。确立主导产业，就是充分按照市场需求，选择市场容量大、单位产出高、经济效益好的产业和产品作为开发重点，把生产、加工、储运、销售融为一体，形成产业优势。实行区域布局，就是围绕主导产业和重点产品，发展多种专业生产区和各类专业乡镇、专业村、专业户，建立各具特色的商品生产基地。依靠龙头带动，就是组建和扶持外联市场，内联千家万户，集信息、科研、加工、运销、服务于一体的龙头企业和龙头企业集团，带动广大农民将产品销往国内外市场。发展规模经营，就是围绕提高劳动生产率和农产品商品率，优化组合生产要素，充分挖掘生产潜力，大规模、大批量地组织生产和经营，形成规模优势，实现最佳效益。1993年山东省委深入总结了潍坊经验，提出在全省推行农业产业化经营，使农业产业化经营在山东省进入全面实施阶段。山东省的这种农业产业化经营发展模式，得到了中央的肯定和重视，1993年11月，《中共中央关于建立社会主义市场经济体制若干问题的决定》指出，“要改变部门分割、产销脱节状况，发展各种形式贸工农一体化经营，把生产、加工、销售环节紧密结合起来；要适应市场对农产品消费需求的变化，优化品种结构，使农业朝着高产、优质、高效的方向发展。”由此，调整农产品品种和质量结构，发展高产高效优质农业，成为中国农业产业结构调整的新目标。这是中共中央第一次在具有划时代意义纲领性文件中提倡和鼓励发展农业产业化经营，中国农业产业化经营也完成了从地方探索性试验到中央决策全面推广部署的过渡，以家庭联产承包为主、统分结合的农村基本经营制度得到了巩固和完善。1993年11月，中共中央、国务院出台《关于当前农业和农村经济发展的若干政策措施》提出，将土地承包期再延长30年不变，从而引发了第二轮的土地承包。实行“30年不变”的土地延包新政策，是基于土地可持续利用，增强农民对土地投资的信心，最大限度地发挥土地这一生产要素在经济发展的中的作用，保持党的农村政策的连续性，稳定农民的经营预期，让农民吃颗“定心丸”。这种土地延包新政策，在坚持土地集体所有的前提下，农民获得了长期稳定而有保障的土地经营权，有效地维护了农民土地财产权益。可以说实行农村土地家庭联产承包责任制“30年不变”，是对农村基本经营制度的巩固和完善，是促进农业现代化的制度保证。土地承包期的延长，有力地促进了农村生产力发展，中国农产品供求格局也发生根本性转变，从长期短缺转向总量基本平衡、丰年有余，人均食物占有量大幅增长，基本上解决了全国13亿人口的吃饭问题。

第三次变革是以“科学发展观”为指导的中国特色现代农业。进入21世纪，特别是中国加入世界贸易组织（WTO）以来，中国社会主义市场经济向纵深发展，在国际舞台上发挥的作用与地位日益提高，如何实现农业现代化成为新时期的重要历史任务。中国特色农业现代化道路是中国特色社会主义的重要组成部分，发展现代农业是提高农业综合生产能力，开拓国际贸易市场的重要举措，也是促进农业增效、农民增收、农村发展的基本途径。始于1978年的家庭联产承包责任制，其基本的经营模式是条块式、小规模、分散的一家一户经营，存在经营方式传统、科技投入有限、产品质量不高、市场开拓力度不大、品牌意识不强等问题，成为中国农业现代化与占领国际市场的发展瓶颈，越来越不能适应市场竞争的需求，降低了土地这个农业生产基本要素的使用效率，导致近几年来我国农业生产经营越来越困难。针对中国农业发展后续动力不足的问题，从2004年开始，国家不断研究部署对“三农”工作加大资金、技术与人力的投入，建立促进现代农业发展的投入保障机制。着力培育新型农民、新型农业经营主体，强化科技创新驱动，加强农业物质装备水平，提高土地产出率、资源利用率和劳动生产率，发展生产技术先进、经营规模适度、市场竞争力强和生态环境可持续的新型农业现代化路子，成为中国农业发展的新方向。2004年9月，胡锦涛总书记在党的十六届四中全会上提出了两个“趋向”的重要论断：“在工业化初始阶段，农业支持工业、为工业提供积累是带有普遍性的趋向；在工业化达到相当程度后，工业反哺农业、城市支持农村也带有普遍性的趋向。”从2005年10月开始，党的十六届五中全会把建设社会主义新农村作为我国社会发展的重大历史任务以来，国家“十二五”规划、“十三五”规划以及每年的中央一号文件，都对加大农业投入、资金扶持、科技支撑、土地政策、农产品质量安全等，作了系统性的部署，各级党委政府结合自身实际，制定了相应的制度措施。这种政策上的支持，为我国发展第一产业，提供了积极的政策保障，为我国现代化农业发展带来了新机遇和良好发展空间，使农业建设的指导思想和政策体系更加完善，进一步指明了我国食品农产品质量安全工作的方向、目标和任务。这些政策的出台实施，紧紧围绕提高三农效益，增强农产品国际市场竞争力，将从根本上改善我国出口农产品的大环境。2006年12月，在全国农业工作会议上，研究积极发展现代农业思路和重点再次成为会议的重要议题。2007年1月，中共中央、国务院下发了改革开放以来的第九个中央一号文件《关于积极发展现代农业扎实推进社会主义新农村建设的若干意见》提出要“统筹城乡经济社会发展，实行工业反哺农业、城市支持农村和多予少取放活的方针，巩固、完善、加强支农和惠农政策，切实加大农业投入”，首次提出“工业反哺农业，城市支持农村”的“三农”发展方针。工业反哺农业是指工业通过各种形式给予农村、农业发展以支持和保护，促进其从落后的、传统的形态向先进的、现代化农业转变。通过工业反哺农业，可以促进我国农业的可持续发展，工业反哺农业，是对新型工农关系和城乡关系的一种概括，是对“农业哺育工业”的升华转化。实行“工业反哺农业”，既是解决好“三农”问题的必然要求，也是落实科学发展观，促进整个国家经济社会发展的必然要求。2014年年底，习近平总书记在江苏视察时强调：“要按照生产技术先进、经营规模适度、市场竞争力强、生态环境可持续的要求，加快建设现代农业。”这些政策措施和问题，促使我们必须创新农业发展新模式和监管新机制。从中央到地方，各级党委政府围绕推进农业现代化发展、促进农业农村工作这一核心目标，也在不断的探索实践。实现土地适度规模经营，高效利用土地这一基本生产要素，促进农业规模化、现代化、科学化发展，成为我国农业发展亟须解决的问题。国家也从政策层面上大力支持农民专业合作社、家庭农场这种适合我国农业发展的新型经营主体。2014 年 11 月，中央办公厅、国务院办公厅印发《关于引导农村土地经营权有序流转发展农业适度规模经营的意见》，提出要以家庭成员为主要劳动力，通过建设专业化、集约化农业生产的家庭农场，引领我国农业实现土地适度规模经营，发展现代农业。2016 年 10 月，中央办公厅、国务院办公厅印发《关于完善农村土地所有权承包权经营权分置办法的意见》，这是继家庭联产承包责任制后，我国农业农村改革再度迎来的一次重大制度创新。从实行家庭联产承包责任制到家庭农场，再到农村土地所有权承包权与经营权分置，我国农业发展实现了重大转变。如果说家庭联产承包责任制，实现了土地集体所有权与农户承包经营权的“两权分置”，那么这次重大创新，是一次将农村土地集体所有权、农户承包权、土地经营权进行了“三权分置”，这种模式既落实了集体所有权，稳定了农户承包权，又放活了土地经营权，既发挥了各自功能，又放大了整体效用。“三权分置”是我国不断探索农村土地集体所有制的有效实现形式，更是一种农村基本经营制度自我完善的创新举措，符合生产关系适应生产力发展的客观规律，展现了农村基本经营制度的持久活力，有利于明晰土地产权关系，更好地维护农民集体、承包农户、经营主体的权益；有利于促进土地资源合理利用，构建新型农业经营体系，发展多种形式适度规模经营，提高土地产出率、劳动生产率和资源利用率，推动现代农业发展。而实现农业现代化发展，是从根本上解决农产品质量安全问题的内生举措，是实现我国农产品出口由量的扩张到质的提高的有效措施，是一种不断提高我国农产品出口贸易大国地位的举措。可以说，进入 21 世纪，通过国家政策推动，基层实践探索，以科学发展观为指导，中国农业全面走上了中国特色现代化发展道路。中国农业发展进入新阶段，农产品供求关系发生重大变化，实现了由长期短缺到阶段性供大于求与供求不足共存的历史性转变，随着广大民众收入水平的提高，以及健康意识的提升，消费需求结构发生显著变化，我国农业已进入单纯重视数量需求向数量与质量双重需求转变的新时期。

第四次变革是以“农业供给侧结构性改革”为导向的生态可持续新型现代农业。改革开放 40 年来，中国农业在家庭联产承包责任制的基本框架下，不断进行创新实践，机械设备、农民素质、资金投入等基本的农业生产要素逐步改善，经济效益逐年提高，中国农业已经发展到建设中国特色现代化农业生产新时代。目前的“分田单干”经营方式，是一种小农经济模式，农户各自为政，哪个好卖就多种点，不好卖就少种点，无序式的一家一户农业生产管理模式，造成了农民只求经济效益，不重视生态效益，忽视产品质量，不规范的施肥用药行为，对土地、水资源造成严重的污染隐患，无法保证农产品安全的这一核心问题，也造成生态环境恶化。由于一家一户小规模经营模式，生产者不能有效运用现代化的生产设备和先进的农业科技，也不能对市场变化情况作出迅速反应与应对措施，更不能有效地定位细分市场，粗放式、跟风式、扎堆种养的现象突出，难以生产高效、绿色、安全、生态的高端农产品，质量安全隐患较为突出。着力培育新型农民、新型农业经营主体，强化科技创新驱动，加强农业物质装备水平，提高土地产出率、资源利用率和劳动生产率，发展生产技术先进、经营规模适度、市场竞争力强和生态环境可持续的新型农业现代化路子，成为中国农业发展的新方向。随着社会经济的不断发展和市民消费水平的不断提高，消费者对食品安全和品质提出了更高的要求。农业作为基础产业，很大程度上是一种生产者与消费者的供需问题。目前，我国农产品总体上供大于求，质量上难以满足广大民众需求的现象较为普遍，这些问题相当一部分出在农业供给侧方面。但是，一家一户、单打独斗的农业生产模式，受其信息掌握有限、资金投入有限、技术水平有限的局限性制约，不能为消费者提供适合需求的农产品。这种形势逼迫我国农业从农业供给侧入手，加快农业现代化转型升级。如何调整农业产业结构，提高农产品质量，增加有效供给成为“三农”问题必须着力解决的问题。中共中央、国务院根据我国农业发展的实际和民众消费需求的变化，结合国内外农产品贸易市场的新形势，紧紧围绕农业供给侧结构性改革，提出了新的要求。最近两年，中央经济工作会议特别强调“供给侧结构性改革，解决好供给不适应需求的问题”。中央农村工作会议和全国农业工作会议也指出：“适应新常态，推进现代农业发展，最紧迫的任务是大力推进农业发展方式转变和结构调整，重点是推动农业发展由数量增长为主真正转到数量质量效益并重上来。”2016 年 1 月，中共中央、国务院发布《关于落实发展新理念加快农业现代化实现全面小康目标的若干意见》特别指出：“推进农业供给侧结构性改革，加快转变农业发展方式，保持农业稳定发展和农民持续增收，走产出高效、产品安全、资源节约、环境友好的农业现代化道路。”这是国家从政策层面，首提农业供给侧结构性改革，旨在解决粗放式的农业发展模式，导致农产品质量，特别是食品农产品安全质量问题突出，不能有效满足广大消费者需求，从而降低了我国农业发展速度与效益的问题。根据民众的需求，从农业供给方面进行农业结构调整，成为今后解决我国农业供需平衡的重要方向。2017 年 2 月，中共中央、国务院发布《关于深入推进农业供给侧结构性改革加快培育农业农村发展新动能的若干意见》，这是适应新时期国内外农业农村工作发展的形势，进一步解决产业增加值低、市场竞争力弱、缺乏高端产品的一种创新性举措，也是党的十八届三中全会以来，针对“实现农产品国内国外一个标准，统筹两个市场，通过农业供给侧结构性改革，实现土地、科技等资源要素的最大优化配置”出台的国家政策，在我国农业发展史上，具有跨时代的深刻意义。

基于新时期新形势的需要，山东省委、省政府以高度负责的态度，以站在讲政治、为人民、促经济的高度，创新农业发展模式和出口食品农产品监管模式，把提升出口农产品质量安全水平，作为突破国际贸易技术壁垒、促进农业现代化转型升级、推进农业供给侧结构性改革的重要手段。2007 年，为适应农产品出口新形势和农产品质量安全新要求，在商务部①与国家质检总局的支持下，通过分析农产品国内、国际市场发展趋势，采取区域治理的监管理念，山东省委、省政府率先启动实施创建出口农产品质量安全示范区，按照“一个标准、两个市场、以外促内、统筹发展”的总体要求，以建立健全质量标准、农化品控制、信息可追溯、监测预警、品牌引领、科技服务、多元化国际市场等基础工作为重点，突出源头管理，强化全过程监管，从而全力保证出口食品农

① 中华人民共和国商务部，全书简称商务部。

产品的质量安全，进一步提高山东农业国际市场的竞争力和出口创汇效益，通过内外并举，推动内外贸一体化发展，促进优质农产品由出口保障转向全民共享。山东省组织实施创建的出口农产品质量安全示范区，其基本含义是在农村土地家庭承包联产责任制不变的情况下，根据本地区传统的种植养殖习惯和优势产品，从某一区域入手，通过土地流转，置换土地经营权，建设一定规模的种植基地、养殖园区，加大资金与技术投入力度，着力解决粗放式农业发展模式，从根本上解决一家一户无序经营的问题，从而实现农业现代化可持续发展。近10年来，围绕创建目标，山东省先后出台了《关于加快推进出口农产品质量安全示范区建设的意见》《山东省出口农产品质量安全示范区发展规划（2011—2015年）》《关于创建出口食品农产品质量安全示范省的实施意见》《山东省政府关于印发山东省农产品品牌建设实施方案的通知》等政策性文件。从2007年开始，山东省连续10年召开示范区建设现场会或工作会议，安排部署示范区创建工程，省级财政累计投入专项资金9.73亿元，用于出口农产品质量安全示范区创建工作。作为稳增长、调结构、惠民生的大事，山东省委、省政府本着稳步推进、以点带面的示范区建设原则，通过在安丘试点推广“面向出口的食品农产品质量安全区域化管理体系建设”，威海市全行政区域、全产业链建设示范市，扎实推进出口农产品质量安全示范区建设，形成了“安丘模式”“威海经验”“青岛做法”等农产品质量安全管理经验做法，在农产品质量安全管理上，山东省的做法卓有成效，硕果累累。从“安丘模式”到“威海经验”，从“山东成果”到“全国共享”，是出口农产品质量安全示范区创建成效的有力证明。这种“一个标准，两个市场”引领现代农业标准化、规模化、品牌化、国际化发展战略，走在了中国现代农业发展的前列，成为引领中国农业实现新型现代化的重要模式。

山东省开展的出口农产品质量安全示范区创建工程，是山东在我国经济社会高速发展、国民消费档次迅速提升和山东农业参与国际合作与竞争发生重大变化的新形势下，围绕农业供给侧结构性改革，解决国内外频发的食品农产品质量安全事件、全面提升食品农产品质量安全水平、促进农业现代化转型升级以及突破国际贸易技术壁垒、应对农产品出口严峻挑战、确保山东农业国际核心竞争力长盛不衰的核心举措。创建出口农产品质量安全示范区，推动全省农业向现代化、生态化、高端化、规模化可持续发展迈进，既是山东省培育农产品出口竞争新优势、提高农产品质量安全水平、促进内外贸融合发展的创新举措，也是新形势下稳增长、调结构、惠民生的大事。

中华人民共和国成立以来，我国的历次农业变革，往往都始于基层，从基层发起，在发展到一定阶段，取得显著成效后，引起上层的关注，并随之推广，不断完善，最终实现全国范围内的创新推动。山东省开展的出口农产品质量安全示范区创建工程，也是遵循了“基层探索实践，省市完善推广，部委联合推动”的基本思路，逐步形成了一种全国可复制、可借鉴、可推广的农业生产新型管理模式。山东省这种通过创建出口农产品质量安全示范区推进农业供给侧结构性改革的做法，已经在全国各地推广实施，遍地开花。

三、应对日益严重的农产品国际贸易壁垒需要从提高质量安全管理水平上求突破

2001年12月11日，我国正式成为世界贸易组织（WTO）成员，全面与世界接轨。这是我国经济社会发展的重要“里程碑”，也是我国经济社会发展的重要“分水岭”。在加入WTO之前，影响我国农产品出口的主要障碍是关税、数量等限制因素。而加入WTO之后，随着世界经济一体化的加速发展和国际贸易自由化趋势的深入演进，国际农产品贸易市场发生了新变化，用高筑关税壁垒的措施，来保护本国产业的做法，已被WTO原则所约束。WTO各成员国自乌拉圭回合谈判以来，已经较大幅度削减了农产品进口关税，取消了数量限制措施。但发达国家的贸易保护却并未因关税减让而消失，而是改头换面，以形形色色的技术壁垒面目出现，并且呈现愈演愈烈趋势。日本、欧盟、美国等发达国家复杂苛刻的技术法规、质量标准，名目繁多的商品包装、检疫、卫生、环保等要求，已构成了更为隐蔽、更难应对的贸易壁垒，对我国农产品出口的影响日益增强。我国农业劳动力成本相对较低，农产品出口具有价格上的比较优势，农产品出口贸易长期停留在以数量优势和低价战略争夺国际市场的初级阶段。但是，近几年来，特别是我国加入WTO后，农产品国际贸易市场却在进行以提高产品质量、标准为标志的转型升级。目前，我国出口农产品易受技术壁垒影响，主要体现在生态环境、生产条件以及卫生条件不合格，说到底，这就是绿色壁垒的影响。由于我国是个发展中国家，农业检验技术相对落后，农业标准化的研究和实践工作落后于国际市场，为进口国对我国出口农产品设置“绿色壁垒”制造了“口实”。促进外向型农业健康发展，已成为我国农产品出口行业的当务之急。近几年来，我国积极采取应对措施，千方百计提高产品质量，想方设法完善配套设施，以更好地跨越这种“绿色壁垒”，在更大范围开拓国际市场，以期创造更大的经济效益。

一是从国际食品农产品贸易政策变化形势来看，世界各国基于保障国民生命安全和身体健康以及保护农业生产和食品农产品产业，保护本国政治、经济和社会利益，在考虑本国的农业生产力水平、农产品国际贸易的需要的情况下，设立了一系列绿色技术壁垒，食品农产品国际贸易保护主义加剧。同时，随着全球经济发展水平的迅速提升，国际食品农产品质量安全体系更加健全，质量安全标准更加严格，进入21世纪，世界各国特别是日本、欧盟、美国等发达国家与地区，基于维护本国国民身心健康的要求，以及维护本国产业利益的需要，围绕食品农产品安全质量问题提出了新要求，对高端安全食品农产品的需求量进一步增加。从这个层面来看，农产品出口国际贸易市场的需求侧发生结构性变化，对农产品供给侧结构转型升级提出了新要求。所谓技术壁垒（TBT），是指进口国采取强制性和非强制性的技术法规、标准和合格评定程序，以及动植物产品检验检疫措施、商品包装标签及标志和环境要求等，对其他国家农产品进入该国市场形成贸易限制作用，是一个科学合理的技术屏障。这些对农产品贸易产生限制作用的技术性措施，原本是为保护国家经济安全，保护人类、动植物的生命和健康，保护环境，防止经济欺诈行为。但长期以来，技术性贸易壁垒一直被一些实行农业贸易保护主义的国

家所利用，使国际农产品贸易环境日趋恶化。特别是进入21世纪，国外技术性壁垒措施变化之快、标准之高，更是前所未有，而且不断朝着系统性、长期性、复杂性方向发展。日本肯定列表制度、欧盟新食品卫生法等国际贸易技术壁垒制度的出台，正是这种发展潮流的具体体现。随着国际竞争局势的日趋激烈，世界各国国际合作的空间越来越大，各行各业对本国的冲击力度越来越强，基于维护本国产业行业利益，维护本国经济秩序，世界各国都在WTO框架内，依据《实施动植物卫生检疫措施的协议》（SPS协议）、《技术性贸易壁垒协议》（TBT协议），制定相应的国际贸易技术壁垒，通过技术手段遏制外来产业的冲击，保护本国利益。20世纪90年代到21世纪初级，我国出口到国外的食品农产品，经常因为添加剂超标、质量安全问题被国外预警通报，出口产品质量安全形势依然十分严峻。禽肉禽流感、三聚氰胺超标等预警通报事件，在很大程度上影响了我国农产品的出口贸易，形成食品安全信任危机。许多国家特别是发达国家为保障本国食品质量安全，制定了严格苛刻的强制性技术法规，导致国际农产品贸易竞争趋势日趋激烈。2004年，欧盟《食品卫生法规》中明确提出，食品生产企业应建立并实施以危害分析关键控制点（HACCP）原理为基础的食品安全计划和程序。2011年，美国发布的《美国食品安全现代化法》（FSMA）规定，企业的所有者、经营者或负责人，必须评估可能影响其所生产、加工、包装或储存食品的危害，确定并采取预防措施将危害的产生降至最低或避免发生。我国所有输欧美食品生产企业也都必须符合这些规定。2006年，日本实施的《食品中残留农业化学品肯定列表制度》，使我国农产品遭遇加入WTO以来最沉重的国外技术壁垒冲击。日本实施的《食品中残留农业化学品肯定列表制度》涉及对所有农业化学投入品的管理，将所有的农业化学品都纳入了日本农产品进口管理的对象，全部制定了限量标准，范围之广，标准之严，前所未有，堪称目前世界上最为严密、标准最苛刻的农产品安全法规。包括“暂定标准”“一律标准”（“一律标准”是对未涵盖暂定标准中所有其他农业化学投入品或其他农产品制定的一个统一限量标准，即0.01毫克/千克）和15种禁用农药。仅“暂定标准”就对797种农兽药和添加剂在264种食品农产品中设立了53 862个限量标准，分别是此前全部规定的3倍、1.4倍、5.6倍。该制度从2006年5月29日实施，仅6月我国对日食品农产品出口就比2005年同期减少1.31亿美元，同比下降17.9%，到2006年年底，仅仅半年的时间，我国输日食品农产品就有153批次被日方通报，比2005年同期增长4.5倍。特别是农兽药残留超标项目最为突出，21个项目被日方实施了“命令检查”，其中15个项目为新增项目，同比增长6.5倍，24个项目被日方实施了“监控检查”，同比增长2.4倍，食品农产品出口数量比前一年同期下降20%。日本作为山东省农产品出口的第一大出口市场，肯定列表制度的实施严重影响山东农产品对日本的出口。仅2006年6月，山东省农产品出口2.15亿美元，与2005年同期相比下降7.8%，水产品、蔬菜、肉食品、水果、花生五大优势产品出口全面下滑，青岛、烟台、威海、潍坊等10个地区的农产品出口贸易出现负增长，三资企业也出现罕见的负增长，同比减少7%。安丘的输日大葱从往年的100多万吨，急速下降到70万吨，对安丘农业发展造成严重冲击，本地的农民收入也受到严重影响。与此同时，日本的肯定列表制度得到欧盟、美国、加拿大、澳大利亚、新西兰等国家的普遍认可，纷纷酝酿制定相应的残留检测标准体系，对我国的食品农产品出口构成了更为严峻的挑战。由此可见，国际农产品贸易市场呈现市场竞争日趋激烈，国外技术壁垒日益强化，对食品农产品的质量安全标准越来越严，要求越来越高。诸多的贸易保护壁垒都增加了农产品出口门槛，给我国农产品出口增加了困难。利用技术法规、标准规程、合格评定以及检验检疫等技术壁垒措施保护本国利益，已成为世界各主要进口国遏制我国农产品出口的主要手段，技术性贸易壁垒已经超过反倾销，成为影响我国农产品出口的第一大非关税壁垒，应对工作难度大，涉及面广，工作量大。国外技术壁垒密集实施，不仅仅表现在农业上，服装、家电、机电等各个行业都从技术层面实施技术性保护措施，呈现越来越频繁、技术要求越来越苛刻的趋势。针对国外技术性贸易措施对我国出口企业的影响，国家质检总局调查显示，在我国31个省、自治区、直辖市（香港特别行政区、澳门特别行政区与台湾省未进行统计）的3 152家出口企业中，有23.9%的企业受到技术性贸易壁垒不同程度的影响，因退货、销毁、扣留、取消订单等直接损失达685亿美元，技术性贸易壁垒已经超过反倾销，成为影响我国出口的第一大非关税壁垒。要摆脱我国农产品出口屡屡受挫的现状，跨越农产品国际贸易技术壁垒，就必须转变传统的种养殖观念，按照国际通行法则和质量标准组织农业生产，从源头把好农产品质量关，促使食品农产品符合国际质量安全和卫生标准，从根本上增强我国农产品的国际竞争力，探索新的出口农产品质量安全管理模式，已经成为新时期促进现代农业发展、加速实现农业现代化进程的客观需要。

二是从出口农产品质量安全监管情况来看，随着新的外贸监管、检验检疫监管模式的深入推广，出口食品农产品加工企业商贸备案和出口农产品质量安全检疫监管环节的有效机制已经形成。长期以来，我国一直实行食品农产品国内外两种标准监管体系，出口的产品质量明显优于内销产品质量，内销产品监管力度相对较小，监管措施相对较弱，管理漏洞相对较多，大部分产品还是以内销为主。这种长期形成的国内国外两种标准体系和管理体系要求不一致现象，致使国内的食品农产品质量安全整体监管体系还不够健全，质量安全追溯机制还不够完善，引发广大民众对食品农产品安全的信任危机。获得安全健康的食品农产品是每个消费者最基本的权益，我国国民对食品农产品质量安全也提出了新的要求。如果内销产品质量得不到有效保障，那么出口产品质量安全也必然不能独善其身。一旦我国国内发生食品农产品质量安全事件，也会对我国农产品在国际贸易市场上产生了巨大的负面影响，导致国际市场对我国农产品的生产环境、质量安全、监管机制的认可度下降。要摆脱这种国内外两种标准体系与管理体系不同，食品农产品质量安全问题不能全面解决的问题，就要必须适应农产品国际贸易市场的变化，与国际农产品标准体系对接，使农业生产各环节的质量监督管理都能与国际接轨，从源头着手，改变传统的生产管理模式，探索实行内销外销一体化农产品质量生产管理标准体系，实现“从田头到餐桌”全程生产和管理的标准化，这是彻底提升全国食品农产品品质与安全的必由之路。只有内销产品大环境的质量得到有效提升，才能全面保障出口小环境的质量安全，生产出更多的符合国际市场要求的产品，拿到进入国际市场的“绿色通行证”，彻底规避国际农产品贸易技术壁垒。传统的农产品管理模式和工作机制已经不适应新形势发展的要求，仅仅凭借检疫、海关这两个事后监管部门有限的监管力量，已经很难从根本上解决这一涉及面广泛的复杂问题，迫切需要建立一整套全社会参与、职能部门相互配合的出口农产品质量安全监管新机制。

三是从我国农业发展的配套机制来看，在农产品检验检疫、高精端专业设备与人才培育、农业新技术研发推广等方面与发达国家相比还有一定差距。随着国际贸易保护主义的不断升级，世界主要农产品进口国，突出在农业生产技术、农产品质量标准上提高技术参数，特别是在2005年前后，日本、美国、欧盟等国家实施的绿色技术壁垒，是一种运用其先进的科学技术提高产品质量标准的方式。而此时我国农业仍然采用传统的生产作业方式，采取国内国外两种标准，农产品检验检疫标准尚未全面与国际标准体系接轨，国内的检验检测实验室、现代化精密检测设备也没有发达国家先进，监管机构特别是质量检测资源尚未形成整体合力，国内检验检疫标准也未能达到社会的要求。这种技术上的差距，导致我国面对突如其来的贸易壁垒，短时间内无法全面应对，从而导致食品农产品出口增幅放缓。

四是从我国农产品进口情况来看，国外食品农产品输入我国的总量不断增加，贸易逆差压力增大，对我国本土农业冲击严重。20世纪90年代末，我国农产品贸易额基本维持在250亿美元左右，一直保持在年均50亿美元的贸易顺差状态，自从加入世界贸易组织以来，我国农产品贸易由此前的徘徊状态扭转为快速增长，农产品贸易总额迅速扩大，贸易总量持续快速增长，从2005年开始，成为仅次于欧盟、美国的第三大农产品贸易国。农产品贸易总额由入世初期2001年的279亿美元，增加到2016年的1 845.6亿美元，增加了5.6倍，年均递增18.7%。虽然我国的农产品贸易总额持续扩大，但是近几年来我国农产品进出口贸易情况发生新变化，农产品进口总量超过出口总量，农产品进口增速高于出口增速，从2004年开始，已连续13年，我国农产品贸易由入世前50亿美元左右的长期贸易顺差转变为持续贸易逆差，并且呈现持续增长态势，农产品进口压力日益加大，玉米、大麦、高粱等大宗农产品出现全面净进口问题。特别是2008年贸易逆差超过100亿美元，2009年达到130亿美元，2010年超过200亿美元，2011年接近350亿美元，2013年急剧扩大到500多亿美元，2013年贸易逆差与2012年相比增长了47.9%。持续扩大的农产品贸易逆差，大量农产品的不断涌入，致使我国农业发展受到国际农业越来越严重的冲击，国际竞争优势持续恶化。造成这种持续扩大的农产品贸易状况原因主要有以下3个方面：一是随着我国加入WTO的不断深入，以及逐步兑现我国对WTO的承诺，中国农业在加入WTO谈判中争取的过渡期从2005年开始进入“后过渡期”，目前已经全面结束，中国成为世界上农产品市场最开放的国家之一，中国农业进入对外开放的新阶段，融入经济全球化的范围更加深入，导致影响我国农业发展的不利因素逐步增加，农业面对的国际竞争压力全面提升。二是在中国农产品市场高度开放的同时，国外农产品市场保护程度仍然很高。国际上大量农产品仍保持高关税、高补贴，卫生与植物卫生措施（SPS）和技术性贸易措施（TBT）呈现数量不断增加、标准不断提高、程序越来越复杂的趋势，一些国家甚至将贸易壁垒延伸到低碳、汇率、知识产权等领域，导致我国传统具有比较优势的农产品出口增长乏力，对我国优势农产品出口带来很大障碍。三是我国小规模分散经营的传统农业，与国外大规模现代化农业难以竞争，发达国家对农业高补贴、高保护所形成的不公平国际农产品贸易环境，对广大发展中国家农产品贸易造成沉重打击，也导致我国农产品贸易呈现出大宗产品全面净进口、贸易逆差急剧扩大、优势产品出口增长乏力等突出问题。国外农产品的大量入侵，冲击了我国本土农产品市场，致使我国不少地区的农业和农村经济受到沉重打击，引发国内农产品供求失衡，进而影响到我国农民就业以及收入问题，长此以往，甚至会影响到国家发展根基。随着我国外贸政策的变化，以及农业供给侧结构性改革的深入推进，我国进出口农产品实现结构性改革。从 2014 年开始，我国农产品国际贸易趋向好转，虽然我国农产品贸易还是处于贸易逆差的不利局面，但是贸易逆差逐年缩小，已连续 3 年贸易逆差呈缩减趋势，2016 年农产品贸易逆差缩小到 385. 8 亿美元，同比缩减 16. 5%。

面对日趋苛刻的国际农产品贸易技术壁垒，严峻的农产品国际贸易形势，传统的农产品质量安全监管模式、工作机制以及现代农业发展模式已远远不能适应扩大农产品出口的要求，必须顺应国际农产品贸易趋势，按照现代食品农产品安全管理发展规律，大力推动体制机制创新，加快建立健全一整套出口农产品质量安全流程监管体系。

四、面对激烈的国际竞争需要把转变农业发展方式作为核心竞争力

当前，我国虽然跃居世界第二大经济体、第一货物贸易大国和第三大农产品国际贸易国，但是我国仍然是一个发展中国家，农民的劳动素质，以及农业生产领域的资金投入、科技力量转化、现代化设备应用等，无论是与现代农业发达的西方国家相比，还是与新兴的发展中国家相比，普遍存在较大的差距。从某种程度上来讲，这些年我国农业的快速发展，是建立在对土地、水等农业资源过度开发和粗放消耗基础上的。我国农业与国际农业集约化发展特别是发达国家集约化、规模化、现代化发展差距较大，距离国家要求的实现适度规模经营的目标还有一定空间，现在正处于从传统农业向现代农业过渡时期。国际上一般采用农业在国民经济中的贡献率、农业土地和劳动生产率、农业资源利用率、农产品商品率、农业集约化程度等指标体系，综合衡量一国农业现代化发展水平。通过 2006 年的一组数据，可以看出我国农业与国际农业的差距。从农业在国民经济中的贡献率来看，我国农业总产值占 GDP 的比重为 11. 9%，美国为 1. 3%，日本为 1. 7%，韩国为 3. 2%，巴西为 5. 1%，印度为 17. 5%，全世界平均只有 3. 4%；从农业劳动生产率来看，我国平均每个劳动力耕种的耕地面积为 0. 3 公顷，美国每个农业劳动力耕种的耕地面积为 63. 7 公顷，是中国的 200 倍；从农业资源利用率来看，以主要粮食作物为例，除小麦外，我国的水稻、玉米、大豆等单位面积产量都远远低于发达国家平均水平，土地这个最基本的农业生产要素使用效率低下。同时，我国平均每 1 000公顷耕地上化肥使用量为 341 吨，而墨西哥只有 69 吨，印度 129 吨，巴西 137 吨，日本 270 吨，美国 110 吨，澳大利亚仅 44. 8 吨。

一是从我国农业生产经营方式上来看，粗放式生产依然是主导我国农业经营发展的基本模式，农业规模化还没有形成，降低了生产要素的使用效率，制约了我国农业现代化发展进程。适度规模经营是在一定的环境和适合的社会经济条件下，通过土地、劳动

力、资金、设备、信息等各生产要素的最优组合和有效运行，取得最佳经济效益。通过适度规模经营，可以快速提升农业装备水平，推广应用农业科技，推进农业现代化，促进农业生产力水平整体提高。土地是农业生产不可替代的生产资料，因此农业规模经营在很大程度上指土地规模经营，促进土地向种田能手集中，逐步扩大农业经营规模，发挥规模经济效益，促进农业集约化现代化。受人多地少基本国情的制约，小农经济与生俱来，唯有用规模化的经营方式替代一家一户精耕细作的小农经营方式，我国农业才能适应日趋激烈的竞争市场，也是我国农业经营发展的新模式。从 20 世纪 70 年代末开始，特别是进入 90 年代后期，农村全面实行家庭联产承包责任制、并进入二轮承包后，出现了农户承包的耕地过于分散、经营规模太小、抗御自然风险与市场风险能力较弱等问题，不利于商品经济的发展和农业现代化。与此同时，许多国家特别是日本、美国、欧盟等发达国家在坚持家庭经营为主的条件下，快速向农业规模化经营转变，提高了农村劳动生产率和土地产出率，取得显著的经济和社会效益。2014 年中办发 61 号文件《关于引导农村土地经营权有序流转发展农业适度规模经营的意见》指出，坚持农村土地集体所有，实现所有权、承包权、经营权三权分置，引导土地经营权有序流转，坚持家庭经营的基础性地位，积极培育新型经营主体，发展多种形式的适度规模经营。农业部部长韩长赋在 2014 年中央农村工作会议召开后指出，发展多种形式适度规模经营是农业现代化的必由之路，也是农民群众的自觉选择。党的十八届五中全会提出，加快转变农业发展方式，发展多种形式适度规模经营，发挥其在现代农业建设中的引领作用。这是中央顺应我国社会生产发展新要求，把握农业生产关系变化新趋势，应对国际现代农业发展新挑战的重大战略部署，也是适应我国多样化资源条件、不断变化的农村劳动力结构和农业生产经营方式，推动农业现代化发展的必然要求。通过发展多种形式的适度规模经营，促进农业分工分业，提高劳动生产率、土地产出率和资源利用率，推进具有中国特色的工业化、信息化、城镇化和农业现代化“四化同步”，协同推进新型工业化、城镇化、信息化、农业现代化和绿色化“五化协同”发展目标的实现，不断提升我国农业全球竞争力。适度规模经营体现在生产环节就是土地、水等生产要素的集中使用。有数据显示，当前我国农户户均耕地规模 7.5 亩，仅相当于欧盟的 1/40，美国的 1/400，不到韩国和日本的 1/2。显然不改变当前这种高度细碎化的小农经济模式，我国农业就很难实现真正意义上的集约化利用，就很难有高效益，也难以抵御日趋复杂的市场风险。从实践来看，在稳定现有土地承包关系并长久不变的前提下，推进适度规模经营，是发展现代农业、提高单产水平、增加农民收入的有效途径。现代农业的本质是集约农业，要求集中使用和有效管理生产资料、科学技术、农业装备，以提高资源利用率和农业经济效益。集约农业在生产环节主要表现为土地的集中使用和其他生产要素的集中投入。在农村家庭联产承包责任制不变的前提下，采取土地流转、经营权外包等形式，实现土地集约化使用，推进适度规模经营，可以加快农村富余劳动力转移，提高农村劳动生产率和土地产出率。发展适度规模经营，能够促进发展社会化大生产，加快新农村建设，让农民尽快富起来。适度规模经营，有利于外部资金、物资和服务进入农业生产领域，有利于对农业生产和农民进行集中扶持，有利于构建以工促农、以城带乡的长效机制，对于加快形成城乡发展一体化新格局具有积极作用。

二是从我国农业生产状况来看，粗放的农业生产模式，导致农业生产环境恶化，从而严重影响到我国农产品质量安全水平。农产品的生长离不开土壤、水、大气等自然环境，自然环境污染直接影响着农产品的生长过程。自党的十八大召开以来，我国现代农业、科技农业发展迅速，与以前相比，农业科技投入比重明显加大，农业创新驱动能力进一步增强。但是与发达国家相比，我国仍然是一个农业科技投入相对不足的国家，传统粗放式农业生产模式仍然没有完全改变，农民的质量安全意识普遍较低，片面追求高投入高产出，大量使用农药、兽药、化肥等农业化学投入品，结果造成农产品药物残留物超出指标要求。因过量投入农药、化肥等农业化学投入品，造成农业面源污染严重，影响了农田土壤、灌溉水等农作物产地环境，造成土地盐渍，水质污染，重金属超标，导致农业生产环境日益恶化。中国土壤学会副理事长张维理曾经分析指出，我国农药使用量每年达 130 万吨，是世界平均水平的 2.5 倍，而每年使用的农药仅有 0.1%左右可以作用于目标病虫害，99.9%的农药则进入土壤、水等自然生态系统，造成大面积的土壤、水等自然环境重金属、激素有机污染。同时，随着工业的迅速发展，工业“三废”（废气、废水、废渣）的排放量不断增加，土壤重金属和其他有害物质超标，影响了耕地质量，也导致农业生产环境日益恶化。农化品的不规范投入、工业“三废”的排放，致使农产品在种植养殖过程中会出现药物残留超标，最终影响到农产品出口。据 2014 年首次公布的全国土壤普查结果显示，全国耕地点位超标率高达 19.4%。化学品的投入与污染，严重影响到我国消费者对农产品的信任，降低了消费者购买我国农产品的积极性，这种信任危机传导到国外，为进口国遏制我国农产品输入制造了理由。农业生产环境恶化，特别是土壤重金属污染，成为我国发展生态绿色农业的瓶颈，也成为影响我国农产品质量安全的核心因素。

三是从生产企业组织化程度来看，农业企业组织化程度低，资源浪费情况突出，农业龙头企业的带动作用没有得到充分发挥，降低了我国农业市场竞争力。农业龙头企业作为新型农业社会化服务体系的重要力量，它是推动农业产业化发展、提高农业组织化程度、保障农产品质量安全、稳定农产品市场、缓解农产品价格波动、降低农业产业风险、提高农业国际市场竞争力的主要力量。没有龙头企业的带动，农业就是一盘散沙。山东省涉农企业数量众多，出口食品生产企业占全国出口食品生产企业总数的 22.5%，但是大多数属于中小型企业，无论是组织化程度，还是科技发展与资源综合利用水平都普遍较低，大多数加工的农产品的副产品和下脚料都作为废遗丢掉，甚至污染环境，而国外在加工农产品中基本上是无废遗品，全部能利用生产出各种产品。目前，山东省农产品加工企业达到 9 400家，其中有出口实绩的农产品出口企业到农业生产领域达到 4 000家，但是年出口额在 500 万美元以上仅占 20%左右，大部分企业诚信意识不强、质量安全意识淡薄，在农产品出口上存在侥幸心理，不仅影响农产品出口，也影响产地信誉。同时，大部分农业企业缺乏自律性约束意识，很多企业为拿到国外订单，竞相压价，相互拆台，而不是抱团闯市场，致使利润空间缩小，盈利能力下降。

四是从农产品出口贸易来看，我国仍然是以原料输出型农产品国际贸易为主，高精端农产品在国际市场的份额有限，农产品创汇能力较弱。虽然我国已成为世界第三大农产品贸易国，农产品出口数量稳步提升，成绩显著。但是我国农产品出口结构不够合理，仍然是以原料输出型为主，高附加值精深加工产品少，主要是以量的积累增加外贸创汇收入，创汇能力疲软。长期以来，我国农产品主要凭借丰富的劳动力资源和低廉的成本优势参与国际竞争，普遍采取低价出口策略，用低价竞争的方式，赢得国际市场份额，“低价”成为我国农产品在国际农产品贸易市场上的基本形象。山东出口农业同样存在粗放型出口的问题，自有品牌少，创汇能力弱。以山东蔬菜为例，虽然山东省的蔬菜量大质优，是农村经济的支柱产业，但在国内大部分只是在农贸市场销售，在超级市场上却看不到带条形码的山东高端品牌蔬菜。在国外，山东蔬菜大部分都出口到日本、欧盟、美国等发达国家，输出的主要是原料型初级产品，国外企业经分装加工后加贴他们的商标销售，很难看到具有山东标志的产品，处于“为人作嫁衣”的窘境。比如，2013 年山东出口蔬菜 357 万吨，货值 35.8 亿美元，而初级原料型加工产品占出口量的 70%以上。近年来，受农用生产资料价格上涨、人工和土地成本上升等因素的影响，农产品生产成本快速上升，导致很多农产品不具备价格优势，出口竞争力减弱。在这种形势下，再单纯依靠低价竞争的方式，必然难以与国际农产品贸易市场抗衡。山东省作为我国重要的农产品出口基地，与全国农产品出口模式基本相同，农产品出口业一直持续着以初级产品为主，精深加工产品少，出口产品大多以粗加工大路货为主，加工工艺粗糙，包装以大包装为主，市场价格与创汇利润偏低。以安丘的输日大葱为例，2007 年，日本超市大葱的销售价格为 18 元/千克，但中国出口日本大葱的出口价格仅 6 元/千克左右，而大葱从播种育苗、种植收获、加工储存、包装运输到成品通关，成本价在 4.5 元/千克左右，我国企业与农民在付出大量的劳动力后，仅仅赚取其中的微薄利润，大部分利润都被日本企业拿走。

这种粗放式、低附加值的一家一户农业生产模式，农业企业的无组织化，既影响到我国农业现代化发展，又会让我国国民对整个产业产生信任危机，同时也导致我国农产品在国际贸易上弱化竞争力。随着我国在国际舞台上发挥作用日益提高，要想进一步提高我国农产品在国际农产品分工的位置优势，增强农产品的国际竞争力，提升我国的国际地位，必须彻底解决农产品粗放式低附加值的农业生产和农产品出口模式，加快推进农业现代化进程，全面提高我国农产品在国际市场上的竞争力。

五、适应消费升级必须用提高农产品质量安全管理来创造新需求

随着我国经济社会的迅速发展和生活质量的不断提高，消费者在对农产品数量和品种需求不断增长的同时，对产品的质量安全提出了更高的要求，在满足了“吃得饱”的情况下，消费者又提出了“吃得好”的要求，食品安全问题越来越受到社会各界的广泛关注，也是我国当前社会亟须解决的热点问题。从食品产业链上看，农产品是人类生存和生活的主要食物来源，它是所有食品的源头，食品安全很大程度上体现在农产品质量安全问题上。当前，我国农业总体上尚处在由传统农业向现代农业的转变过程中，农业生产、农业技术以及农产品质量安全监管等方面还存在着一些薄弱环节，一旦发生食品安全事件，既会危害消费者的身心健康，也会造成民众的心理压力，降低民众对国产农产品的信任度，同时还会直接影响到我国农产品在国内外市场上的竞争力。食品农

产品安全事件会给行业发展带来沉重打击，降低了现代农业的发展速度和质量。由于食品安全事件具有突发性、难以预测性、严重危害性、时间紧迫性以及公众高度关注性等特点，一旦发生就很可能产生灾难性后果，轻者会使一个产业、一个企业跌入深渊，重者甚至会激发受害者与党政机关、生产企业的矛盾，从而引发社会不稳定因素。食品安全不仅影响到消费者的身心健康，同时也会给行业发展带来负担，影响到整个产业的发展。20 世纪 90 年代，源于英国的疯牛病事件，迅速蔓延到法国、德国、荷兰等欧洲其他 13 个国家，导致欧盟牛肉消费市场遭到重创，相关产业迅速萧条，一蹶不振。河北三鹿奶粉事件发生后，温家宝总理曾经在与广大网友在线交流时说："一个三鹿奶粉，我们付出了很大的代价，网民大概不知道。我们普查了受到奶粉影响的儿童达到 3 000 万（人），国家花了 20 亿（元）。"就是因为这一个三鹿奶粉事件，直接重创了中国奶牛养殖业和乳制品加工产业，其负面影响至今还未完全消除，现在很大一部分中国消费者仍是出国出境购买或者代购国外婴幼儿乳粉。食品安全恶性事件的破坏力之大超乎人们的想象，一个三鹿乳粉事件后果尚且如此，今后如果再发生类似事件，国人将对国产食品丧失信心，食品安全问题就会成为摧毁中国现代农业的突破口，危及整个产业安全、经济发展全局和社会政治安定。

一是农产品生产、加工及销售等环节存在安全隐患。党的十一届三中全会以来，我国农业生产实行家庭联产承包责任制，一家一户开展农事活动，这种生产模式虽然能够大幅度调动农民生产积极性，有利于提高土地、水等农业生产要素的利用率。但是这种模式带有明显的粗放性，以自我为中心，不能有效满足市场供求平衡。在这种粗放的农业生产模式下，质量要求管理意识普遍较低，生产者片面追求高产出，高收益，误认为要达到理想药效与肥效就需要提高农药、兽药、化肥等农业化学投入品的使用量，结果造成药物残留物超出指标要求，直接影响到农产品质量安全。在农产品的生产过程中，如果过量投入、不规范使用农化品，会造成农业面源污染，致使耕地、水等最基本的农业生产要素，受到较为严重的污染。同时，随着我国工业的迅速发展，工业废气、废水、废渣的排放，增加了土壤中金属和其他有害物质，影响了耕地质量。受粗放的农业生产模式以及工业三废的影响，造成种植养殖产品重金属或者药物残留物超出指标要求，最终影响到农产品出口状况。

二是食品农产品管理体制尚不完善。一直以来，我国在食品质量安全监管上实行多部门交叉监管模式，但没有一个部门牵头负总责，没有形成一套完整的全程监管体系，导致职责不清、政出多门、管理重叠、监管缺位的现象时有发生。这种交叉监管模式，既暴露了我国监管体制的不足，同时也充分说明我国食品农产品质量安全管理法律法规体系还不够完善，在食品农产品综合监管体制上还存在不足和缺陷。

三是中共中央、国务院对食品农产品质量安全提出了战略性新要求。如何切实保障农产品质量安全，推动现代农业可持续发展成为我国社会性、经济性、政治性的历史任务。"民以食为天，食以安为先"。实现食品农产品质量安全，是中国社会发展的必然抉择，是保障民生的第一要务。新形势新任务迫切需要从上到下探索创新一种全新的管理模式，建立一套完善的出口农产品质量安全管理新机制。时任国务院副总理汪洋曾撰文指出："中国农业命运发展现实，食品不安全可能摧毁中国农业，此言绝非危言耸听”。2013 年 12 月，习近平总书记在中央农村工作会议上指出：“食品安全社会关注度高，舆论燃点低，一旦出问题，很容易引起公众恐慌，甚至酿成群体性事件。再加上有的事件被舆论过度炒作，不仅重创一个产业，而且弄得老百姓吃啥都不放心；食品安全源头在农产品，基础在农业，必须正本清源，首先把农产品质量抓好；用最严谨的标准、最严格的监管、最严厉的处罚、最严肃的问责，确保广大人民群众舌尖上的安全。”解决农产品质量安全问题就必须从源头抓起，采取规模化、标准化生产管理，对产地环境、化学投入品使用、收购储运、生产加工、销售等各环节进行全程质量控制和管理，才能从根本上解决农产品质量安全问题。围绕食品农产品质量安全问题，中共中央、国务院也出台了相应的政策措施法律规范。早在 2006 年《中华人民共和国农产品质量安全法》开始实施，农业部也相继颁布实施了《农产品产地安全管理办法》《农产品包装与标识管理办法》《农产品质量安全检测机构资格认定管理办法》和《农产品质量安全监测管理办法》等一系列配套规章。《中华人民共和国农产品质量安全法》《中华人民共和国食品安全法》及其配套规章措施的正式出台，是我国关系“三农”乃至整个经济社会长远发展、国计民生的一件大事，具有十分重大而深远的影响和划时代的意义，也为食品农产品质量安全工作奠定了新的法律基础。2007 年 1 月，中共中央、国务院印发《关于积极发展现代农业扎实推进社会主义新农村建设的若干意见》指出：“提高农产品质量安全能力，加快完善农产品质量安全标准体系，建立产品质量可追溯制度；在重点地区、品种、环节和企业，加快推行标准化生产管理，实行农药、兽药的专营和添加剂规范使用制度，实施良好农业操作规范试点。”2008 年 10 月，党的十七届三中全会通过《中共中央关于推进农村改革发展若干重大问题的决定》，明确提出“要加强农业标准化和农产品质量安全工作，坚决杜绝不合格农产品进入市场”。2009 年 2 月，《中华人民共和国食品安全法》颁布实施，替代了 1995 年以来颁布实施的《中华人民共和国食品卫生法》，随着形势发展的需要，2015 年 4 月，新的《中华人民共和国食品安全法》再次修订实施，突出质量安全这一核心，充分体现了国家对食品农产品质量由单纯的注重卫生问题，上升到更加注重安全的高度。党的十八届三中全会明确提出“要建立最严格的食品安全监管制度”。2013 年 11 月，习近平总书记到山东省视察指导时提出了发展现代农业的“三个导向”重大战略思想，强调“以满足吃得好、吃得安全为导向，大力发展优质安全农产品”。2017 年 1 月，习近平总书记对食品安全工作作出重要指示指出，民以食为天，加强食品安全工作，关系我国 13 亿多人的身体健康和生命安全，必须抓得紧而又紧。这些年，党和政府下了很大气力抓食品安全，食品安全形势不断好转，但存在的问题仍然不少，老百姓仍然有很多期待，必须再接再厉，把工作做细做实，确保人民群众“舌尖上的安全”。要求各级党委和政府及有关部门要全面做好食品安全工作，坚持最严谨的标准、最严格的监管、最严厉的处罚、最严肃的问责，增强食品安全监管统一性和专业性，切实提高食品安全监管水平和能力。李克强总理指出，食品安全是全面建成小康社会的重要标志，要把保障食品安全放在更加突出的位置，完善食品安全监管体制机制，大力实施食品安全战略。坚持源头控制、产管并重、重典治乱，夯实各环节、各方面的责任，着力提高监管效能，凝聚社会共治合力，推动食品安全形势持续改善，保证广大人民群众吃得放心、安心，不断提高人民群众满意度和安全感。消费者对食品农产品安全的强烈要求，中央对食品农产品安全管理工作的高度关注，法律法规体系的不断健全完善，为建设出口农产品质量安全示范区，提供了基础保障。

六、发展高质量农业需要高标准质量安全管理制度作保障

多年来，我国围绕发展现代农业、保障农产品质量安全、提高农业经济发展效益等目标，从国家到地方，从部门监管到行业自律，都结合自己的职责，纷纷出台政策，落实措施，不断健全完善食品农产品质量安全监管体系，为有效做好食品农产品质量安全管理工作提供了基础保障。

一是法律法规体系逐步完善。健全的法律法规体系是开展食品农产品质量安全管理的执法基础和工作依据。从 2006 年开始，为全面加强食品农产品质量安全管理工作，国家、地方政府以及商务、质检、农业、工商等相关部门，相继出台了一系列加强食品农产品质量安全工作的法律法规，国家颁布实施了《中华人民共和国农产品质量安全法》《中华人民共和国食品安全法》《中华人民共和国动物检疫法》《农药管理条例》《国务院关于加强食品等产品安全监督管理的特别规定》《国务院关于全面加强产品质量和食品安全工作的意见》《农药限值使用管理规定》《高毒农药禁用管理规定》等一系列法律法规。山东省政府出台了《山东省出口农产品质量安全监督管理规定》《山东省农产品质量安全条例》《山东省出口农产品安全管理条例》等一批地方性制度。据不完全统计，我国目前针对食品农产品安全管理已有 20 多部法律、近 40 部行政法规、150 多个部门规章，与食品农产品质量安全监督相关的法律法规有 100 多个。这些法律法规制度涵盖了出口农产品质量安全控制的各个环节，为出口农产品质量安全示范区建设工作提供了政策性法律法规依据。

二是协调监管体制更加完善。出口农产品质量安全管理是一项复杂性、多环节、高风险、综合性的系统工程，必须以健全的安全监管标准体系为保障。对于农产品质量安全监管问题，我国的农产品质量安全法律规定是明确的，职责任务也是清晰的，但问题是一些地方存在监管机构不健全，监管能力跟不上，监管责任难落实。随着食品安全问责力度的加大，农产品质量安全监管工作已逐步纳入了各级党政部门的考核体系。2016 年中央一号文件《关于落实发展新理念加快农业现代化实现全面小康目标的若干意见》把保障农产品质量安全作为衡量党政领导班子、领导干部能力和政绩的重要考核指标。农业、畜牧、渔业、商务、工商、质监，以及检验检疫、海关等监管部门，根据自身的职能职责，相继建立了完善的监管标准、风险评估、检测预警体系和执法队伍。2013 年的《国务院机构改革和职能转变方案》明确了食品安全监管主要由农业部、国家食品药品监督管理总局两部门负责。随后，国务院对地方食品安全监管的职能划转、机构改革、能力建设、责任落实等提出了统一要求。2013 年 12 月国务院办公厅发布了《关于加强农产品质量安全监管工作的通知》提出，要加强县级农产品质量安全监管体系，将农产品质量安全监管执法纳入农业综合执法范围，确保监管工作落到实处，为切实提

升农产品质量安全监管能力指明了方向。2014 年山东省对药监、质监、工商 3 个省垂直管理监管部门进行改革，由省垂直管理，划归地方政府管理，潍坊市政府将县级药监、工商、质监整合，组建市场监督管理局；潍坊、威海等地方政府将原属种植业、畜牧业、渔业的农业执法资源进行整合，组建大农业综合执法队伍，成立农业综合执法机构。安丘市选配村级农产品协管员，并纳入市财政补助，在全市的 1 229个行政村配备了 1 229个村级农产品协管员和 706 名动物防疫员。检验检疫部门作为农产品出口的末端监控部门，也在职责范围内，不断创新监管模式，实行农产品出口种植养殖基地备案管理、出口农产品加工企业登记、出口农产品加工企业卫生要求、出口农产品残留监控计划、评估认证体系等规范性管理模式，在出口农产品加工企业中实施了 HACCP 管理体系，以及 ISO、GAP 认证管理措施，进一步加强了出口农产品源头治理、检验检测、认证认可等基础监管体系。这种监管体制的创新改革，从原来的种植养殖、流通、贮存、加工、包装、出口通关等多部门分段监管模式，发展到仅由市场、地头种植养殖、出口把关这 3 个环节的监管机制，进一步明确了各监管部门的职责与权限。这种全新的农业监管模式，改变了传统分段监管的弊端，形成了有效的合力监管优势，监管盲区的弊端得到了有效改善，为出口农产品质量安全示范区建设与实施，提供了有力的监管标准体系与执法监管体制。

三是技术保障能力已形成规模。全社会参与检验检测是做好出口农产品质量安全工作的前提和重要组成部分，是实现农产品产地环境、农业投入品、市场准出等“从农田到餐桌”全过程质量安全管理的重要技术支撑，也是农产品出口把关放行、农兽药残留控制、有效应对国外技术壁垒的重要技术手段。党的十六届五中全会召开后，各级党委、政府都在农业农村工作上加大了资金、人力和物力的投入，农业、质监、检验检疫等部门都建立了服务于本地区、本行业、本职责范围的食品农产品质量安全检测监控服务体系和监管机构。农业龙头企业通过企业自筹、上级扶持、合资合办等形式，建立了具备自检自控能力的实验检测室，基层镇村社区也配备了速检速测仪器与检测员，形成了以政府职能部门检测机构为依托，农业龙头企业检测中心为重点，镇村社区速测点为基础的“三位一体”检测服务网络。农业龙头企业检测中心根据国际农产品贸易新规则，特别是依据欧盟新食品卫生法、日本肯定列表制度规定的农兽药最大残留标准，投资配备气相、液相等大型高档检测设备，通过了国家检验检测认证认可机构的认证，取得国际农产品贸易检测资格，具备了农产品农兽药残留定量检测能力。通过检验检疫、农业、质监等部门的合力推进，将涵盖政府职能部门检测中心、龙头企业检测中心、镇村社区速测点的检测资源进行科学有效的整合，职能部门通过分析国际农产品安全预警安全评估信息数据，及时通报各检测机构，检测机构根据这些数据信息，及时调整检测方向，形成了出口农产品检测资源共享、检测项目互补、检测信息互通的全覆盖检测机制，为出口农产品质量安全监管，农产品加工企业以及种植养殖户进行科学地种植养殖管理，提供了科学的监管与田间管理依据。山东出入境检验检疫局①按照全省出口食品农产品区域特点，进一步优化全省检验检疫系统实验室布局，整合实验室资源，

---

① 2018 年 3 月国务院机构改革，将出入境检验检疫管理职责和队伍划入海关总署。

近年来投资3亿元，建成了国家级重点实验室、区域性中心实验室和常规实验室三级实验室网络架构。该局所有实验室均取得CNAS国家认可和计量认证，2个实验室获得澳大利亚NATA认可，6个实验室获得韩国食药厅“国外公认检测机构”认可，4个实验室取得国家有机食品检测机构资质。潍坊出入境检验检疫局积极帮助出口企业完善实验室管理体系，加强检测人员技术培训，开展检测能力验证和水平测试，严格按照ISO/IEC17025要求有效运转，全面提高了检测结果的准确性，增强了企业实验室自检自控的能力。

四是合作推进平台已初步搭建。在全社会充分认识食品农产品质量安全重要性的大环境下，特别是2008年9月，受三鹿奶粉安全事故的影响，中国奶制品污染事件在全国范围内引起了压倒性的哗然，食品农产品安全在全国范围内受到了更为广泛的关注，从中央到地方，从城市到农村，食品安全问题被推上了舆论的风口浪尖，各级政府都在围绕这个问题纷纷开展自查自纠，并创新探索监管模式。新形势新问题，广大国民的强烈期盼，直接促使酝酿多年的《中华人民共和国食品安全法》于2009年2月正式通过并实施，全社会齐抓共管食品农产品质量安全的机制出现了新的转机。国家质检总局与山东省政府、山东出入境检验检疫局与潍坊市政府、潍坊出入境检验检疫局与政府职能部门之间、地方政府之间纷纷建立联席协调推进机制和落实食品农产品安全责任保证措施。在这种联席机制的总体框架下，职能部门各司其职，相互配合，通过搭建政策法规、信息共享、协同推进的双向交流平台，充分发挥各职能部门的优势和作用，开展积极的业务交流，国内国外食品农产品质量安全信息共享机制初步形成，为食品农产品质量安全监管，创造了良好的协作推进环境。山东省商务厅、农业厅以及山东出入境检验检疫局相继研发了山东省“走出去”公共信息服务平台、山东农产品安全示范区公共服务平台、山东省农产品（食品）溯源公共平台、山东省出口农产品质量安全信息管理公共服务平台等食品农产品信息共享平台，安丘、乳山等地方政府也在官方网站开辟专门的食品农产品质量安全专栏，实时发布安全信息。这种全社会共同参与、全面加强农产品质量安全监管工作的协作平台已经初步搭建。

第三章　创建出口农产品质量安全示范省的重要意义

2007年，山东省以破解日本肯定列表制度、欧盟新食品卫生法规等农产品国际贸易技术壁垒为突破口，通过建设面向出口的食品农产品质量安全区域化管理体系试点，在全省启动实施了出口农产品质量安全示范区创建工作。经过近10年的探索实践，山东省出口农产品质量安全示范区创建工作取得了显著成绩，“安丘模式”“威海经验”“青岛做法”等成功的经验做法应运而生，这种创新做法也被誉为“山东成果”，已经在全国范围内推广实施。在这种创新模式机制的带动下，全国食品农产品质量安全水平明显提高。

在我国食品农产品质量安全风险控制成效不断提高的形势下，国际农产品贸易市场特别是美国、日本等发达国家主要农产品进口国，也在不断修订完善技术壁垒，农产品国际贸易形势更加严峻，技术性国际贸易壁垒措施日趋增多。2011年1月，美国颁布实施《食品安全现代化法案》，日本在原肯定列表制度的基础上不断加以修订，我国香港地区也于2014年8月正式实施《食物内除害剂残余规例》。面对日趋严格的国际贸易技术壁垒，要想继续扩大农产品国际市场份额，提高农产品出口创汇效益，必须适应境外质量监管新趋势，培育农产品出口竞争新优势，必须从体制机制上进行更加深入的创新研究探索。

面对新形势新任务，山东省委、省政府审时度势，充分发挥农业大省、农产品出口强省的优势，在建设出口农产品质量安全示范区（市）的基础上，在全国率先提出创建出口食品农产品质量安全示范省，努力打造全国农产品和食品消费最安全、最放心地区。其目的就是把出口农产品质量安全推向一个更高水平，将“山东成果”实现“全国共享”，为全国农产品安全生产监管机制提供可复制、可推广的经验。为进一步推动实施这种全新监管模式，2014年7月，山东省政府办公厅印发《关于创建出口食品农产品质量安全示范省的实施意见》（鲁政办发〔2014〕28号），确定在国家质检总局和商务部的支持下，创建出口食品农产品质量安全示范省，市县级政府将全面推行国际标准，健全农产品标准体系、农业投入品控制体系、质量可追溯体系、品牌引领体系、风险预警体系以及科技服务体系。通过创建出口食品农产品质量安全示范省，推动内外贸一体化融合发展，促进优质农产品由出口保障转向全民共享。2014年8月，山东省政府在潍坊市召开创建出口食品农产品质量安全示范省工作会议，全面部署安排示范省创建工作。2017年6月，山东省在威海召开出口食品农产品质量安全示范省总结会议，国家质检总局批准山东省为全国首个出口食品农产品质量安全示范省（总局公告2017年第41号）。从建设示范区到创建示范省，这是山东省多年来不断努力的结果，是一次影响深远、意义深刻的飞跃，也是应对食品农产品国内外市场需求变化的深入探索与创新。创建示范省和推进示范区建设，遵循了市场经济规律，明晰了各方责任，传导了责任意识，加强了政府监管。山东省推进示范区创建，确保农产品质量安全，实现农业供给侧结构性改革，必将在中国农业发展史上树立一个跨时代的“里程碑”，其前进的历史趋势不可阻挡。

一、是转变农业发展方式推进农业现代化的迫切要求

农业丰则基础强，农民富则国家盛，农村稳则社会安。农业是安天下、稳民心的战略产业，没有农业现代化就没有国家现代化，就没有国家强盛、民生幸福和社会稳定。加强农业、农村、农民工作，积极发展现代农业，扎实推进乡村振兴战略，是全面落实科学发展观、构建社会主义和谐社会、打好打赢精准扶贫攻坚战的必然要求，是加快社会主义现代化建设的重大任务。农业的稳定是我国经济稳增长的基石，是我国经济社会发展的基石，更是我国农业全面实现现代化的“生命线”。落实农业稳增长措施，不仅能够推动农业经济的不断增长，更能为经济社会发展创造最为根本的基础性财富，为工业发展提供所必需的原材料，为工业品的制造定位准确的消费主体市场，从而有力支持国民经济可持续发展。只有农业经济主体地位的发展壮大，才能奠定一个地区、一个国家经济社会发展的稳定基础。只有农业稳、农村安、农民乐，才是中国社会稳定的基石和经济长期发展的持久动力。农产品质量安全与否，直接关系到第一产业的发展效益、人类身体健康、生命安全，也关系到国家经济发展、社会稳定，进而影响到国家经济社会发展的大局。近几年来，从中央到地方，各级党委政府也一直特别强调农产品质量安全问题的重要性。2013 年 7 月，时任山东省副省长赵润田在全省农产品质量安全监管暨现代农业示范区建设现场会议上指出，农产品质量安全是山东农业发展的“生命线”，关系到山东农业的前途命运和全省经济社会发展大局，必须将其放到极端重要的位置来抓。要切实履行好生产服务与质量监管双重责任，加快建立村级质量监管员巡查队伍，实行严格的问责制。要充分认识抓好农产品质量安全监管工作的极端重要性，始终绷紧农产品质量安全这根弦，紧紧扭住农产品质量安全这个“牛鼻子”，切实把它放在“三农”工作中极端重要的位置来抓。2008 年爆发的国际金融危机，其负面影响至今还在持续，世界经济形势的不稳定性因素在增加，而中国经济在这种动荡的大环境下，在国际舞台上发挥着更为重要的作用，山东省作为中国经济总量名列全国第三的经济强省，其经济总量规模在快速扩张，但同时也面临资源、能源、土地、环境等方面的瓶颈约束，传统的经济增长模式已经难以为继。未来只有牢牢抓住转变经济发展方式这条主线，努力提高发展质量，推动“量的扩充”向“质的提高”转型跨越，才能突破严峻的内外部约束，以质取胜，赢得未来发展主动权。抓好质量工作、建设质量强省，是山东省突破各种约束条件、赢得未来发展主动权的必然选择，是山东企业成长为国际型企业的必然选择，是建设民生幸福城市的必然选择。落实到农业上，只有农产品的药物残留得到有效控制，才能保证农产品的质量，而质量安全成为山东农业实现“质的提升”的核心与关键。

国际金融危机大爆发以来，我国不断调整经济发展思路，把稳增长作为今后相当一段时期的经济发展目标。如果把稳增长视为发展经济的手段，那么促增长就是发展经济的智慧，因为主动从农业这个源头找经济活力，对经济增长的贡献将是革命性的。无论大众创业，还是万众创新，都是用群众的创造活动，都是用改革的思路，为经济增长平添活力。近10年来，山东省经济发展稳步推进，2016年山东省GDP总量紧跟广东、江苏两省，位居全国第三位。从农业对山东省经济发展贡献的比重来看，2016年山东省GDP总额67 008.2亿元，其中第一产业增加值4 929.1亿元，第一产业占全省GDP总量的7.3%，而在第一产业中，农产品出口达到1 075.3亿元，占第一产业总产值的比重达到15.3%，农产品出口对第一产业增加值作出了重大贡献。可以说，农业发展特别是农产品出口程度的高低，直接关系到山东省经济社会发展的大局，也能影响到全国经济社会发展的前景。

农业农村农民问题始终是关系党和国家工作大局的重大问题，全面建设小康社会，达到中等发达国家水平，"三农"工作是重中之重，是全党全国的重要政治任务。2012年11月，党的十八大提出，要坚持走中国特色新型工业化、信息化、城镇化、农业现代化道路，推动信息化和工业化深度融合、工业化和城镇化良性互动、城镇化和农业现代化相互协调，促进具有中国特色的工业化、信息化、城镇化和农业现代化的"四化同步"发展目标。2015年3月，中共中央政治局会议审议通过《关于加快推进生态文明建设的意见》提出，把生态文明建设融入经济、政治、文化、社会建设各方面和全过程，协同推进新型工业化、城镇化、信息化、农业现代化和绿色化的"五化协同"发展目标。"绿色化"作为一个新的国家战略发展要求，首次纳入了国家顶层设计和战略规划。从"四化同步"到"五化协同"，这是中国国家治理现代化战略的历史性转型。2014年年底，习近平总书记在江苏视察时特别指出："没有农业现代化，没有农村繁荣富强，没有农民安居乐业，国家现代化是不完整、不全面、不牢固的。中国要强，农业必须强；中国要美，农村必须美；中国要富，农民必须富。在推动经济发展上台阶的同时，一定不能忽视农业，千万不能丢了农业农村。"长期以来，山东省委、省政府一直高度重视"三农"工作，城乡统筹、工农并重、三产融合的特色鲜明。从全局上看，在推进全省"四化同步""五化协同"经济社会发展的总体目标下，虽然农业农村工作取得了显著成绩，但"三农"仍然是全面建设小康社会和实现现代化建设的突出短板，面对近几年全省农业农村工作取得成绩，不能盲目乐观，更不能放松要求。坚持城乡发展一体化、一二三产业融合发展战略不动摇，必须紧紧扭住农业现代化工程这个总抓手，采取更加有力的措施，实现农业强、农村美、农民富，在解决好农业、农村、农民这个事关全局的重大问题上探索新路子，实现全面小康和现代化的完整性、全面性和牢固性。山东省开展创建出口农产品质量安全示范区，通过规范施肥用药行为，最大限度降低有害有毒物质进入农田土壤、灌溉用水的机会，着力解决长期以来单纯追求高产高投入的弊端，由于非安全生产方式带来的农产品环境污染问题，不断改善改良土壤、水资源两个农产品产地环境质量安全水平，通过科学的农业施肥用药管理，实现绿色安全的种植养殖，从而有效地治理农业面源污染。通过创建农产品质量安全示范区，着力规范农业生产行为，治理农业面源污染，让农田土壤、水资源真正回归自然，也是一种优化环境、治理雾霾的最基础措施，实现人与自然和谐发展，建设环境友好型经济社会，培育生态保育型农业的有益尝试。从某种程度上来看，创建农产品质量安全示范区，发展安全农业、绿色农业、生态农业、科技农业也是落实中央“四化同步”“五化协同”经济社会发展总体目标的具体措施。

当前，我国农业正处在由传统农业向现代农业转变的历史阶段。源于中国历史单纯的传统农业，生产的都是绿色有机食品，不会造成现在人们普遍担心食品农产品质量安全问题。但是传统农业生产体系的维系靠的是农民世代之间的口传心授、互相模仿、经验积累，质量安全虽然有保证，但是产量太低，无法满足人口剧增对于农产品的大量需求。现代农业生产技术体系是建立在化学和生物学基础上的，靠传统技术路线继续实施，必然造成化学制品和生物制品的滥用，留下大量的食品农产品质量安全隐患，甚至直接酿成食品农产品安全事件。我国农业从传统农业向现代农业转型过程中，必须加大现代科技投入力度，引导农民自觉融入现代农业生产技术体系，不但要产量高，更要质量好。近几年来，从国家到地方，都在政策、资金和技术上对农业发展投入了大量的支持。山东省政府通过创建出口农产品质量安全示范区，采取政府补贴、技术研发、转移支付、金融信贷等形式，先后投资 11.3 亿元，为全省农业经济发展，提供了持续发展的资金、技术支撑和源源不竭的发展动力。山东省创建农产品质量安全示范区，源于应对发达国家的农产品出口贸易技术壁垒，把质量安全作为创建过程中的首要因素，是一种在农业上落实质量强省的具体措施。通过创建示范区，从 2008 年开始，山东出口农产品检验检疫合格率保持在 99.95%以上，在农产品国际贸易市场上没有因质量安全问题发生重大的出口贸易风波。通过出口带动，山东的内销农产品质量安全水平也大幅度提高，区域性农产品质量安全事故大幅度降低，农业经济的主体地位更加稳固，为全省经济发展提供了持久动力，也为第二、第三产业提供了安全放心的原料产品，促进了一二三产业融合发展、健康发展、和谐发展。

二、是加快推进农业供给侧结构性改革提高农业发展质量的重要举措

与美国、日本等发达国家相比，我国仍然是一个发展中国家，在发展阶段和发展水平上存在一定差距，客观上长期存在着内销产品与出口产品的标准差异，部分产品的国内标准相对国际标准偏低，导致国内市场与国际市场存在一定程度的“质量高差”。同时，我国产品结构存在明显的供给约束和供给抑制，中高端产品有效供给不足，需要通过全面的深层次的制度改革化解制约矛盾，释放经济社会发展的潜力，提高经济增长活力。从有效供给角度，实现创新和结构优化，成为我国产业发展攻坚破难急需解决的问题。随着我国经济实力不断提升和广大民众消费水平的提高，我国对中高端食品市场需求迅速增长，我国经济社会发展进入新常态，消费者对产品需求层次提出了新要求，而当前我国仍然采取国内国外两种生产标准，高端产品国内市场供用相对不足、中低端产品出现结构性、季节性过剩。这种现状已经越来越不适应国内消费需求和消费水平不断提升的现实需要，国内中高端消费需求在国内市场得不到有效满足，也就是有效供给和

中高端供给不足，出现了国内消费者到国外市场抢购的风潮，如曾经出现的中国游客到海外抢购婴儿奶粉、马桶盖等。消费外逃现象日趋严重，“海淘”生意越来越火，严重冲击了我国本土产业的竞争发展。无论是乳制品境外代购，还是赴日抢购马桶盖风波，都是新常态下国民消费观念转变、市场需求与供给不能有效匹配而出现的消费扭曲。国内民众对传统的产品性能与品质提出了新要求，同质同类产品已经远远不能有效满足民众的消费需求，品质品牌消费逐渐成为我国市场的主流，必须进行供给侧结构性改革，推行出口内销“同线同标同质”三同工程，着力解决国内外市场由于标准和管理要求差异导致的“质量差距”，推动国内外市场深度融合，促进更高水平的全方位开放，带动相关产业加快转型升级，优化国内供需结构，引导消费回流。

（一）农产品需求侧的转变，导致必须进行农业供给侧结构性改革

党的十八届五中全会以来，中共中央、国务院反复强调要加强“供给侧改革”，它成为中国经济改革的关键词。供给侧改革是相对于需求侧改革而言，它强调要在供给端化解过剩产能，调整和优化结构，促进产业迈向中高端，以创造新的需求、满足新常态下广大民众消费档次日益提高的需求。农业作为国民经济发展最基础的产业，也同样面临着供给侧结构性改革的形势。随着我国经济的迅速发展以及对外开放程度的不断提高，我国农业出现了农业总产量、进口量和库存量“三量齐增”现象，进口农产品被大量消费，自己增产的存量产品却存进了仓库，不仅给国家财政带来沉重包袱、给国储粮企业带来极大经营压力，也极大地降低了我国农产品在国际市场上的竞争力。据有关监测数据显示，2016 年我国玉米、小麦、稻谷库存合计高达 2. 54 亿吨，创历史最高纪录，2015 年我国棉花库存占全球库存的 50%左右，自 2013 年以来棉花库存年年超过 1 000万吨，从国外进口的农产品持续增长，贸易逆差呈现加剧增长趋势。造成这种现象的主要原因是我国农产品生产成本高、科技水平低、要素效率低、产业和产品结构档次不高、质量与安全标准有差距。这些现象从表象上来看，我国农业生产与市场需求不匹配，不能有效满足市场需求侧的要求，但是根本上来看是供给侧出了问题，必须从农业供给侧入手，才能有效解决需求侧的问题。大力推行“同线同标同质”三同工程，从根本上搞好农业供给侧结构性改革，是破解农业发展新难题，提高农业发展质量和效益的必然要求，成为农业发展方式转变的迫切任务。2014 年 9 月，李克强总理在视察质检工作时提出要求，质检部门要促进企业出口、内销产品在同一生产线、按相同的标准生产，使内外销产品达到同样的质量水准（即“同线同标同质”）。2017 年在全国“两会”的政府工作报告中，首次将“同线同标同质”三同工程写入政府工作报告，要求引导企业增品种、提品质、创品牌，扩大内外销产品“同线同标同质”实施范围，更好满足消费升级需求，增加高品质产品消费。2015 年 11 月，习近平总书记在中央财经领导小组第十一次会议上，提出“在适度扩大总需求的同时，着力加强供给侧结构性改革，着力提高供给体系质量和效率，增强经济持续增长动力”，随后中央农村工作会议提出“着力加强农业供给侧结构性改革”，农业供给侧结构性改革成为 2017 年中央一号文件《关于深入推进农业供给侧结构性改革加快培育农业农村发展新动能的若干意见》的主题。中共中央、国务院把推进农业供给侧结构性改革，作为“解决‘三

农’问题、推进农业现代化、全面建设小康社会”的重大战略。农业供给侧结构性改革的本质是推进农业发展方式的转变和新旧动能的转变，推动农业现代化。所谓农业供给侧结构性改革，是指从农业供给端入手，通过深化改革、优化结构，将生产要素和自然资源充分、高效地利用起来，以解放生产力，促进经济发展。这种全新的农业发展思路，为全国农业发展指明了新方向，也为各级地方政府提出了新要求。深化农业供给侧结构性改革，就是要针对当前农业发展面临的重大问题，从供给侧入手，出台有力改革举措，既要打破阻碍农业生产要素流动的篱笆，让市场在农业资源配置中发挥决定性作用，又要更好地发挥政府作用，推动农业现代化持续健康发展，有效满足广大民众的市场需求。农业作为二三产业的基础产业，提供的是初级农产品，优质农产品感官印象固然重要，但其最核心价值是营养安全，而安全又是决定农产品品质的重要标志，同时，农产品又是一切食品的原料产品，农产品的安全与否，直接决定食品的安全水平。食品农产品安全是一个国家经济发展水平和人民生活质量的重要标准，“舌尖上的安全”更是全社会高度关注的问题。国内最大的舆情调查平台“中国社会科学院舆情调查实验室”从 2013 年开始，对中国社会最关注的重大社会问题进行舆情调查，从其发布的舆情指数来看，食品安全问题选择比例连续最高，这充分反映了我国广大民众对安全食品农产品需求的迫切性之大。农产品市场需求侧的根本性变化，倒逼农业供给侧必须适应新形势发展需求，进行快速有效的变革创新，以满足广大民众的消费需求。

（二）结合农产品需求侧管理，深入推进农业供给侧结构性改革

供给侧改革与需求侧管理是一个经济学概念，二者是拉动经济发展的两种不同的策略，供给侧管理强调通过提高生产能力来促进经济增长，而需求侧管理则强调通过提高社会需求来促进经济增长，两者对于如何拉动经济增长有着截然不同的理念。纵观经济理论发展历史以及世界各国政策的演化过程，一个国家或者地区，到底是以供给侧作为重点，还是以需求侧作为重点，关键是根据当时本地的宏观经济现状做出相机抉择。如果单纯地放弃需求谈供给，或放弃供给谈需求，都是片面的，二者相互联系不能割裂，供给侧改革与需求侧管理之间就像一个硬币的两面，是对立统一、紧密联系的，不能简单地割裂开来。具体来看，供给侧改革针对的是我国经济长期积累的结构性和体制机制问题，供给侧改革虽见效慢，但通过综合施治能够治标固本。需求侧管理在当前则主要是稳增长，往往着眼于平抑经济总量的短周期调控，而供给侧管理则关注中长期的系统性结构问题，需求侧管理在应对经济萧条等“病症”上可以救急，但副作用大，搞不好会带来滞胀，进而影响到经济发展的大局。事实上，2015 年 11 月在中央财经领导小组第十一次会议上首次提出“供给侧改革”时，中央就已经明确了供给侧改革和需求侧管理的作用和地位，即“在适度扩大总需求的同时，着力加强供给侧结构性改革”。就像在临床医学中，如果儿童生病时伴随高烧现象，医生往往会在其皮肤上擦拭一定浓度的酒精溶液进行“物理退烧”，尽管这种“治标”的办法并没解决“高烧”的根本，但却降低了并发症的风险，为“治本”赢得了宝贵时间。在不同时期，针对制约经济增长的主要矛盾，各国的宏观调控侧重点会有所不同。但是如果供给不能有效满足市场需求，那么一定是存在某种程度的供给约束和供给抑制因素。从哄抢进口水果，到日本

疯抢马桶盖，到新西兰、瑞士等国家大量代购婴幼儿乳制品，这一切都证明我国在经济发展中，无法满足新形势下广大民众多层次的消费需求，有效供给不足问题突出。对于发展中国家来说，满足有效需求固然是经济发展的根本，但是在当前全球经济日趋一体化的形势下，搞好供给侧结构性改革管理更为重要，它是促使产品质量向中高端发展的最好途径，有利于改善我国消费者的生活品质，满足国内中高端需求，促进消费回流，也能促使国内相关产业全面引入国际标准和先进管理模式，提升产品和服务质量，促进产业转型升级，拓展市场空间。

（三）开展“同线同标同质”工程，推动农业供给侧结构性改革

长期以来，我国一直实行内贸与外贸产品不同的双重质量标准，部分内销标准比出口标准相对偏低，存在一定程度的“落差”，导致内外销产品质量不同程度的低于外销产品，消费外逃现象以及内需刚性不足问题日趋严重。近年来，境外消费的“海淘热”持续升温，显示出消费者对国内产品信心的不足。而与之对应的是，我国出口食品农产品生产加工企业已达 13 781家，出口食品合格率常年保持在 99.9%以上。境内外消费“冷热不均”、出口与内销食品质量的差异，凸显出食品领域供给侧改革的紧迫性和必要性，促进优质食品由出口保障转向全民共享，成为亟须解决的现实问题。国务院提出的扩大内外销产品“同线同标同质”实施范围，是解决注意问题的有效举措。所谓“同线同标同质”工程，指的是出口企业在同一条生产线上，按照相同的标准生产出口和内销产品，从而使供应国内市场和供应国际市场的产品达到相同的质量水准。“同线”是指出口和内销产品在同一生产链条，按照相同的生产体系生产；“同标”是指出口企业的质量安全管理体系符合出口和进口国相关技术法规和标准，产品标准主要按进口国标准；“同质”是指出口和内销的产品实现相同的质量水平。从国家层面来说，推行“三同”工程，是加快推进农业供给侧结构性改革，提升食品农产品质量安全的重要举措，将有利于缩短国内外市场由于标准和管理要求差异导致的“质量差距”和“信任差距”，能够推动国内外市场的深度融合，促进更高水平的全方位开放，带动国内相关产业加快提质升级，优化国内供需结构，引导消费回流。从企业层面来说，推行“三同”工程，是增强企业抵御市场风险能力，拓展市场空间的有效途径。过去企业要按不同的标准生产国内外两个不同市场的产品，实际上增加了成本和经营难度；推行“同线同标同质”，能够帮助企业通过提高产品和服务质量，帮扶出口企业应对国内外市场变化、拓展市场空间，不仅能帮助出口食品企业摆脱外销下降的困局，降低成本风险，更能从长远意义上带动国内食品安全水平的提升，增强企业内外两个市场风险抵御能力。从消费者角度来看，推行“三同”工程，能够提振消费者的消费信心，满足市场需求。通过实施“三同”工程，将出口食品的生产和监管模式复制到内销食品，有效保障“三同”产品的质量安全，有利于改善我国消费者的生活品质，解决广大群众反映强烈的内外销产品存在质量差别的问题，满足国内中高端需求。“同线同标同质”工程，实质上是供给侧的一场质量革命，是深入探索农业供给侧结构性改革新机制。“同线同标同质”工程的推进，让更多的消费者改善了生活品质，享受到了更高质量的产品；让各出口食品生产企业更好地应对外贸低迷和国内市场质量差异化竞争的难题，

实现了转型升级，提升了品牌价值，增强了抗风险能力。实际上，从 2009 年开始，山东省就按照“一个标准、两个市场、以外促内、统筹发展”示范区建设总体要求，支持鼓励出口企业开拓国内市场，由出口保障向全民共享转变，不断推动内外贸一体化融合发展，让优质安全的高端农产品走进国内的千家万户，促进优质农产品由出口保障，转向全民共享。这种“以外促内、优势共享”的示范区发展模式，也是山东省推行“三同”工程的雏形，落实中央农业供给侧结构性改革的具体措施。示范省创建工程的实施，为扩大出口提供了质量保障，国际市场上的良好业绩，又为拓展内销市场提升了品牌价值，农业企业借助这个出口品质的“金名片”，真正实现了国际国内市场的“两翼齐飞”。山东省在实施示范区创建过程中，为适应消费者对农产品新鲜度、安全性和性价比要求越来越高的趋势，积极开展“连锁超市与出口农产品质量安全示范区开展对接”工程。2010 年 4 月，山东省在威海召开的第三次全省出口农产品质量安全示范区现场会上，提出了以“推行国际标准，统筹两个市场，打造山东品牌，促进惠民强商”为主旨的出口产品国民共享的出口农产品质量安全示范区建设思路，组织召开“超市与出口农产品质量安全示范区对接专题座谈会”。随后，山东省商务厅出台了《关于推进连锁超市与出口农产品质量安全示范区开展对接工作的意见》（鲁商务建设字〔2010〕744 号），按照“推行国际标准，统筹两个市场，打造山东品牌，促进富民强省”要求，以提升国内居民“菜篮子”质量水平，实现农产品质量安全由出口保障向全民共享转变为目标，通过在超市设立示范区农产品专区为载体，推动符合国际标准的农产品进入居民的“菜篮子”，扎实推进连锁超市与出口农产品质量安全示范区开展对接。各级政府积极推动示范区与大中城市连锁超市建立稳定的销售渠道，加强与华润万家、家乐福、乐购、百盛、永旺等国际连锁企业合作，扩大直销贸易规模，优质高端出口品质的农产品成为各大商场超市的热销产品。各商场超市采取示范区种养殖基地直采直购的形式，根据民众需求从出口农产品质量安全示范区购进辣椒、土豆、大蒜、冷鲜肉等农畜产品，并在超市显要位置设立了出口农产品质量安全示范区农产品销售专区，悬挂“出口农产品示范区专供”标识，加大出口农产品营销力度，推动符合国际标准的农产品进入居民的“菜篮子”，超市销售的农产品安全质量水平大幅度提高，使优质安全农产品逐步由出口保障转向全民共享。德州的德百集团、乐陵联华、武城好运来、潍坊的佳乐家以及威海的家家悦等大型连锁超市纷纷设立“区超对接”专区。原本只属于外国人享用的中国优质农产品，摆上了山东省各大商场超市专柜。同时，这种示范区农产品直接与大型商超对接、设立销售专柜的模式，减少了物流运输第三方配送等环节，降低了示范区优质农产品的配送成本，也顺应了广大市民对优质高端农产品的需求，符合国家农业供给侧结构性改革的方针政策，满足了市民追求高质量与更安全的需求。

三、是实现农业标准化、国际化的有力手段

农业标准化是通过制定和实施农业标准，应用现代管理和质量控制技术，把农业生

产的产前、产中、产后全过程各环节纳入标准生产和标准管理的轨道，进而将先进的科学技术和成熟的经验推广到农户，转化为现实的生产力，从而取得经济、社会和生态的最佳效益，达到高产、优质、高效的目的。农业标准化融技术、经济、管理于一体，是“科技兴农”的载体和基础，是农业增长方式由粗放型向集约型转变的重要内容之一。当前，农业标准化既是农业现代化的重要标志，也是确保农产品质量安全的基础保障和影响农业综合竞争力的主要因素。实现农业标准化发展，必须建立一套行之有效的农业生产质量标准体系，通过健全完善以及组织实施农业标准体系，实现从生产到储运、销售等全过程标准化管理。从国内外农业发展的实践经验表明，农业标准化是现代农业的重要基石，也是支撑和规范农业生产、加工包装、流通贮存等各环节的重要技术保障和农业监管的重要执法依据。农业标准化是促进科技成果转化为生产力的有效途径，也是全面提高农产品质量安全、增强农产品市场竞争能力、提高经济效益、增加农民收入和实现农业现代化的基本前提。加快农业标准化进程，是新世纪新阶段推进农业产业革命的战略要求，对于深化我国农业产业结构调整具有重要的现实意义，不仅是关系到国内市场需求、满足人民消费安全的重要内容，也是改善农业生态环境，融入经济全球化，开拓农产品国际贸易市场的重要举措。

（一）推行农业标准化是加强农产品质量监管，保障消费安全的重要基础

随着人民生活水平的不断提高，农产品质量安全问题越来越被广大消费者所关心和重视，对农产品消费安全的呼声越来越高。但是我国农业存在片面追求产量，违反规定施用农药、兽药、化肥等农业投入品的现象，导致农产品有害物质残留问题，不仅影响产品质量，而且破坏生态环境。解决这些问题的根本措施就是通过推行农业标准化，不断提高农民科学合理施肥用药的能力和自觉性，用标准规范农业生产加工行为。同时，标准化生产与加工技术的推广，也为农产品质量监管提供了标准支撑，使农产品质量安全监管主体明确、环节清晰、依据充分，提高了监管效能。

（二）推行农业标准化是促进农业结构调整，增加农民收入的基本保障

农业结构调整是推进农业供给侧结构性改革的主要内容，也是提高农业综合效益和竞争力的重要抓手。农业标准化则是优化农业结构调整的重要举措。农业标准化涉及农业产前、产中、产后多个环节，以食用安全和市场需求为目标制定农业标准，通过实施农业标准，综合运用新技术、新成果，普及推广新品种，在促进传统优势产业升级的同时，促进农业生产结构向优质高效品种调整，实现农业资源的合理利用和农业生产要素的优化组合，促进农业素质的整体提高，全面改善了农产品品质，提高了农产品内在和外观质量，成为争创品牌、名牌产品的质量保证，以及实现优质优价、增加农民收入的基本保障和带动农村区域经济发展的有力举措。烟台市以农业标准化为基本策略，通过实施耕地质量提升工程，积极探索建设生态循环农业，加快发展生态循环农业、水肥一体化技术推广以及化肥农药使用量零增长行动，农药利用率提高到37%，化肥利用率

提高到34%，农作物秸秆综合利用率达到93%，大幅度降低了农业生产成本，有效防止了农业面源综合污染，带动了农民增收。安丘市通过实施《安丘大葱农业综合标准体》，大葱品质逐年提升，市场竞争力大幅提高，大葱亩产值增加30%以上，亩均增收1 600多元，间接带动脱贫农户50多户。

（三）推行农业标准化是应对技术性贸易壁垒，增强农产品市场竞争力的根本要求

农业标准化是增强农产品国际竞争力和调节农产品进出口的重要手段。20世纪90年代以来，全球各国为防止因农业生态环境日益恶化而导致农产品质量安全问题的经常发生，农产品质量标准管理体制建设成为共同研究的重大课题，尤其是发达国家已建立了适应市场经济发展的农产品质量标准管理体系，对发达国家的农业发展、农民增收、农业国际贸易发展等方面起到了重要作用。随着全球经济一体化发展的加剧，进入21世纪，日本、欧盟等一些发达国家与地区针对发展中国家进入国内市场速度日益加快，冲击本国农业发展，以及基于维护本国消费者身体健康和生命安全的需要，又实施以标准为基础的国际贸易发展战略，制定了越来越严格农业标准，设置诸如食品安全、卫生检疫、商品包装等越来越多的技术贸易壁垒，提高农产品市场准入门坎，借以抵制发展中国家农产品进入本国市场。比如，2004年欧盟实施了《食品卫生法规》，2006年日本实施了《食品中残留农业化学品肯定列表制度》，2011年美国发布了《美国食品安全现代化法》，同时这些标准要求也在不断更新。这些名目繁多、条件苛刻的农业标准指标，成为新时期制约我国农产品出口的主要障碍。我国加入WTO后，价格优势在国际市场上受到了安全标准的挑战，很多依靠价格优势的农产品出口企业，不同程度地受到国外技术壁垒的影响。同时，由于我国标准“门槛”低，加之检测能力弱，客观上为国外农产品大量进入我国市场提供了便利，近几年来，我国农产品国际贸易逆差持续存在，有的年份贸易逆差甚至达到50%，外来农产品的大量进入，对我国农业发展造成了严重冲击。面对激烈的农产品市场竞争和日益严重的技术性贸易壁垒，做好优势农产品“闯出去”以及受冲击农产品“守得住”两篇文章，就必须加快建立符合国际规范和食品安全的农业标准化体系，使其承担起扩大出口、调节进口的作用，已成为新形势下增强我国农产品国际竞争力，维护我国农业持续健康发展的首要任务。

（四）推行农业标准化是实施科技兴农战略，加快农业科技成果转化的最佳桥梁

科学技术是第一生产力，农业标准化既源于农业科技创新，又是农业科技创新转化为现实生产力的载体，是实施“科技兴农”的基础，它融先进的技术、经济、管理于一体，使农业发展科学化、系统化和现代化。推进农业标准化是促进农业科技成果转化和推进产业化经营的有效途径。科技成果转化为标准，可以成倍地提高推广应用覆盖面。农业标准化通过把先进的科学技术和成熟的经验组装成农业标准，推广应用到农业生产和经营活动中，把科技成果转化为现实的生产力，从而实现经

济、社会和生态发展的最佳效益，达到高产、高效、安全、优质的目的。同时，提高农业标准，又会推动农业科技创新。实施农业标准化的过程就是推广农业新技术的过程，也是农民学技术、用技术的过程，以及规范千家万户农民生产行为、应对千变万化农产品市场的过程。可以说，农业标准化是新时期推进农业和农村经济发展实现农业产业化经营的重要组织形式，推动农业技术推广和农业创新发展的重要手段，促进农业由粗放型向集约型、由数量型向数量质量并重型、由传统农业向现代农业转变的重要措施。没有农业的标准化，就难以实现农业的产业化，没有农业的产业化，就难以实现农业的现代化，从而不能从根本上解决农产品质量安全问题和实现农业供给侧结构性改革。

（五）推行农业标准化是转变政府职能，做好新形势下指导农业发展的重要手段

推行农业标准化是一条推广科学技术、指导农业生产的新路子，它适应了新时期各级政府科学指导农业与农村经济发展的需要，促进政府职能进一步向服务市场农业转变。农业标准化融先进的科学技术和先进的管理措施于一体，能够有效解决农产品质量安全，围绕市场需求侧变化，指导农民以及农业生产企业、农民合作社生产适销对路、高端安全的农产品，进而促进农业产业转型升级，推动农业供给侧结构性改革。推行农业标准化不仅是推进农业现代化的重要手段，也是惠民生、调结构、促发展、践行党的群众路线、落实精准扶贫攻坚战的重要举措。

我国是一个传统的发展中国家，人口众多，耕地、水资源等农业基本生产资料相对较小，自从中华人民共和国成立以来的相当长时间内，国家一直强调“吃得饱”，把提高农业产量、解决温饱问题作为最基本的农业发展方向，农业标准化工作比较薄弱，缺乏统一的标准体系和建设规划，标准水平低，农业标准体系建设相对滞后，与国际标准存在较大差距，特别是农产品质量标准、检验检疫标准与国际标准、进口国标准差距更为明显，尤其是农兽药残留限量指标体系跟不上日本、欧盟、美国等发达国家不断更改质量标准指标的步伐，也难以适应新时期我国农业发展的要求，致使我国农产品质量安全还不尽如人意，特别是一些农产品中的农药残留、兽药残留和其他有毒有害物质超标，影响食品安全和人类健康，同时也造成我国食品农产品出口受阻。从整体上讲，当前，我国农业标准化工作所遇到的新挑战，比以往任何时候都更为严峻，已经成为制约我国农业现代化转型发展和提高广大民众的生活质量的主要障碍之一。一是由于我国标准化工作起步较晚，标准体系建设缺乏统一规划，标准之间配套性较差，标准技术指标发展滞后，与发达国家相比存在明显差距，与新时期我国农业发展的要求相比也还不够完善，农业标准化工作相对滞后。二是由于我国农业以农户小规模生产为主，导致农业标准实施和推广的难度较大，标准化生产的水平较低，已影响到农产品在国际市场上的竞争力。三是由于我国标准化的管理体制分散，农产品质量安全标准大都分散于多个部门，标准体系尚未形成一个健全科学的有机整体，已有的标准大多是产品标准和生产技术规程，产前和产后标准比较缺乏，农业生产产业链上下游衔接的不够紧密，比如，生产与流通、包装与运输等环节之间，缺乏行之有效的标准将此有效衔接，一个标准同时

存在国家标准、行业标准和地方标准的现象严重，标准的内容也存在相互矛盾、交叉重复现象，致使标准体系缺乏科学性和配套性，制定标准时缺乏针对性和目的性，致使标准的适应性不够强。四是由于我国检验检测与认证体系建设起步较晚，装备设施不足，检测手段落后，多部门监管体制不够灵活，对标准推广与实施的监督，还不能满足社会发展需求。

近几年来，我国加快农业标准体系建设与实施步伐，农业标准体系不断完善，农业标准化工作取得了长足发展，重点领域标准体系建设不断加强，农业生产、农产品加工和流通贸易等农业生产环节进一步规范，食品农产品质量安全大幅度提高，有力地推动了农业现代化建设。时任国务院副总理回良玉在2003年全国农业标准化工作会议上强调，推进农业标准化，是农业和农村经济结构战略性调整的迫切需要，是建设现代农业的客观要求，是应对加入世贸组织挑战的当务之急，是切实关心人民群众利益的具体行动，也是政府提高依法行政能力的一项重要任务。2004年新世纪的第一个关于“三农”工作的中央一号文件《中共中央国务院关于增加农民收入若干政策的意见》，把“进一步加强农业标准化工作，深入开展农业标准化示范区建设”作为增加农民收入的重要举措之一。党的十七届三中全会提出“要加强农业标准化和农产品质量安全工作，坚决杜绝不合格农产品进入市场”。党的十八届五中全会审议通过的“十三五”规划，明确提出实施食品安全战略，推进农业标准化，构建从农田到餐桌农产品质量安全全过程监管体系的任务要求。随后，国务院办公厅以及农业部、商务部、国标委①等国家部委制定出台了《全国农业标准2003—2005年发展计划》《关于进一步做好农业标准化工作的通知》《农业标准化管理办法》《关于加快推进农业标准化工作的意见》《饲料添加剂重要产品标准研究》《农产品流通标准体系建设发展规划》等农业标准体系建设政策，运用世贸规则和国际通行做法，加快我国农业标准的制修订速度，建立与国际接轨的农业标准体系，加强农产品生产、加工、流通等领域标准的制修订工作。截至目前，我国已制定了7 100多项相关国家标准、行业标准，2 000多项农产品安全限量标准和检测方法，备案地方标准22 000多项，初步构建了以国家和行业标准为骨干、企业标准为基础、地方标准为补充的农业标准体系框架，横贯农产品产地环境、农业投入、生产规范、产品质量、安全限量、检测方法、包装标识、储存运输等各个环节；形成了以科研、教学、技术推广、质检、管理、生产、经营企业为主体，以标准化技术委员会为骨干的农业标准化队伍，农业标准实施步伐不断加快，监督力度不断加强。

在出口农产品质量安全示范区创建过程中，山东省始终坚持以完善的标准体系引领农业现代化发展，通过健全完善标准体系，实现农业全产业链各环节之间的有效衔接，推动现代农业向标准农业跨越发展，实现安全、优质、高效、绿色农业发展目标。2014年7月，山东省政府颁布《关于创建出口食品农产品质量安全示范省的实施意见》，要求通过连续3年的示范省创建活动，初步建成全产业链标准体系，在水海产品、肉食品、蔬菜、果品、花生、粮油制品等六大类主要出口农产品中普遍推行国际标准，构建起涵盖生产、加工、包装、储存、运输、消费各阶段关键质量安全技术要求的农产品全

① 国家标准化管理委员会，全书简称国标委。

产业链标准体系。2010 年 4 月，山东省农业厅、质量技术监督局联合出台了《山东省省级农业标准化生产基地建设与管理办法（试行）》（鲁农质监字〔2010〕35 号），实施省级农业标准化生产基地创建工程，从农业标准化基地建设与管理入手，推进农业标准化进程。2015 年山东省质量技术监督局发布了《农业综合标准化示范区建设指南》山东省地方标准，为更好地实施农业标准化示范创建项目和创建农业综合标准化示范区提供了标准依据，加快农业发展方式转变和农业标准化推广。潍坊市加大对进口国农产品标准研究力度，加紧制定完善农业标准，收集并制定了白菜、大姜、大蒜、大葱、圆葱、芦笋、芋头、山药、菠菜等 19 个种植规模大、国内外畅销蔬菜的生产技术规程，收集整理了 61 项有关蔬菜、禽肉的国家标准，以及 24 项日本、韩国、欧盟等国家和地区的标准规范，印制成《农业标准化规范性文件汇编》，为全市农业标准化生产基地和农产品加工企业提供了生产加工标准依据。同时，组织农业、质监、检验检疫等部门，参照国家标准和国际标准，制订了包括产地环境、产品质量、生产过程和加工包装在内的 248 项技术标准规范，形成了较为完善的农业质量标准体系，使全市主要农产品的生产、加工、包装、流通等环节都有了标准可循。威海市出台了《威海市农业标准化生产示范基地项目资金奖励办法》（威财农〔2014〕2 号），对获得农业部无公害农产品、绿色食品、有机食品认证的标准化基地进行扶持奖励。安丘市投资建设了农业标准化管理中心，成立了全国第一个农业综合标准化专业研究机构“安丘市农业综合标准化研究所”，积极开展农业标准综合体的研究、制定和推广，先后编写了安丘生姜、安丘大葱、安丘大蒜、安丘草莓、安丘大樱桃等六大类 40 个农业标准综合体，涵盖农作物播种育苗、种植管理、收获运输、生产加工、包装运输等农产品质量控制各个环节，为安丘农业实现全产业链标准化管理，提供综合性的参考依据。

四、是创建农产品质量安全监管新机制的有益尝试

食品安全是个复杂的概念，随着人类社会的发展被认知并不断被强化和拓展。在人类社会发展的初期以及现阶段物质文化生活仍相对落后的国家和区域，以解决本地民众的温饱为重点，人们关注更多的是“粮食安全”，而非“食品安全”。随着温饱问题的解决和食源性疾病的发生，“食品安全”开始被人们更加关注。根据世界卫生组织（WHO）的定义，食品安全是指食物中有毒、有害物质对人体健康影响的公共卫生问题。这个定义包含了两个方面的内容：一方面是从食物链的角度，要求从原料种植、养殖、生产加工到消费等环节不得存在或产生可能对人体健康造成危害的有毒有害物质或因素，体现了“风险”与“管理”的含义；另一方面是从诚信和透明度角度，要求食品生产经营者对产品成分、安全卫生和营养价值等方面必须提供真实信息，不得存在对消费者健康和公共卫生造成危害的欺诈行为，体现了“责任”与“道德”的内涵。随着人类对食品中有毒有害物质的了解，不仅对食源性疾病的临床表现与食品中有毒有害物质的关系进行研究，而且还对影响食品安全的有害因素的发生原因和规律进行了深入分析，提出了控制措施和标准要求。尽管在不同的历史时期和不同的社会背景下，由于

人类认识的差异，各国对食品安全标准可能提出不同要求，但在食品安全的概念中，风险与管理、责任与道德的内涵却始终没有改变。

随着工业化发展和现代人类生活方式的变化，食品种类快速增加，食品生产链条不断加长，新的食品安全危害因素不断产生，发生的特点和机理也逐步演变，伴随着经济全球化与贸易自由化的快速发展，食品中有毒有害物质的污染及其影响范围不断扩大，在这种形势下，加强食品安全管理，促进各国和国内不同地区之间食品安全的平衡发展，保护人类饮食安全已成为世界各国各地区需要面对的共同课题。20 世纪初，日本、美国、欧盟等一些发达国家为保障食品安全，开始通过立法或制定标准来提高食品安全管理要求，特别是近半个世纪以来，随着经济的快速发展和科学技术的进步，一些发达国家和国际食品法典委员会根据食品链的特点与有毒有害物质的发生规律，分别制定了食品安全卫生规范（GHP）、危害分析与关键控制点（HACCP）和风险分析方法体系，用于加强食品安全管理。自 20 世纪 80 年代开始，我国先后制定了 GHP、HACCP 和风险分析方法体系，引发了我国食品安全管理的三次浪潮，推动了食品安全管理水平的提升，食品安全的概念不断得到强化和发展。

第一次浪潮是推行食品安全卫生规范（GHP）的浪潮。20 世纪 80 年代，基于联合国食品法典委员会制定的《食品卫生通则》，在世界范围内掀起了推行良好卫生规范浪潮。我国为适应农产品出口国际市场需求，从 1983 年开始，在出口加工企业探索推行良好卫生规范，并结合我国农产品工业现状，于 1984 年 10 月颁布实施了《中国出口食品厂、库最低卫生要求》，从此在全国范围内对出口食品农产品生产加工企业和库存设施实施了卫生注册与登记制度。

第二次浪潮是推行危害分析和关键控制点（HACCP）的浪潮。20 世纪 90 年代，在世界范围内掀起了推行 HACCP 的浪潮，HACCP 逐步被一些发达国家和国际组织纳入法规，由此开始了在世界范围的广泛推行。危害分析和关键控制点是一个鉴别评价和控制食品安全危害的系统，是一个世界公认的、系统的预防方法，通过预测与预防控制食品安全，而不是依赖于终末产品的监督和检验来消除微生物、化学和物理性危害。

第三次浪潮是推行危险性分析方法的浪潮。1999 年，比利时、荷兰、法国、德国等欧洲国家发生了二噁英污染事件，这个污染事件引起了国际社会对食品原料在种植、养殖过程中可能存在的潜在风险的高度重视，再加上欧盟疯牛病的蔓延，亚洲禽流感的流行，致使全球范围的民众对食品安全的担忧几乎达到了恐怖的程度，迫切需要一种全新的食品农产品安全控制机制。自从 21 世纪之后，全球范围内出现针对食品农产品安全图形风险分析方法（Risk Analysis-RA），它是针对国际食品安全性而产生的一种宏观管理模式。

从这三次浪潮的着重点来看，第一次浪潮以 GHP 为代表，是对食品生产加工的一般性卫生行为规范。第二次浪潮以 HACCP 为代表，是以企业为主体的微观管理模式，对食品中危害病源关键点进行“预防性”的风险管理。第三次浪潮以风险分析为代表，是以政府为主体的宏观管理模式，针对人类身体健康，更加重视整个食物链的安全管理。这三次浪潮各有侧重点，彼此之间的关联性相对不够强，也不能有效地做好食品农产品质量安全管理。食品农产品安全控制的最佳模式是“从农田到餐桌”的全过程控制，也就是将这三次浪潮有机结合，在实施良好农业规范（GAP）、良好兽医规范（GVP）、良好生产规范（GMP）、良好卫生规范（GHP）或标准卫生操作程序（SSOP）的基础上，推行危害分析和关键控制点（HACCP）。

近半个世纪以来，我国对食品安全管理体系及其运行机制的探索就一直没有停止，从建立 GHP 到 HACCP 再到风险分析方法的应用，推动食品安全管理掀起了三次浪潮，食品安全管理效能得到很大提高。但是，由于我国幅员辽阔，区域之间经济与科技发展差距还比较大，农业生产、饮食习惯、食品安全认知能力和管理水平等方面随着各地区域的不同表现出明显的差异，在从种植、养殖、生产加工到消费整个食品链条中，食品安全管理体系的建立和运行还很不平衡，尤其是行政监管资源的有效配置和化学投入品监管不到位，不仅造成食品安全监管资源严重浪费，而且导致国内食品安全问题不断发生。总的来看，当前，我国的食品安全问题主要体现在农业生产环境及农业化学投入品污染、食品安全主体责任不清、行政管理资源浪费、食品安全信息透明度不够、农业科学生产以及食品安全知识教育培训不足等方面，客观上需要根据不同区域的发展状况，有组织、有计划地推进建立区域性食品安全管理体系，才能有效保障整个区域和全国的食品安全。长期以来，我国在食品质量安全监管上实行多部门交叉监管模式，农业部门管初级，质监部门管生产，工商部门管流通，卫生部门管餐饮……但没有一个部门牵头负总责，没有形成一套完整的全程监管体系，这种“九龙治水”的多头监管曾导致消费者在遇到食品安全问题时不知道该找哪个部门，各职能部门之间要么会出现重复执法的现象，要么会出现相互推诿扯皮的现象，职责不清、政出多门、管理重叠、管理缺位的现象时有发生。有人曾经把这种管理体制形象地比喻为“九个部委管不好一头猪”。这种监管模式的弊端，为食品农产品生产制造者带来了违法违规行为的可乘之机，在有效做好食品农产品质量安全监管上不能确保万无一失。造成这种管与不管都存在的弊端，既有历史形成的监管制度缺陷的不足，也有实际操作难度大的难言之隐，以及解决 13 亿多人口吃饭问题的现实需要。随着社会经济的快速发展，这种“各自为政，分段管理”的监管机制已经越来越不适应经济社会发展形势，难以有效地为国内民众提供一个安全放心的“菜篮子”和“米袋子”。如何切实解决广大民众“吃得更放心、吃得更安全”问题，迫切需要一种“源头控制、纵向到底、横向到边”的全新监管机制，通过外部监管机制的创新，推动农业内部结构调整和农业产业化深化升级，推进农业供给侧结构性改革，实现民众对安全食品农产品需求的愿望，以适应新形势下我国经济社会发展的需要。

正是基于这方面的要求，山东省从 2007 年开始，以创建出口农产品质量安全示范区为载体，通过探索实施面向出口的食品农产品质量安全区域化管理体系建设，逐步形成了一种全过程控制的食品农产品质量安全管理模式，并在全国推广，从而在全国掀起了食品安全管理的第四次浪潮。

第四次浪潮是在政府主导下，对社会资源合理规划、有效整合及科学利用，以 GAP、GHP、HACCP 和风险分析原理为科学依据，正确引导农民和企业科学生产与加工，建立和完善一套从原料种植养殖到生产加工、经营、消费等各环节的食品安全控制体系，从而推进农业标准化生产，加快农业现代化进程，实现食品安全的源头治理，全过程控制。可以说，第四次浪潮是充分把前三次浪潮的治理理念进行有机结合，通过科学的控制管理，突出源头，加强全过程控制，真正做到食品“从农田到餐桌”全过程控制管理，从根本上确保食品农产品质量安全。

五、是破解农产品国际贸易壁垒的关键一环

随着全球经济一体化进程持续加快，世界各国贸易往来不断深入，国际合作空间越来越大，竞争也越来越激烈，全球经济社会发展已进入新常态。世界各国基于维护本国产业行业利益，维护本国经济秩序，在 WTO 框架内，依据 SPS 协议、TBT 协议，制定相应的国际贸易技术壁垒，通过技术手段遏制外来产业的冲击，保护本国利益，贸易保护主义的阴霾日益弥漫。落实到农业上，世界各国特别是西方发达国家基于保障国民生命安全和身体健康以及充分保护农业生产和食品农产品产业，在日益关注环境、资源和消费者的同时，考虑本国的农业生产力水平、农产品国际贸易的需要，以维护本国消费者的权益之名，设置诸如食品安全、卫生检疫、商品包装等越来越多的技术贸易壁垒，特别重视食品农产品安全标准，以保护本国政治、经济和社会利益，食品农产品国际贸易保护主义加剧。随着我国对外开放程度的不断深入，这些日益繁多、日趋严格的技术性贸易壁垒，已越来越成为我国农产品进入国际市场的主要障碍，这种障碍充分反映出国际农产品竞争的实质是质量的竞争，更是安全的竞争。农产品的质量状况特别是安全水平是否达标，是决定农产品国际竞争的关键因素。在 WTO 总框架下，世界各国特别是发达国家农产品贸易技术壁垒以“合理合法”的形式出现，对广大发展中国家的农业贸易造成严重冲击，我国农产品的出口贸易也遭受重大影响。随着实施国际贸易技术壁垒的范围不断增多，农产品技术壁垒的指标要求越来越高，实施体系也日趋精密，这对农产品出口贸易造成严重压力和挑战。技术壁垒通过严格的卫生检疫制度、农产品生产和加工标准、农兽药及有毒物质残留量检测、销售产品包装要求等手段对他国农产品销售设置较高的进入门槛，成为农产品国际贸易的重大阻碍。由于这种技术壁垒的密集实施，众多发展中国家的农产品因不能达到这个技术标准要求，纷纷被排斥在国际市场之外，销售市场不但难以巩固和扩大，而且还面临萎缩的压力。

20 世纪 90 年代末，我国农产品进出口贸易额基本维持在 250 亿美元左右，出口额约为 150 亿美元，进口额约为 100 亿美元，一直维持在 50 亿美元左右的长期贸易顺差态势。入世以来，我国农产品贸易由此前徘徊状态转为快速增长，进出口总额始终保持大幅增长趋势，农产品贸易总额由 2001 年的 279 亿美元，增加到 2016 年的 1 845. 6亿美元，增加了 5. 6 倍，年均递增 13. 5%，从 2005 年开始跃居为仅次于欧盟、美国的世界第三大农产品贸易国。但是，随着我国加入 WTO 的不断深入，中国农业进入对外开放的新阶段，融入经济全球化的范围更加深入，在有利于我国融入全球经济合作发展的同时，也导致影响我国农业发展的不利因素逐步增加，我国农业面对国际竞争的压力全面提升。入世以来，我国农产品贸易总额虽然持续大幅增长，但是从 2004 年开始，进口增幅明显大于出口增幅，农产品贸易逆差逐年扩大，特别是 2008 年农产品贸易逆差

达到100亿美元之后，贸易逆差呈快速增长态势，2013年急剧扩大到510.4亿美元，创造了历史最高点，贸易逆差同比增长47.9%。数据显示，农业作为我国长期以来对外贸易的一种优势产业，近几年来却在逐渐变为一种弱势产业，受国际农业冲击明显。这种现象虽然与2008年国际金融危机，导致全球经济疲软，致使我国农产品出口受阻有关，但更深层的原因是我国农产品主要进口国，比如日本、欧盟、美国等国家，纷纷出台农产品技术壁垒，我国的农产品质量与性价比优势在国际市场上的竞争优势逐年降低，从而冲击了我国农业。从根本上来看，还是因为我国农业生产结构不尽合理，产品不能有效适应市场需求，产品质量安全水平达不到新时期的标准要求，不能在日趋激烈的国际市场竞争中取得优势地位。在国际农产品贸易市场出现新变化的情况下，中共中央、国务院及时调整政策，针对农业农村工作出台了一系列扶持政策，不断完善农产品质量标准，加强过程管理，配套完善基础设施，我国农产品质量安全水平与市场竞争优势不断增强。从2014年开始，我国农产品国际贸易市场呈现逐步回暖趋势，贸易逆差逐年缩减，到2016年，我国农产品贸易逆差缩减到385.8亿美元，同比减少16.5%。从这些年来的统计数据可以看出，我国农产品国际贸易市场形势严峻，亟须探索一种全新的应对措施，破解农产品贸易技术壁垒，以保障我国农业持续健康发展。因此，按照国际通行法则和质量标准组织农业生产，促使食品农产品符合国际质量安全和卫生标准，顺利进入国际市场，已经成为促进现代农业发展、加速实现农业现代化进程的客观需要。

为适应全球经济社会发展新常态需要，进一步破解农产品国际贸易技术壁垒，应对严峻的农产品质量安全新形势，始终保持农产品国际贸易竞争优势，维护农业农村经济发展，确保农民稳增收，山东省委、省政府积极适应新常态，把握新机遇，深入探索，大胆实践，引入区域治理理念，以“强化质量标准，严格农业化学投入品控制”为核心，全面开展出口农产品质量安全示范区创建工程，以有效破解国际农产品贸易技术壁垒，保证农产品国际贸易持续健康发展。

六、是培育农业发展新优势提高国际竞争力的有效措施

毫无疑问，我国是一个农业大国，但并不是一个高科技水平武装的农业大国，与西方发达国家相比，谈不上是一个农业强国。从国家统计局发布的数据来看，改革开放以来，我国的三大产业增加值在国内生产总值的比重日趋合理，第一产业增加值逐步降低，特别是从2012年以来，我国第一产业增加值占GDP比例持续下降，2016年我国三大产业增加值占国内生产总值的比重分别8.6%、39.8%、51.6%，第一产业增加值比重与1980年的30.17%相比，降幅超过3倍，而第三产业增加值比重增幅超过2倍。横向对比来看，英国、法国、德国、美国、日本等国家第一产业增加值的比重占国内生产总值的比重一般都在3%以下，相对于我国的8.6%来说，我国第一产业增加值的比重相对较高。这些数据也充分说明了我国处于一个发展中国家，农业在我国经济社会发展具有重要作用，农业仍然是我国开拓国际市场、创造外汇的主要产业之一。但是近几年

来，我国农业在国内外市场的竞争优势越来越弱，虽然贸易总额持续快增长，但是贸易逆差越来越大，2013 年农产品贸易逆差急剧扩大到 510.4 亿美元，同比增长 47.9%。国内市场不能很好地满足消费者的需求，不能有效满足市场需求侧发生根本性变化的要求。

从国际农产品贸易市场来看，随着国际农产品贸易技术壁垒的密集出台，我国农产品在国际贸易市场上面对的贸易环境越来越复杂，形势越来越严峻。从近几年来中国社会科学院工业经济研究所发布的《产业蓝皮书》数据报告来看，中国变为弱势的传统优势行业有 18 类行业，其中，农产品已经进入第一位。为什么原本最具有竞争优势的产业，反而成了一种弱势产业？当然，与农产品主要进口国自我保护本地产业，以及国际农产品贸易技术壁垒日趋严格，有着一定的必然联系，但是问题往往都是出在自身，究其根本原因，是我国作为一个发展中国家，经济发展水平与发达经济体相比，还有一定差距，生产技术标准要求相对落后，我国的农产品质量安全标准达不到发达国家农产品安全技术标准，在激烈的国际农产品贸易竞争大环境下，与国际农产品贸易竞争的优势越来越低，难以与发达国家相抗衡，从而导致我国农产品出口受阻，创汇逐渐弱化。

一是贸易关税及技术壁垒的大量使用，致使我国农产品出口企业在竞争中处于不利地位，增加了出口难度。农业作为一个国家的基础产业，关系一个国家的发展根基，世界各国为保护本国农民利益以及国家安全，往往设置较高的关税，如印度、韩国的进口苹果关税高达 50%、45%；欧盟、挪威、韩国等还实行复合税、季节性关税，欧盟对苹果汁征收 18%~30%的从价税和每吨 184~193 欧元的从量税；有些产品还实行关税配额管理等非关税措施。欧盟于 2004 年开始对我国柑橘罐头实施保障措施，2008 年又采取反倾销措施，每吨征收 531.2 欧元反倾销税，使我国柑橘罐头企业不得不退出欧盟市场。同时，从 2005 年开始日本、欧盟等国家普遍采取日趋严格技术性贸易壁垒，导致我国食品农产品出口面临实施卫生与植物卫生措施（SPS）等技术性贸易措施带来的挑战。根据《中国技术性贸易措施年度报告（2013）》数据，2011 年、2012 年我国的农产品出口企业受国外 SPS 措施影响的总体比例为 44.2%、27.1%。2012 年因国外技术性贸易措施，导致我国部分出口农产品被国外扣留、销毁、退货，农产品直接经济损失为 41.5 亿美元，对欧盟、韩国、美国、日本农产品出口的直接损失额分别为 9.6 亿美元、7.3 亿美元、6.2 亿美元、5.7 亿美元。以水果为例，长期以来，美国、日本、加拿大、澳大利亚、韩国、新西兰等国家始终以我国的水果产品难以保证质量安全、病虫害防疫体系不健全等苛刻的技术性贸易措施为由，拒绝进口我国的苹果、梨、猕猴桃、柑橘、樱桃等水果及其制品。随着我国农产品质量安全体系的不断健全，质量不断提高，我国的苹果、梨、大樱桃等部分优势水果产品已陆续进入这些国家，但是却经过了漫长的历程，出口数量还十分有限。国际市场日益严格的技术性贸易措施，导致我国农产品出口企业在技术改造、检验检疫、质量认证等方面的成本增加，出口竞争力受到削弱。

二是我国农业生产成本逐步提高，农产品价格竞争优势逐年降低。我国农业在国际市场竞争长期以来是以价格优势取得国际市场，而随着我国人口老龄化趋势日趋加重，我国的人口红利逐渐消失，土地、化肥、农药等农业生产资料成本增加，农业生产成本逐年提高，导致传统上我国农产品国际贸易以低价竞争为主要手段的贸易措施受到成本制约瓶颈，以往的价格竞争优势在国际市场上逐渐消失。而发达国家农业实行集约化管理，现代化生产设备广泛应用，人力资源占用比例极低。据统计，我国近年来的稻谷、小麦、玉米、大豆、油菜籽等主要农作物的生产成本中，人工费用占到35%~53%，而发达国家农产品人工费用则不到10%，使得原本具有价格优势的大宗农产品的国内价格与国际价格相当，出口竞争力下降，从而导致近几年来稻谷、小麦、玉米、大豆等大宗农产品出现全面净进口并持续扩大的现状。比如，苹果是我国出口额最大的水果产品，近年来生产成本逐年上涨，尤以物质服务费用和人工成本增长显著。2005—2011年全国苹果亩均成本中的物质投入与服务费用从559元上涨到1 917元，增加了2.4倍，人工成本从605元上涨到1 944元，增加了2.2倍。随着苹果生产成本的增加，苹果产地价格也水涨船高，每千克苹果平均售价从1.54元上涨到4.46元，增加了1.9倍，再加上出口认证、运输等综合成本均上涨，出口苹果的成本大幅上涨，我国苹果及其加工制成品的价格竞争力下降。

三是国内中高端进口农产品市场销售不断升温，导致我国农产品出口压力不断增强。随着我国经济社会发展的高速增长，广大民众消费购买力大幅提高，国内消费者在已基本解决温饱问题的大好形势下，对农产品的质量安全与功能的多样性提出了更为迫切的要求，对农产品的质量安全和服务要求越来越高，国内农产品中高端市场需求日趋旺盛，我国生产的农产品已不能有效满足市场需求侧发生根本性变化的要求。我国的农产品市场需求侧发生根本性变化，而农业供给侧改革没有同步跟上，再加上我国对外开放程度的不断深入，东南亚、欧美等发达国家，甚至一些发展中国的中高端农产品也在纷纷抢占国内市场，中高端农产品的进口量增加，特别是新鲜水果、优质坚果等高档农产品进口数量显著增加。国外中高端农产品进口量的持续增加，也对我国农产品出口增长带来一定影响，近10年来，我国城市居民鲜果、坚果等高档食品农产品消费总量呈高位增长态势，进口产品的价格加速上涨，柑橘、葡萄、猕猴桃等多种热带水果，以及碧根果、开心果等高中端进口农产品尤其受到国内市场欢迎。以新鲜水果为例，近几年来，我国新鲜水果整体呈现高端进口，低端出口态势，出口动力不足，内销难以消化，进口增速快于出口增速，出口量占总产量的比例呈下降趋势，目前年出口量仅占总产量的1%左右，每年都有大量的果品积压，果农蒙受了较大的经济损失。据有关数据统计，2007年我国新鲜水果出口额37.5亿美元，进口额9.6亿美元，2015年出口额51.62亿美元，进口额60.13亿美元，出口额年均增长仅为4%，进口额年均增长25.8%，进口递增率高出出口额21.8个百分点。但是随着我国水果质量安全控制体系不断完善，这种现状逐步改善。2016年我国鲜苹果出口达到132.2万吨，出口额14.5亿美元，同比增长59%和14%，首次成为世界第一大苹果出口国。造成这种现象的原因主要是，一直以来，我国农业发展我国都是以自给自足的自然经济为主，形成了最原始的农产品出口状态，普遍存在“重产量，轻质量”的现象，出口农产品品种退化，大路货多，优质品少，原料性产品卖得多，深加工食品卖得少。因我国农业生产技术、科技创新能力相对落后，造成农产品品种相对单一，品种不够丰富，产业结构特别是品种结构不能有效适应市场需求，缺乏自身核心竞争力，特别是缺少在国际上叫得响，质量过硬的国际知名品牌。粗放式经营、低附加值生产现象突出，农兽药残留问题不能得到有效根除，市场适应能力有限，难以有效满足我国民众的消费需求。这些进口的农产品价格奇高，价格数倍于我国的同类农产品，有的甚至高出几十倍，即便是如此高的价格，也深受我国消费者欢迎，有的产品甚至出现疯抢现象。泰国香米在我国的售价 10 元/千克以上，中国大米仅在 3.8 元/千克左右，日本的越光大米零售价为每袋 2 千克 198 元，折合 99 元/千克，是中国大米价格的 25 倍之多，比日本国内价格还高 2 倍多。一方面外来优质农产品大量进口，高价销售，市场紧俏；另一方面我国本地的农产品却出口下降，市场低迷，价格超低，甚至出现无人问津现象。外来农产品的大量涌入，虽然对于丰富我国农产品市场结构，弥补我国农业结构性不足方面具有重要意义，但同时也对我国农业造成严重冲击。这种严峻的形势导致我国农业在国内国外两个市场上，都受到了严峻的冲击。面对复杂多变的农产品国际贸易技术壁垒的挑战、国内消费者对农产品质量需求的提升以及国外农产品入境抢占市场的冲击，如何进一步增强我国农业在国内外市场上的整体竞争力变得极其重要。这个关系国计民生的重大课题，为我国各级政府提出了严峻的挑战。

近年来，我国各级政府在如何提高农产品市场竞争力上，做了大量工作，也取得了不少成绩，然而其现状仍然不容乐观。如何研究进一步提高农产品市场竞争力，稳定农业的基础作用，势在必行。山东省以突破农产品国际贸易技术壁垒为切入点，以实施农业供给侧结构性改革为推动力，以满足国内消费者有效需求为根本目标，通过全面创建出口农产品质量安全示范区，从源头控制入手，紧紧捏住农产品质量安全“牛鼻子”，加快农业结构调整，优化产品结构，推动现代农业上档升级，培育农产品国内外竞争的新优势。通过多年的创建推动，山东省的食品农产品质量安全水平整体水平大幅度提高，市场竞争力显著提升，创建示范区，成为新时期科学解决“三农”问题、提高农业生产竞争力和有效应对农产品国际贸易的最有效途径。

七、是深化“农业走出去”战略的重要内容

近年来，随着工业化、城镇化步伐加快，我国耕地、水源等农业生产基本资源短缺矛盾突出，农业面源环境污染问题加重，依靠现有农业生产资源，只能满足我国农产品的有限供给。我国是一个农业大国，农产品种植养殖、加工生产，在满足国内广大民众需求的同时，提高农产品出口、利用国外资源贸易对于拉动我国经济发展，增加创汇收入，让农业创造更大更多的经济效益，具有重要的现实意义。加强农业国际合作不仅是扩大农业对外开放的基础，也是我国适应农业国际化全球化发展的必然要求，充分发挥国内国外两种资源和两个市场的作用，大力推动实施农业“走出去”战略，能够在很大程度上缓解国内农业资源相对不足的压力，释放水、土资源潜力，保护生态环境，拓展农业发展渠道和空间，从而确保我国以更大更强的姿态参与全球农业战略。在当前全球经济日趋同质化的今天，实施农业“走出去”战略，进一步扩大农业对外开放力度，统筹利用国内外两种资源、两个市场，是我国推进工业化、城镇化发展，积极主动部署

开放战略的重要组成部分，也是适应全球政治经济力量格局大调整，深化与有关国家特别是周边国家睦邻友好关系，建立新型全球治理结构的重要举措。虽然我国经过改革开放的发展，在农业技术、生产管理、资金投入上有了长足的优势，农业总产量剧增，国民的温饱问题已经基本解决，但是因为水土资源相对不足，农民为追求高产量，过量投入或不规范使用农化品，造成环境污染，存在农产品质量安全问题，不能有效满足我国广大民众吃得更好的新需求。从这个层面来看，实施农业“走出去”战略，利用国外经济资源，弥补我国农业发展的短板，能够更好地解决我国农业发展的现实问题，对于促进我国经济社会持续快速健康发展具有重要而深远的意义。

早在 1995 年，我国就有了农业“走出去”的提法。这个时期主要是企业自发性的民间自主性经济行为。2000 年年初，江泽民总书记在全面总结我国对外开放经验的基础上，首次把“走出去”战略上升到“关系我国发展全局和前途的重大战略之举”的高度。2001 年把“走出去”战略写入我国《国民经济和社会发展第十个五年计划纲要》，全面提高对外开放水平。2007 年中央一号文件《关于积极发展现代农业扎实推进社会主义新农村建设的若干意见》正式把农业“走出去”上升为国家战略。至此，通过民间自发启动，国家战略推动，我国农业“走出去”战略开始集中发力，“走出去”的步伐明显加快，取得了令人可喜的成绩。2006 年 6 月，商务部、农业部、财政部①联合下发了《关于加快实施农业“走出去”战略的若干意见》，农业部专门制定实施了《农业“走出去”发展规划》，针对农业“走出去”制定扶持政策。商务部、农业部和财政部牵头成立了由 10 个部门组成的关于境外农业开发合作部际合作机制，对“走出去”的企业进行相关政策与资金扶持。习近平总书记在 2014 年中央农村工作会议上指出：“我国农业发展要善于用好两个市场、两种资源，适当增加进口和加快农业‘走出去’步伐”。各级地方政府根据中央战略部署，结合本地实际制定了适合本省实际的“走出去”战略。从 2002 年开始，山东省政府先后出台了《山东省贯彻“走出去”开放战略大力发展国外经济合作的意见》《关于进一步加快实施“走出去”开放战略大力发展国外经济合作的实施意见》《关于加快实施“走出去”战略的意见》《关于进一步做好境外投资合作的指导意见》等一系列“走出去”政策方案。山东省按照“巩固周边、提升欧美、深化非洲、拓展拉美”的思路，采取“备案为主，核准为辅”的境外投资管理模式，加大对涉农企业“走出去”的政策帮扶指导，加强境外投资信息政策咨询服务体系建设，分国别市场建立国外投资贸易政策信息库和境外投资项目信息交流站，搭建山东省“走出去”公共信息服务平台，及时为出口企业提供服务信息，积极推动“走出去”战略的稳步实施，培育更多具备国际竞争力的“走出去”企业和源自山东的跨国公司，确保更好地利用国际国内两个市场、两种资源，促进农业可持续发展。

农业“走出去”涉及方方面面，既要充分了解掌握目标国家与地区的政策法律、资源市场，还需要在国内做好大量的后勤保障。实施农业“走出去”战略，政府是平台，企业是主体，二者相互推进，彼此支持，才能取得更大的实效。政府是“走出去”

① 中华人民共和国财政部，全书简称财政部。

战略的制定者和服务者，企业是“走出去”战略的实施者和开拓者。农业企业实施“走出去”战略，离不开政府强有力的支持和全方位的服务。政府部门应加强协调，研究和制定企业“走出去”的战略规划和政策框架。从国家层面来讲，实施农业“走出去”战略，我国的农业企业更有机会参与全球竞争，提高农业的“话语权”，进一步扩大国际市场份额，更有利于活跃国内市场，更有利于参与国际分工合作，掌握并带动产品、服务和技术进出口，形成竞争优势。从企业层面来讲，农业企业在“走出去”过程中，会根据国家政策、国际市场变化情况，结合自身实际，制定符合自身长远发展的战略规划体系，从而有效的抵御企业发展过程中的风险因素，保证创造更大的经济效益。在服务配合企业“走出去”过程中，山东省采取“备案为主，核准为辅”的境外投资管理模式，最大限度缩小核准范围，缩短办事流程，提高审批效率。充分利用多边开发平台，在政策扶持、融资信贷等政策层面，进行政策协调，支持农业企业“走出去”，提供便利条件。从内涵上看，农业“走出去”战略主要包括农业企业“走出去”、农产品“走出去”和农业技术“走出去”这 3 种方式。这种企业、产品与技术“三合一”的农业“走出去”战略，对于推动我国农业现代化发展，创造更大更多的经济社会效益以及提升我国全球国际影响力具有极其重要的现实意义。

（一）农业企业“走出去”，充分利用国际农业生产资源优势

企业“走出去”简单地说就是一种到海外投资的方式，主要是采取在东道国建基地、搞实业、参股控股等形式，建立收购、仓储、加工、运输体系。农业企业“走出去”对于缓解我国农业资源刚性约束矛盾日益突出的问题具有重要意义。当前，世界范围内的农业资源争夺非常激烈，海外农业开发成为国际竞争的热点之一，农业资源的国际合作开发，无论对土地资源稀缺的国家，还是对土地资源闲置的国家都有吸引力。如日本、韩国、沙特阿拉伯、科威特等国，土地资源有限，难以自主保障粮食需求，很早就开始到海外购买或租赁土地，满足本国市场需求。据介绍，日本在海外拥有 1 200 万公顷农田，日本海外农田面积相当于国内农田面积的 3 倍；韩国在海外购买或者租赁农田达到 243 万公顷，相当于国内耕地面积的 1.3 倍；海湾国家近年来在非洲、东南亚、中亚和欧洲多个国家达成磋商租地、购地协议；印度专门修改法律支持海外农业；一些国际金融机构也纷纷加入海外农业开发行列。我国虽然具有广袤的国土面积，但是人口众多，人均面积小，目前我国人均耕地面积不足 1.5 亩，仅为世界平均水平的 43%，耕地资源紧张的矛盾将是一个长期的问题。人均水资源也仅为世界平均水平的 1/4，干旱和严重缺水已经成为制约西北、华北和中部地区农业发展的瓶颈。农业发展离不开土地和水这个最基本的生产要素，受资源相对不足的限制，我国农业企业在国内发展空间有限，要到国外去发展，利用国外的土地、水等资源发展农业，建设农业园区，设立企业分支机构，不仅能够有效解决我国资源不足的问题，同时也能将在国外生产的农产品，在对方国以及在其他在国际市场上销售，可以有效地利用当地的原材料，以及区位优势，迅速投放到目标市场，节约了时间成本和运输成本，加快了资金的回笼，创造了更大的经济效益，也能够更有效的控制出口渠道。山东省通过创建示范区，支持引导企业大力实施农业“走出去”战略，积极扶持农产品出口企业，采用寻求国

外代理商、经销商、批发商，设立国外办事处、销售子公司，或者到境外建立基地、设立贸易窗口或办事处等灵活多样的农产品出口方式，进入国际市场。目前，山东省共核准设立了山东美晶集团、东营大地乳业、潍坊天成食品、菏泽杨湖酒业等126家涉农境外企业，赴日本、韩国、加拿大、巴西、老挝、柬埔寨、俄罗斯、印度尼西亚、苏丹等30多个等国家和地区开展投资合作，建立农业技术示范中心和农业示范基地，设立分支机构，其中，中方投资26.4亿美元，涉及水稻、大豆、油棕、蔬菜、畜牧养殖和远洋渔业等领域。通过实施农业“走出去”战略，有效带动了我国相关农产品的出口贸易，扩大了就业范围，创造了就业岗位，增加了农民收入，同时也进一步推动了我国农业企业对外投资和国际化进程。

（二）农产品“走出去”，着力壮大农业出口创汇效益

农产品“走出去”就是农产品出口，这也是我国农业“走出去”战略最主要的方式。山东省每年都安排专项资金用于农产品出口退税，扶持出口企业拓展海外市场。每年都组织企业赴海外，多次举办山东国际现代农业博览会、山东国际农业科技博览会等推介会，赴英国、意大利、阿根廷、荷兰、日本、东盟、中东欧等国家和地区举办山东省名优农产品推介展览会。抓住国家“一带一路”倡议、自贸区市场建设的有利时机，利用高层访问、国际会议、境内外展览会等机会，到这些新兴农产品出口国际市场参加当地的农产品展销会，多渠道大力度开拓传统的重点国际市场，大力开拓“一带一路”沿线国家。2013年11月，山东省组织泗水、苍山、金乡等地的农产品出口企业，赴印度尼西亚、马来西亚、泰国等东盟主要市场举办山东农产品行业综合性展会、专题推介和农产品专题贸易促进活动，广泛宣传山东示范区建设情况，提升了示范区在东盟市场的知名度，增强了东盟业界对山东农产品的信心。通过采取巩固传统市场、开拓新兴市场措施，山东农产品出口连年呈现递增趋势，成效比较明显。目前，山东农产品出口贸易市场已遍及世界200多个国家和地区。

（三）农业技术“走出去”，加快推进农业现代化进程

农业技术“走出去”是一个双向交流的过程，既有我国农业先进技术的输出，又有国外先进农业技术的引进消化吸收，二者相辅相成，相互促进。我国农产品加工和小型农机在生产技术方面具有较大优势，可积极开展农业技术方面的合作，扩大与发展中国家农业技术的合作开发，为其他发展中国家提供农业的产前、产中和产后等服务，有利于充分利用国外的水土资源优势，弥补我国资源相对紧张的不足。同时，通过与发达国家农业企业开展合作，有利于获得农业发展的核心技术、先进的管理经验，从而做大做强我国农业。山东省作为农业大省，全国领先，具有生态多样性的独特优势，在农业科研、生产技术及产业化等方面积累了丰富经验，是全国范围内最具有“走出去”实力的省份。“一带一路”倡议的实施，为我国农业“走出去”提供了广阔的发展空间，为中国农业发展走向全球提供了新的战略机遇。中欧、西亚、非洲等沿线65个国家大部分属于发展中国家，它们拥有丰富的农业资源，地广人稀，地力较好，自然条件优越，但农业生产经营方式粗放，土地产出率、劳动生产率、资源利用率较低，对提升农

业综合生产能力有强烈需求。面对这些国家，我国的优势企业、社会组织充分利用自身的技术优势、资本优势以及他们的资源优势，在这些国家搭建更为广阔的发展空间。从近年来我国在国外投资建设的项目实施成效来看，投资企业与科研单位嫁接，依靠科技力量进行调查研究，有针对性地研发适合当地推广的新技术、新成果，是“走出去”战略取得成功的关键。支持科研单位在国外建立现代农业示范园区，是农业“走出去”的必要环节，也是降低海外投资风险的有效措施。山东农业要“走出去”，科学技术应发挥“先锋军”的作用。山东省作为中国环渤海经济圈的“桥头堡”，积极实施农业“走出去”战略，迅速融入“一带一路”倡议，能够更有效地与世界各国建立战略发展合作伙伴，做大做强农产品国际贸易市场。山东省实施的出口农产品质量安全示范区创建工程，是主动融入国家“一带一路”倡议的具体措施。山东省农业科学院在苏丹建设的农业科技示范中心项目，成为我国援非项目的典范，审定的中国转基因棉花品种占苏丹棉花种植总面积的 91. 7%；在印度尼西亚建设了玉米产业科技园区，引种的玉米试验品种比当地品种增产 35%以上，受到当地农民的信赖。近年来，山东省农业科学院作为山东农业科研机构的“领头羊”，与埃及、苏丹等 50 多个国家、10 多个国际组织、3 个跨国公司建立了广泛的科技合作关系，为山东实施农业科学技术“走出去”，树立了榜样。在农业技术“走出去”的同时，还要引进吸收国外先进的农业科技和管理经验，进一步提升我国农业现代化管理水平，推动农业科技创新，增加农产品科技含量。目前，山东的农业科技人员总量大，涉及面广，但既具有全球视野、把握国内外农业政策和发展大势，又熟悉农业专业技术知识和国际经贸知识的“战略型科学家”紧缺，加大复合型农业人才培养是当务之急。在引进国外的农业技术，加强农业科技型人才引进上，山东省通过设立专业研究机构和国际合作项目、鼓励交流互访、构建交流平台等方式，加大政策激励，有针对性地加强复合型农业人才培养，强化国外农业科技吸收转化，鼓励和引导这些人才为农业“走出去”提供智力支撑。早在 20 世纪 80 年代，山东省就在全国率先提出了“科教兴农”战略，2016 年又率先启动农业科技创新工程，每年投入 6 000万元，致力于解决现代农业发展的重大关键共性问题。多年来，山东省在农林牧渔业总产值和增加值、农业产值、渔业产值、蔬菜种植面积和产量、水果产量、肉类禽蛋产量、水产品产量、农产品出口额等方面始终位居全国首位。

基于全球农业形势的变化以及国内农业发展的需要，在国家加快实施农业“走出去”战略的鼓励下，山东省委、省政府结合本省农业发展的实际，从 2007 年开始，通过组织实施创建出口食品农产品质量安全示范省这一系统工程，加大实施农业“走出去”战略力度，走高端、高效、生态、可持续的现代农业发展路子，从而应对国内外农业发展新变化。通过实施创建出口农产品质量安全示范区，培育壮大农业龙头企业，进一步稳定扩大国际农产品贸易份额，提高参与农产品国际市场的竞争力和话语权。随着我国农产品加工企业国际市场份额的扩大，能够培育发展一批有能力的企业直接在国外设立分支机构，利用对方国的土地资源优势和气候环境优势，生产适销对路的产品，进一步拓展我国农业在国外发展的空间，以解决我国土地资源相对不足、环境污染严重的突出问题。山东省通过创建出口农产品质量安全示范区，搭建农产品国际贸易信息平台，为农业企业实施“走出去”战略提供参考依据，降低了农产品加工企业实施“走出去”战略中的各种风险因素，提高企业大力实施“走出去”战略的积极性。通过加强对农业“走出去”的引导、支持和服务，“走出去”的农业龙头企业越来越多，分布越来越广，涉及领域不断扩展，投资主体和方式向多元化推进，全省农业“走出去”工作快速发展，通过引进吸收消化提升国外的农业先进技术、科研成果，山东农业现代化、科技化水平持续提升。

八、是保障“舌尖上的安全”的民生工程

食品安全无小事，食品安全是最大的民生工程，不仅关系到每个人的生命安全和身体健康，而且影响到社会稳定和国家治理安全。安全健康的食品农产品是人们健康生活的基本保障，保证广大民众吃得饱、吃得好、吃得安全、吃得放心是最基本的民生问题，它事关民生福祉，事关我国小康社会的全面建成。多年来，受环境污染之累，社会诚信道德意识缺位影响，民众对安全放心食品农产品的迫切需求，我国食品农产品质量安全之忧已经波及全国。据《小康》杂志社开展的“中国综合小康指数”调查数据显示，从 2012 年以来，食品安全已连续 5 年位居“最受关注的十大焦点问题”榜首。保证广大民众的饮食安全必须以民为本，民生优先。如果老百姓的饮食安全都不能保障，民生问题又从何谈起？这也是习近平总书记提出的“不忘初心、继续前进”的意义所在。2016 年 1 月，中共中央总书记习近平对食品安全工作作出重要指示强调，确保食品安全是民生工程、民心工程，是各级党委、政府义不容辞之责。国务院总理李克强作出批示指出，保障食品安全仍面临艰巨任务，要毫不懈怠，持续攻坚。各级党委和政府认真贯彻落实中共中央国务院的指示精神，坚持人民利益、生命健康至上，从农田到餐桌环环抓起，层层防卫，对违法违规行为零容忍、出快手、下重拳，确保广大人民群众“舌尖上的安全”，切实保障人民群众身体健康和生命安全。

食品产业链长，风险点多，业态复杂，既有种养殖环节，又有生产加工流通包装环节，任何一个环节出问题都会给下游产业和企业带来不安全风险，绝不能出现任何短板。从生产到经营，从管理到执法，必须树立诚信意识，将食品农产品安全生产管理形成一种人人自觉行动的思想意识，种良心菜，种良心粮，赚良心钱，执良心法，逐渐形成没有食品安全之忧的大环境。山东省以出口食品农产品为突破口，通过创建出口食品农产品质量安全示范省，能够逐步改变农产品种植养殖、生产加工的操作习惯，增强广大参与者的诚信意识，通过发挥出口食品农产品的引领效应，带动国内食品质量安全普遍提升。长期以来，国民普遍存在认为无论什么商品，只要标上“出口”字样，就像是获得了某种品质上的保证，在质量上要压国内商品一头的思想认识。随着我国广大民众对优质安全食品农产品需求的不断提升，我国继续实行国内外两种不同标准的生产管理模式，优质安全的食品农产品只外销，不内销，广大国民对这种模式产生了强烈的不满情绪，要求同标共享的呼声越来越高涨。在创建出口农产品质量安全示范区过程中，为适应农产品出口新形势和国民消费需求的新要求，山东省按照“一个标准、两个市场、以外促内、统筹发展”的总要求，推动内外贸一体化发展，促进优质农产品由出

口保障转向全民共享，山东省的很多农产品出口企业，开始转换思路，纷纷开始进军国内市场，将营销策略从“优质农产品优先满足出口”转变为“优质农产品满足内外需求”，积极寻求开拓内销渠道，从而推动农业供给侧结构性改革。从这种内外贸融合一体化的食品农产品发展思路来看，山东省正在以一种实实在在的工作态度，推进食品农产品安全领域的管理，从“舌尖安全”上，维护最大的民生工程。潍坊源清田食品有限公司每年出口到日本的生姜产品占日本市场份额的20%，大蒜产品占到33%，公司根据经济发展形势的需要和国内消费者的迫切需求，在专为日本市场提供姜蒜产品近10年之后，决定进军国内市场，根据国内消费者的生活饮食习惯，研发生产的第一款内销产品“巧克力口味发酵黑大蒜”，于2014年5月，正式在中国市场投放，并运用“互联网+”市场营销理念，大力发展电子商务。目前，该公司研发的这款产品国内销售量占公司总产量的38%，突破了以往仅依靠出口支撑公司发展短板。此外，龙大集团、鲁花集团、泰祥集团等传统以出口为主的农业企业，纷纷采用统一的生产加工标准，按照国际质量标准要求，在国内市场生产、销售与国际标准同品质的产品，不存在“出口产品”和“内销产品”的区别，这些产品都是“出口的产品，内销的价格；内销的产品，出口的品质”。从这种“国际标准，全民共享”的角度上讲，创建出口食品农产品质量安全示范省，也是山东省惠民生的重要举措。

第四章　创建出口食品农产品质量安全示范省的历程

山东省创新实施的出口农产品质量安全示范区，从现行的农业发展模式以及促进"三农"经济发展的作用来看，堪比中国农业发展史上的一次农业革命。始于2007年的山东省出口农产品质量安全示范区体系创建工程，山东省委、省政府站在全局的高度，统筹协调规划各地政府以及相关部门，本着"稳步推进、坚持创新"的原则，逐步实现了示范区建设"由区域推进到省域覆盖、由陆地发展到水陆统筹、由出口保障到全民共享"的3个跨越。地方政府围绕"质量安全标准化体系、农业化学投入品控制体系、质量安全可追溯体系、监控评估预警体系、企业质量安全诚信体系、多元化国际市场体系"六大体系建设，紧紧抓住标准化建设、农业化学投入品控制和质量安全可追溯体系建设这3个关键环节，通过进一步强化职责，落实责任，将部门分段监管与地方政府统一监管进行有机结合，形成了"政府主导、部门联动、企业主体、市场运作"的有效监管运行模式。经过近10年的发展历程，先后经历了出口食品农产品质量安全区域化管理体系建设、县市创建示范区、地市创建示范市和全省创建示范省4个发展过程。这4次大的跨越提升，其内涵与外延不断提升深化，四者之间既紧密相连，又独成体系。从总体上来看，山东省开展的出口农产品质量安全示范区建设，其核心是从食品农产品安全大环境的宏观管理入手，在出口较为集中的地区，引入国际先进管理理念，按照国际标准组织生产，按照"地方政府主导，监管部门参与，生产企业落实，全社会监督"基本思路，对一个地区的食品农产品生产环境，特别是农业化学投入品使用环境进行区域性综合治理，从而建立以区域管理为核心、覆盖从种植和养殖源头到餐桌全过程、符合食品安全管理体系要求的质量安全示范区，并以示范区建设引领食品安全管理，保障整个行政区域的出口农产品质量安全。

一、第一阶段：以"区域治理"为重点的区域化管理体系建设

从发展时间来看，第一阶段始于2007年，2008年基本完成，该时期主要是总结推广潍坊安丘的出口农产品质量安全区域化管理经验。明显的标志是山东安丘在潍坊出入境检验检疫局的指导下，为解决出口食品农产品在监管上存在各职能监管部门各自为营，造成的管理交叉和监管缺位的问题，有效应对日韩农产品出口贸易技术壁垒，在全国率先探索实施的出口农产品质量安全区域化建设。2006年，日本全面实施肯定列表制度，欧盟实施新的食品安全卫生法规，山东省的出口食品农产品被国外检出农药、兽

药残留等问题时有发生，出口产品不断遭到国外预警和通报。为确保出口食品农产品的质量安全，山东出入境检验检疫局面对严峻的农产品出口贸易形势，多次组织对出口食品农产品发生质量问题的根本原因进行深入分析，认为目前出口食品频繁发生质量安全问题的一个重要原因就是在从种植养殖、生产加工到消费整个食品链条中，食品农产品质量安全监管体系的建立和运行不够完善，不能够从源头、从根本上解决食品农产品农兽药残留等问题。中国农业看山东，山东农业看潍坊，出口农业在安丘。以大葱、生姜为代表的蔬菜农产品出口，安丘名列前茅。基于这个方面的优势，山东出入境检验检疫局率先选择潍坊安丘市进行区域化管理试点，综合运用国际新兴的“区域治理”新理念，从出口日本的大葱入手，以县为单位，与安丘市政府联合启动实施了出口食品农产品质量安全区域化管理体系建设，结合地域实际，由政府主导，在一定区域内，整合行政和检测资源，加强区域内农兽药综合管理，推行食品农产品标准化种植养殖、生产加工和监督管理，实施良好农业操作规范，最终实现区域认证。2007 年 6 月 29 日，安丘市出口农产品质量安全区域化建设动员大会召开，并出台了《安丘市出口农产品质量安全区域化建设实施意见》，成立了由安丘市政府与潍坊出入境检验检疫局联合推进的组织领导和办事机构，由安丘市委、市政府和潍坊出入境检验检疫局联合对区域化建设工作进行了系统全面的部署。这次会议在安丘大地上，掀起了区域化建设的浪潮，这种“政检合一”的出口食品农产品质量安全区域化管理体系建设，就是山东省创建出口农产品质量安全示范区的前身雏形。2007 年 8 月 3 日，山东检验检疫局与潍坊市政府召开第七次联席会议，专题研究推进区域化管理工作，双方签署了《关于促进面向出口的食品农产品质量安全区域化管理体系建设的工作协议》，同时，双方联合在安丘召开了潍坊市出口农产品质量安全区域化管理动员现场会，组织会议代表现场观摩了安丘区域化建设试点成果，出台了《潍坊市出口农产品质量安全区域化建设工作意见》，在潍坊全市范围内推广区域化管理模式。试点过程中，逐渐总结出以“公司+基地+标准”为特点的“政府主导、科学指导、龙头带动、部门联动、全民行动”，即“两导三动”的出口食品农产品区域化管理新模式。一个被称为“安丘模式”的出口农产品质量安全网络全面建成。实施当年，安丘农产品加工企业带动发展种植基地 45 万亩，辐射农户 12.7 万户，提供就业岗位 25 万个，占农村劳动力的一半以上。安丘的出口农产品质量安全合格率由试点前的 96.2%提高到 99.6%，出口额增长了 21%，从 2013 年开始，合格率连续保持 100%。当时，该市测算显示，每建设一个 300 亩的标准化种植基地，可节约用地 7.8%，每年可节约基地管理成本 10 万元，降低农业化学投入品使用成本 15%。2007 年 10 月 25 日，时任国务院副总理吴仪在山东组织召开的第三次全国食品安全现场会，其间亲率全国产品质量食品安全专项整治工作现场会议人员到山东安丘视察食品安全时，对安丘市实施的区域化建设蔬菜基地的做法给予了充分肯定。她在该市的凌河镇区域化建设蔬菜基地详细了解了区域化建设的概念、做法等，称赞说：“区域化管理是一个非常好的举措，解决了出口食品农产品遇到的一系列问题，这种做法能够从根本上保证食品农产品的质量安全，是一个利国利民的好项目，思维超前，全国领先。既解决了农产品质量安全问题，又能提高出口农产品的市场竞争力，同时也有效地促进了农业增效、农民增收，改善了农业农村生态环境，是加快新农村建设步伐、全面提高群众生活质量的重要途径，很值得借鉴和推广。”吴仪副总理要求随行的商务部、农业部、国家质检总局等有关负责人，“要进一步加快区域化推进步伐，建立一整套科学、规范、合理的长效机制；总结经验，把区域化建设的经验推向全国，共同把全国的食品农产品质量安全工作做好、做细、做实”。2008 年 3 月 17 日，时任潍坊市委书记张新起带领潍坊县市区委书记以及农业、商务、质监、工商等部门主要负责人在安丘召开现场会，对安丘实施的出口农产品质量安全区域化管理进行了现场观摩调研，并作出了全市推广的部署的决定。会上，张新起书记指出：“发展现代农业，保障农产品安全，趟出了一套路子，‘安丘模式’是一个成功的范例。”这次现场会让安丘市探索实践的出口食品农产品质量安全区域化管理体系建设的做法在潍坊市迅速推广，为日后完善丰富提高奠定了基础。这标志着出口农产品质量安全区域化管理模式从安丘试点，开始推向整个潍坊。

2008 年 4 月 21 日，山东省政府在安丘市召开全省出口农产品质量安全区域化管理现场会（第一次现场会），确定在全省 37 个主要食品农产品出口县（市、区）推广安丘经验，开启了以“区域治理”为重点的示范区创建历程。会议总结了安丘出口食品农产品区域化管理体系建设的经验，提出“安丘模式”的核心是在“公司+基地+标准”的基础上，通过“政府主导、科学指导、龙头带动、部门联动、全民行动”的工作运行机制，把食品农产品安全管理引向一个区域体系，真正做到源头无污染、投入无公害、过程可追溯，有效把住农业投入品这一关。会上，时任山东省副省长才利民同志对安丘的区域化管理体系建设工作作出高度评价，指出“‘安丘经验’是转变农产品发展方式的重要举措，是确保农产品安全、突破贸易壁垒的有效途径，也是外经贸服务‘三农’、促进现代农业发展的有益尝试”，要求“省、市两级都要制定推广工作规划，明确工作重点，利用今明两年的时间，由点到面，大力推广，从蔬菜到畜牧、水产、粮食等农作物，逐步扩展区域化管理领域”。会议将区域化管理进一步提升规范为“拓宽领域，扩大范围”。所谓“拓宽领域”就是从蔬菜拓展到水果、海产品、养殖业；“扩大范围”就是从安丘一个市扩大到全省部分县（市、区）。这次现场会的召开，将该项工作由原来的检验检疫和外经贸部门性质的工作，提升到政府行为的高度。这一区域治理理念试点实践的成功案例，从实践层面，拉开了山东省各地积极开展出口农产品区域化管理体系建设的序幕。这次全省现场会标志着出口食品农产品安全质量区域化管理工作在山东境内得以全面实施。

以“区域治理”为重点的区域化管理体系建设工作，从其工作重点与内涵来看，主要是采取“区域治理”的理念，以县级为单位，以区域化管理为载体，重在基层探索实践。这个时期主要是对高风险出口蔬菜进行区域监管，在蔬菜出口比较集中的安丘进行试点探索，逐步总结完善了安丘的“公司+基地+标准”“政府主导、科学指导、龙头带动、部门联动、全民行动”的“两导三动”工作运行机制，以及组织领导、质量标准、控制管理、检测监控、科技服务“五个体系”。

所谓出口食品农产品质量安全区域化管理体系建设就是从源头控制和基础工作抓起，从农产品标准化基地建设入手，通过加强农业化学投入品控制管理，推行标准化生产，实施全过程监控，从根本上确保食品农产品质量安全，逐步把全市区域建设成符合国际质量标准要求的食品农产品农产品质量安全区，核心内容主要是探索建立政府主导、科学指导、龙头带动、部门联动、全民行动的“一套机制”，形成全社会抓农产品质量安全的管理机制；健全完善组织领导、质量标准、控制管理、检测监控、科技服务“五个体系”，形成相对稳定的农产品质量安全管理模式；巩固筑牢源头控制、过程监管、末端检测“三道防线”，从农产品产前、产中、产后3个环节入手，形成环环相扣的质量安全监管防线。

二、第二阶段：以县级区域为重点的示范区建设

从发展时间来看，第二阶段始于2009年，终于2016年，主要是在县域内建设出口农产品质量安全示范区。山东省商务厅和山东检验检疫局在认真总结完善“安丘模式”的基础上，将出口食品农产品质量安全区域化管理体系建设工作上升为出口农产品质量安全示范区建设，在乳山市共同推进出口农产品质量安全示范区试点工作，把出口农产品质量安全示范区建设推向更广区域、更高层次。乳山市经过1年多的试点探索，形成了以“企业为龙头、基地为依托、标准为核心、品牌为引领、市场为导向”为突出特点的出口农产品质量安全示范区管理模式的“乳山经验”。2009年4月，山东省政府在乳山市召开出口农产品质量安全示范区建设现场会（第二次现场会），首次提出了在全省范围内大力推进实施出口农产品质量安全示范区建设的概念，对“安丘模式”和“乳山经验”进行综合推广，将“政府主导、部门联动、企业主体、市场运作”的工作机制和“企业为龙头、基地为依托、标准为核心、品牌为引领、市场为导向”的“五位一体”的出口农产品质量安全示范区的做法，在潍坊、威海、烟台3个地级市的全部县市区，以及青岛、聊城等其他14个地级市的部分县市区，共54个县（市、区），全面推广示范区建设。会上确定安丘市、乳山市、荣成市等12个县（市、区）为全省第一批出口农产品质量安全示范区。依托“安丘模式”与“乳山经验”工作做法，2009年6月山东省政府出台了《关于加快推进出口农产品质量安全示范区建设的意见》（鲁政办发〔2009〕43号），明确了各级政府特别是县级政府对示范区建设负总责，把出口农产品质量安全由部门责任提升为政府责任，以建设出口农产品质量安全示范区为抓手，以提升出口农产品质量安全水平为核心，推进农产品对外贸易转方式调结构。随后，山东省商务厅、山东出入境检验检疫局、省农业厅、省财政厅联合制定了《山东省出口农产品质量安全示范区考核管理办法》（鲁商务贸发字〔2009〕59号）。这两个政策文件进一步明确了出口农产品质量安全示范区的概念与内涵，为全省示范区创建工作提供了政策依据，从政策层面上，掀起了全省各市区县建设示范区的热潮。潍坊、威海、烟台等地也相继出台了一系列政策措施，全面推进示范区建设。2011年4月，时任山东省委书记姜异康在安丘视察农产品质量安全工作情况时，指出“安丘模式”实行农业专业化生产，基地标准化建设，生产规范化管理，提高了农民的组织化程度，提升了农产品的质量安全水平，抓住了核心、抓住了关键，取得了明显成效。他要求，要大力发展现代农业，引导支持农民建立合作组织，不断深化“安丘模式”，为食品农产

品质量安全监管创造更多更好的经验；要大力实施品牌战略，以更加严格的检验措施，不断提升产品质量，维护好出口农产品的国际形象，维护好农民的经济利益。随着“安丘模式”“乳山经验”在山东省的试点推广与不断完善，以及出口贸易带动效益的不断扩大，商务部、农业部、国家质检总局等国家部委给予高度关注。2009 年 4 月，国务委员王勇时任国家质检总局局长时，在亲赴安丘视察出口备案基地管理措施之后，于 10 月 13—14 日，全程出席在潍坊召开全国出口农产品质量安全示范区建设经验交流会，针对出口农产品质量安全监管，提出“要本着‘试行一地、总结一地、规范一地’的原则，在巩固已有示范区的基础上，根据本地区出口食品农产品产业分布情况，着力进行推广”，特别指出，在出口食品农产品集中的地区，探索实施区域化管理，开展出口农产品质量安全示范区建设，是保障出口农产品质量安全、促进扩大出口的有效途径。2011 年 6 月，商务部在威海召开全国出口农产品质量安全提升经验交流会，在全国推广山东经验。国家质检总局与商务部的联合推动，将山东的经验做法推向了全国。随后，国家质检总局、商务部等国家部委实施了“出口农产品质量安全典型示范区”创建验收实施方案，示范区建设在全国开始全面推广，2017 年已发展到全国 291 个县（市、区）推广。

随着出口食品农产品质量区域化管理“安丘模式”的逐步成形，围绕“安丘模式”的实践做法，从 2009 年 11 月开始，由山东检验检疫局牵头，地方政府以及相关企业参与，着手修订《初级农产品安全区域化管理体系要求》国家标准，2011 年 9 月 1 日起正式颁布实施。在该标准评审会议上，时任国家质检总局进出口食品安全局王大宁局长说，这个标准具有国际先进性，是一个国际性创新，填补了国内食品农产品区域管理标准的空白。该标准的发布与实施，标志着我国食品农产品质量安全示范区管理从此将拥有国家标准，同时也为出口农产品质量安全示范区建设提供了科学的理论依据。这是我国首部食品安全区域化管理国家标准，也是山东省为确保食品农产品质量安全，艰苦探索而浇灌出的一朵“奇葩”，更是新时期我国加强食品农产品质量安全管理的一个重要标志。

山东省通过省市推动，部委支持，本着“试行一地、总结一地、规范一地”的原则，在巩固已有示范区的基础上，在全省 54 个食品农产品生产重点县（市、区）逐步进行推广实施，以“县级区域”为重点的示范区创建氛围在山东省普遍形成，遍地开花，取得了显著成效。荣成市结合资源禀赋和产业特点，按照出口目标市场标准，与检验检疫部门联合，对辖区农产品出口企业建成的水果、蔬菜、花生等 120 万亩标准化生产基地以及 28 万亩水产品农场实施“双备案制度”，提高种养殖基地标准化管理水平，2010 年该市食品农产品出口创汇 7. 17 亿美元，比上年增长 27. 4%。莱西市着力实施产业化带动、标准化生产、网格化监管三大举措，2010 年全市农产品出口 3. 7 亿美元，同比增长 35. 1%，占出口总额 26. 9%；金乡县提出了“倾全力加强农产品质量安全体系建设，尽全责建设高效农产品质量安全示范区”的工作目标；莒县坚持重心下移、狠抓源头治理，实现了从出口农产品质量安全“示范区”到出口农产品质量安全“特区”的转变；巨野县实行“政府主导、部门联动、企业主体、市场运作”工作机制，2010 年实现农产品出口 38 万吨，创汇 3. 1 亿美元，同比分别增长 35% 和 88. 3%。截至

2009年年底，全省有54个县（市、区）推广出口农产品质量安全示范区建设，形成了一套监管有力、便捷高效的出口农产品质量安全监管机制。从2010年开始，诸城市、寿光市、莱城区、广饶县、乐陵区等12个县（市、区）被认定为第二批示范区，平度市、胶南市（2012年并入青岛市黄岛区）、博山区、临淄区、沂源县、五莲县、沂水县、平邑县等43个县（市、区）又先后被认定为第三、第四批示范区。2013年12月，章丘市（2016年更名为章丘区）、长清区、新泰市、沂南县等11个县（市、区）又被认定为第五批山东省出口农产品质量安全示范区。2015年1月，滨城区、夏津县、平阴县、曲阜市等5个县（市、区）又被认定为第六批山东省出口农产品质量安全示范区。2015年12月，兖州区、梁山县、禹城市、陵城区、齐河县等9个县（市、区）被认定为第七批示范区。2016年12月，利津县、河口区、临邑县、宁津县、高唐县等14个县（市、区）被认定为第八批示范区。10年间，全省共建成省级出口农产品质量安全示范区（县、市、区）106个，示范区的创建数量占全省农业县（市、区）的82.2%，示范区农产品出口数量占全省农产品出口的99%。2011年1月，国家质检总局授予安丘、乳山等24个县（市、区）为“国家级出口农产品质量安全典型示范区”，随后，国家质检总局于2012年发布了《国家级出口农产品质量安全示范区考核指导意见（试行）》（国质检食〔2012〕569号），2014年6月出台了《国家级出口农产品质量安全示范区考核实施办法》（国质检食〔2014〕216号），从国家层面进一步完善了示范区建设标准要求。

以县级区域为重点的示范区创建工程，从其工作重点与内涵来看，主要是采取“区域治理”理念，侧重的是健全农产品质量标准、农业投入品控制、可追溯、品牌引领、监测预警和科技服务等六大体系。这个时期主要是形成了以“安丘模式”为重点的政府主导、科学指导、部门联动、龙头带动、全面行动的“两导三动”管理模式，以及以“乳山经验”为重点的“公司+基地+标准+品牌+市场”五位一体发展模式，逐步形成了一条以“企业为龙头、基地为依托、标准为核心、品牌为引领、市场为导向”的出口农产品质量安全示范区创建发展路子。

所谓出口农产品质量安全示范区建设，就是以县（市、区）级行政区域为基本单元，以出口食品农产品符合国际市场准入标准为目标，通过整合行政管理和检测资源，加强区域内产地环境、水源、水域、农业投入品等综合管理，实施区域内标准化生产、加工和出口管理，对农业生产和食品农产品质量安全实行全程监控，打造源头无隐患、产品无缺陷、监管无缺失、出口无投诉的出口农产品质量安全示范区，全面提升山东省农产品国际竞争力。

三、第三阶段：以市级区域为重点的示范市建设

从发展时间来看，第三阶段始于2010年，到2016年年底完成。在扩大出口农产品质量安全示范区覆盖面的同时，支持有条件的市实现市域全覆盖，建设出口农产品质量安全示范市，同时将示范区、示范市内涵扩大到“内外贸并举，国内国外市场统筹，

推行一个标准，推动农产品质量安全以国际市场为导向延伸到国内外两个市场融和发展，由出口保障向全民共享拓展”。在安丘市区域化管理体系建设和乳山市示范区创建试点成功以及全省有54个县（市、区）全面推进的基础上，2010年4月，山东省政府在威海召开出口农产品质量安全示范区建设现场会（第三次现场会），以市县为基本单元，在所有县（市、区）推广农产品质量安全全域全程监管，健全农产品标准体系、农业投入品控制体系、质量安全可追溯体系、监控评估预警体系和质量安全诚信体系。会议总结了威海市“一个标准、内外并举、内外统筹”市域全覆盖的示范区建设“威海经验”，确立了“推行国际标准，统筹两个市场，打造山东品牌，促进富民强省”示范区建设总体要求，提出了出口农产品质量安全示范市创建的总体思路。所谓“威海经验”，简单地说就是以出口食品农产品的质量安全管理为切入点，采取“以政府为主导，以企业为主体，以市场为导向，以基地为依托，以品牌为引领，以标准为核心”的六位一体管理模式，对整个区域实施规范化管理，在全市区域内实现投入无违禁、管理无盲区、产品无公害、出口无障碍、百姓无担忧的“五无”目标。在这次现场会上，时任山东省政府副省长才利民提出，要以地级市为建制，开展示范区建设的新思路，在全省17地市市级层面全面推广威海市的经验，推行国际标准，统筹两个市场，打造山东品牌，促进富民强省，全面提升出口农产品质量安全水平。至此，山东省以这次会议为转折点，在基本实现示范区县级区域全覆盖的基础上，开启了以市级区域为重点的示范市创建步伐。2011年4月，山东省政府在济南召开示范区建设工作会议（第四次会议），授予威海市“出口农产品质量安全示范市”称号，这是山东省第一个出口农产品质量安全示范市。随后，又先后考核认定日照、莱芜、青岛、烟台、潍坊、淄博、临沂、济南、枣庄、德州、济宁、东营等12个市为出口农产品质量安全示范市。截至2016年年底，全省出口农产品质量安全示范市达到13个，示范市创建数量占全省77%。这个时期主要是确立了“推行国际标准、统筹两个市场、打造山东品牌、促进富民强省”的示范区建设总体要求，以打造“出口农产品质量安全示范市”为目标，通过建立健全出口农产品质量安全标准化、农业化学投入品控制、质量安全可追溯、监控评估预警、企业质量安全诚信、多元化国际市场等六大体系，推动全省农产品出口逐步走上了“源头无隐患、投入无违禁、管理无盲区、出口无障碍”的良性发展轨道。从“威海经验”的基本内涵来看，主要涵盖监管理念的创新、农化品控制创新和市场营销的创新。在监管理念上，从农产品的出口检验延伸到市场流通、生产加工、种植养殖各环节的全程监管；在农业化学投入品控制上，从若干乡镇、基地的区域化管理延伸到县域、市域全覆盖的示范区建设；在市场营销上，从以国际市场为导向延伸到谋求国内外两个市场的融合发展，由出口保障转向全民共享。多年来，各级党委政府、相关部门围绕监管理念、投入品控制、市场营销3个方面，不断推陈出新，创新思路，推进示范区创建工作持续快速发展。

一是整合监管机构，形成监管合力。2013年，山东省政府将工商、质监、药监3个执法监管机构，由原来的省垂直管理，实行地方政府属地管理，管辖权下放，着力破解分段监管，问题突出的问题。潍坊市结合实际情况，在完成质监、药监、工商省垂直管理机构改革的基础上，再对这3个职能部门进行职能合并，组建县级市场监管局，合并执法队伍；同时，整合种植业、畜牧业、渔业的执法队伍，组建综合性农业执法机构；将原属工商、质监、农业等部门的检测资源进行整合，组建综合性检验检测机构，镇村完善农业综合服务中心的职能，强化执法监管职能，在村聘请协检员，形成了覆盖市镇村三级的农业投入品监管检测网络。这种全覆盖的执法监管、质量检测网络，为示范省创建工作提供了有力的服务支撑。

二是完善法律法规体系，创新农药、兽药等农业化学投入品控制监管体制。为切实加强经营环节的农药、兽药等农化品监管，从源头上保障农产品质量安全，保护生态环境，维护人民群众身体健康。多年来，山东省政府以及山东省农业厅、畜牧兽医局等部门颁布实施了《山东省农产品质量安全条例》《山东省最新食品安全条例》《山东省农产品质量安全监督管理规定》《山东省农药管理办法》《山东省农药经营许可证发放管理暂行办法》《山东省农药监督抽查管理办法》《山东省农药经营告知管理办法》《山东省剧毒高毒农药限制区域销售使用管理办法》《山东省高风险农药目录管理办法》《山东省兽药经营告知管理办法》等一系列规章制度，形成了完善的农业化学投入品监管制度，为切实做好农化品生产经营使用市场奠定了基础保障。

三是实行“区超对接”，大力开拓国内市场。在出口农产品质量安全示范区建设取得巨大成功的基础上，自2010年以来，山东省在全省大力推行“区超对接”，推动农产品质量安全由出口保障向全民共享拓展，使国内外消费者享受同样质量的农产品，努力实现“出口品质，全民共享”，以满足国内农产品市场需求侧发生变化的需要。2010年9月山东省商务厅出台《关于推进连锁超市与出口农产品质量安全示范区开展对接工作的意见》（鲁商务建设字〔2010〕744号），按照“政府引导、市场运作、龙头带动、优势互补”工作原则，实行连锁超市与出口农产品质量安全示范区开展对接模式，通过鼓励示范区企业在超市设立专柜、超市在示范区建立直采专供基地，并不断创新对接方式，丰富对接品种，畅通对接渠道，提升国内居民“菜篮子”质量水平，实现农产品质量安全由出口保障向全民共享转变。安丘市通过“区超对接”方式，把区域内生产的农产品推向国内高端市场，在上海联华超市、北京华普超市、鲁商集团等国内20多个大中城市的超市常见到安丘农产品的靓影，该市的优质安全蔬菜还摆上了青岛奥帆会、上海世博会、广州亚运会等重大节会活动的餐桌。威海市为使更多的符合国际标准的农产品进入国内市场，让国内更多的消费者享受到安全放心的农产品，大力实施“万村千乡市场工程”，扶持超市建立农产品直采基地和物流配送中心，通过“基地+超市”的区超对接，使安全放心的农产品进入国内销售网络、摆上群众餐桌，实现了农民与市民、基地与超市的共赢。大型市场和超市经营的每个批次产品都抽检，不达标准不销售，确保群众放心消费。目前，山东全省参与区超对接的出口企业80多家、大型连锁超市13家，对接品种100多个，优质安全农产品逐步由出口保障转向全民共享。

以市级区域为重点的出口农产品质量安全示范市创建工作，从其工作重点与内涵来看，示范市创建在完善示范区体系建设的基础上，更加强调建设区域性现代农产品流通市场、打造区域性农产品检验检测中心，以及依托区域农产品资源优势，构建区域性农产品主体功能区，通过搭建平台，调整产业结构，促进转型升级，推动农业供给侧结构性改革。2013年12月，山东省政府抢抓中韩自贸区创建有利时机，加强与韩国相关机构合作，启动创建“山东中韩国际食品农产品质量安全示范区”，在威海市、潍坊市建设“山东中韩国际食品安全示范区”，促进和扩大山东省农产品对韩国出口，提高国际市场份额。高密、安丘创建为首批“中韩食品农产品质量安全示范区”共建示范区，威海市被确定为全国首个中韩共建食品安全示范区试点地区。2012 年 8 月，潍坊市委、市政府为深入推进农业和食品产业转型升级，围绕打造全国性农产品交易、集散、物流中心的目标，集中农业优势资源，规划建设了“中国食品谷”，重点建设高端食品企业总部中心、食品产业创新研发中心、食品产业物流中心、食品产业交易中心和食品检验检测中心“五个中心”，以及研发创新平台、综合交易平台、综合物流平台、标准化平台、综合服务平台、品牌运营平台“六大平台”，力争打造成涵盖农业全产业链、三产融合的食品产业高端要素资源聚集区和引领食品产业转型发展的综合平台，最终建成全国食品安全区的关键节点、制高点和龙头园区。2013 年 7 月，全国城市农贸中心联合会授予潍坊“中国食品谷”称号；同年 10 月，“中国食品谷”被农业部认定为第二批国家农业产业化示范基地；2016 年，“中国食品谷”与东亚畜牧产品交易平台一并列入省“十三五”发展规划实施纲要和“一带一路”重点建设项目实施方案。2017 年，“中国食品谷”年交易额过亿元的农产品交易市场达到 41 处，形成了寿光蔬菜、青州花卉、安丘大姜、诸城水产品、昌邑苗木等一批具有全国影响力的市场品牌。2014 年威海市被商务部确定为肉菜流通追溯体系建设试点城市，2017 年威海市肉菜追溯城市平台和 567 个流通节点追溯子系统已初步建成，涵盖蔬菜、水果、水产品、蛋禽奶、豆制品等追溯品种，在全市范围内实现流通链条、关键节点全覆盖，运用科学的农产品供应链保障模式，形成了产业倒逼的追溯链条和主渠道保障的网点体系，在全国流通供给侧改革方面具有开创意义。在商务部组织专家以及第三方测评机构组织的验收评估考核中，威海市综合得分在全国已验收城市中排名第一。

四、第四阶段：以省级区域为重点的示范省建设

从发展时间来看，第四阶段始于 2014 年，到 2017 年完成。该时期的主要任务是按照“一个标准、两个市场、以外促内、统筹发展”总体要求，推动山东农业内外贸一体化发展，促进优质农产品由出口保障转向全民共享。作为全国重要的农产品生产、出口、消费大省和最早开展出口农产品质量安全示范区建设工作的省份，山东省政府面对农产品出口新形势和农产品质量安全新要求，2014 年 7 月，山东省出台《关于创建出口农产品质量安全示范省的实施意见》（鲁政办发〔2014〕28 号），启动实施示范省创建工作，决定从 2014 年开始，利用 3 年时间，在商务部、国家质检总局等国家有关部委的支持下，创建出口农产品质量安全示范省。

2014 年 8 月，山东省政府在潍坊召开创建出口食品农产品质量安全示范省工作会议，全面安排部署示范省创建工作，进行了系统的安排部署，标志着山东出口农产品质量安全示范省创建工作正式启动。会议确定了“全产业链标准体系建设、农业品牌建设、市场竞争力、市场流通体系、提高质量安全水平”5 个方面的示范省创建具体任务

目标，按照“一个标准、两个市场、以外促内、统筹发展”的总要求，以市场为导向，以标准为基础，以品牌为引领，以可追溯为保障，加快培育出口农产品国际竞争新优势，推动内外贸一体化发展，充分发挥全面提升农产品质量安全的引领作用，促进优质农产品由出口保障转向全民共享。从区域管理、示范区创建到再到创建示范省，是山东出口食品农产品质量安全管理的一次飞跃，把出口食品农产品质量安全推向一个更高水平，为全国提供可复制、可推广的经验。这一变化在出口农产品质量安全示范区建设中具有标志性意义，标志着山东省正式进入了整建制创建出口食品农产品质量安全示范省的新征程。经过 3 年来的创建完善，2017 年 6 月，经国家质检总局考核评估，山东省被确定为全国首个“出口食品农产品质量安全示范省”。2017 年 6 月 16 日，山东省在威海市召开出口食品农产品质量安全示范省总结会议。2017 年 6 月 16—19 日，山东省在威海国际展览中心举办了出口食品农产品质量安全示范省成果展，展览面积 1 万平方米，分为“综合展区”“安丘模式”“威海经验”“百花争妍”“品牌之星”和“三同工程”等六大展区，通过图文展板、实物展示以及多媒体互动演示屏等手段，集中展示了示范省发展历程及取得的成绩。以省域全覆盖为重点的出口食品农产品质量安全示范省创建工作，从其工作重点与内涵来看，重点强调加快公共服务平台建设，强化引领效应，参照日本、欧盟等进口国家（地区）标准，建设国际标准质量安全公共服务平台，制定全省主要出口农产品全产业链标准体系，建立起第三方认证和监管机制，通过信息化、标准化的紧密结合，形成责任清晰的诚信管理体系。通过建设农产品质量安全公共信息平台和国际标准质量安全公共服务平台，形成示范省整体宣传推介和提高山东农产品国内外市场美誉度的合力，打造公信力更强、影响力更大的示范省优质农产品整体品牌，全力支持农产品企业“走出去”战略。山东省在完成药监、工商、质监等部门机构改革的基础上，发挥整体监管职能，建立农产品企业信用管理体系，将信用评级结果，进行企业分类监管，全面实现信息共享。在坚持市场自由发展的基础上，充分发挥政府宏观调控的作用，市场与政府充分结合，协同推进，做好食品农产品质量安全监管工作。围绕这个标准体系、公共服务平台、信用评价机制，山东省各级政府都在不断地深化创建工作。山东省研发了“山东农产品安全示范区公共服务平台”和“山东省出口农产品质量安全信息管理公共服务平台”两个公共服务平台。其中，“山东省出口农产品质量安全信息管理公共服务平台”主要包括企业信息、第三方检测认证、全过程追溯、产品展示推介、线上展会、线上培训等功能版块，全面推行《山东省农产品食品链全过程管理通用要求（试行）》标准体系，引进第三方认证和监管，引导优秀农产品出口企业和属地出口农产品管理部门参与，利用国际标准和信息化手段提升农产品安全质量，力争打造一批优质出口农产品的山东品牌，提高农产品国内外市场竞争力。“山东省出口农产品质量安全信息管理公共服务平台”是一个覆盖全省的农产品质量安全可追溯信息平台，能够实现从田间地头到餐桌的全过程数据对接，省市县三级信息资源共享并逐步实现可视化，逐步成为覆盖全国、辐射全球的农业信息交流、产品展示销售网络，成为农产品内外贸一体化的新型载体，把出口农产品质量安全示范区和品牌企业、大型超市、批发市场、物流企业集中在一个平台上，推动创建山东优质农产品品牌。2017 年年底，该平台收录全省 2 000多家出口农产品企业的产品信息。威海市创建了“威海中韩自贸区地方经济合作示范区服务平台”，引领服务中韩自贸示范区建设。安丘市依托自身最早启动示范区创建的优势，在山东出入境检验检疫局的指导下，开通了全国首个“自贸协定公共服务平台”，整合自贸协定实施资源，构建起“互联网+自贸协定实施”的公共服务机制。潍坊、青岛、烟台、威海等地方政府根据省政府的总体规划，规划建设打造主体功能区。以潍坊打造的“中国食品谷”为代表的配套企业的农产品批发市场、绿色便捷的农产品零售市场、高效便捷的电子商务新兴市场功能聚集区和功能先进的区域性农产品检测中心已经建成。其中，总投资40亿元的中国潍坊畜禽产品交易城于2013年11月正式投入运营，大宗农产品现代化仓储物流和农产品冷链物流体系初步形成。以青岛、烟台为主的水产品主体功能区，以潍坊、青岛为主的肉食主体功能区，以济宁、临沂、青岛、烟台等为主的蔬果主体功能区，以及以青岛、烟台、威海为主的粮油制品主体功能区等一批相互配套、功能互补的食品农产品企业集群构建完备，正引领着优质农业发展方向，并以辐射效应带动周边经济发展。如果将我国的食品农产品生产与质量安全管理比作一个大的“生态环境”，那么每一个示范区就是一个孤立的“生态节点”，而山东的示范省创建工作，开全国之先河，将一个个节点用“区域治理”的链条串联整合，使之相互影响带动，形成合力，产生规模效应，从而达到促进全国食品农产品的整体质量安全水平的全面提高。

所谓出口食品农产品质量安全示范省，就是在出口农产品质量安全示范区、出口农产品质量安全示范市基本覆盖全省的前提下，在尊重市场规律的基础上，通过有效整合和合理利用资源，在全省区域范围内建立一个包含由政府部门严格履行监管职责和生产企业安全生产相结合的出口食品农产品质量安全管理体系，通过出口食品农产品的引领效应，带动国内食品农产品质量安全的全面提升，达到出口产品全民共享的要求，从而实现农业供给侧结构性转型升级。

第五章　创建出口食品农产品质量安全示范省的基本做法

从2007年试点实施出口食品农产品质量安全区域化管理体系建设，2009年开始创建出口农产品质量安全示范区，到2010年创建出口农产品质量安全示范市，再到2014年全面创建出口食品农产品质量安全示范省，山东省在食品农产品质量安全管理上，始终紧跟时代发展潮流，紧紧围绕各时期的重点难点，扎实推进，开拓进取，从而推动全省农业供给侧结构性改革，实现农业增效、农村发展和农民增收。10年来，在国家质检总局、商务部的指导下，在山东省省委、省政府的坚强领导下，全省各级各部门开拓创新，积极作为，始终坚持工作机制到位，责任落实到位，资源整合到位，公共服务到位和社会共治到位，形成了具有山东特色的示范省发展新模式——“一个机制，两个平台，六大体系”，为全国探索了一种可复制、可借鉴、可推广的出口农产品质量安全管理模式。“一个机制”就是政府主导，部门联动，社会共治；“两个平台”就是质量安全公共信息平台和国内外市场开拓平台两个省级平台以及区域性农产品集散中心和检验检测中心两个市级平台。“六大体系”就是质量安全标准化体系、农业化学投入品控制体系、质量安全可追溯体系、监控评估预警体系、品牌农业引领体系以及科技服务体系，凭借过硬的产品质量，完善的监管措施，推动山东食品农产品国内外市场多元化发展，进一步优化食品农产品国内外市场贸易结构。

一、全力构建“六大体系”夯实创建基础

以质量标准、农业化学投入品控制、追溯预警、监控评估、品牌农业、科技服务为主体的“六大体系”构成了山东出口食品农产品质量安全示范省发展模式的三大模块之一，这六大体系也是山东省创建出口食品农产品质量安全示范省的基础，构成了纵横交错、有序推进的示范省建设基础网络，以此基础网络为支撑，夯实了示范省建设基础，从而推动示范省创建工程有序推进，逐步实现创建目标。

（一）全面推行国际标准，健全农产品标准体系

农产品质量安全标准体系建设不仅是关系到国内市场需求、满足人民消费安全的重要内容，也是融入经济全球化、开拓农产品国际贸易市场的重要举措。当前，全球农业经济一体化发展加速，农产品市场竞争日趋激烈，以国际标准为导向，建立完善与出口国标准相适应的生产标准体系和质量控制体系，是发展现代农业，推动农业可持续发展的重要举措。农产品质量标准制定是一个“链式体系”建设，品质的辅助质量标准也

非常重要，缺一不可，相互牵制。山东省通过建立健全农产品质量标准体系，充分发挥企业的龙头带动作用，把分散的农户组织起来，将农产品生产、加工、销售统一衔接起来，按照统一质量标准控制体系，组织实施规模化生产、产业化经营，促进农业向标准化、规模化、产业化、品牌化、国际化发展，不断提升山东农业整体竞争能力和综合效益，实现农业提质增效、农民增产增收，农业可持续发展，对于促进全省农业发展有极重要的战略意义。经过近10年的努力，山东省初步建成了与国际标准相接轨的农业全产业链标准体系，在水海产品、肉食品、蔬菜、果品、花生、粮油制品六大类主要出口农产品中普遍推行国际标准，构建起涵盖生产、加工、包装、储存、运输、消费各阶段的全产业链技术标准体系。

随着国际农业标准体系的不断完善，以及国家贸易技术性壁垒的不断细化，我国农产品要想进入欧盟、美国、日本等目标国际市场，农业企业必须开展欧盟 GAP、日本 JAS、美国 NOP 等国际农产品标准认证，以及质量管理体系（ISO）、良好农业操作规范（GAP）、良好生产规范（GMP）、危害分析与关键控制点（HACCP）等标准的认证评价，这是壮大农产品出口业的基本前提。没有取得这些资格认证，就会被这些国际市场拒之门外。以 EUREPGAP 认证为例，EUREPGAP 认证即欧盟良好农业操作认证，1997 年由欧洲零售商协会 EUREP 的零售商组织发起，EUREPGAP 认证标准是国际通行的最高标准之一。EUREPGAP 认证是对农产品生产、加工、销售过程中的卫生安全、环境保护、产品质量问题可追溯性等方面应达到的控制标准及评判标准，进行 EUREPGAP 认证是打破出口贸易技术壁垒、取得我国农产品通向世界市场的通行证。没有通 EUREPGAP 认证的供货商将在欧洲市场上被淘汰出局，成为国际贸易技术壁垒的“牺牲品”。只有通过 EUREPGAP 认证的农产品，才能够向欧洲出口。同样，中国的农产品只有通过 EUREPGAP 认证，才能够促进向欧洲出口。EUREPGAP 认证由于其的规范性体系性以及推动农业可持续发展的作用，自它诞生之日起，就得到了世界各国的广泛关注，一直保持着强劲的发展势头，美国、澳大利亚、法国、加拿大等国家相继制定了本国的良好农业操作规范标准，极大地推动了良好农业操作规范在全球的推广。例如，1998 年美国食品药品监督管理局（FDA）和美国农业部（USDA）联合发布了《关于降低新鲜水果与蔬菜微生物危害的企业指南》；澳大利亚农业、渔业和林业主管部门发布了《农场新鲜农产品食品安全指南》。推行良好农业规范已成为国际通行的从生产源头加强食品农产品质量安全控制的有效措施，它是确保食品农产品质量安全工作的前提保障。为及时建立我国良好农业规范标准和认证体系，从源头促进我国食品和农产品的质量安全水平的提高，推动我国农业的可持续发展，从 2005 年起，国家认监委①组织相关专家起草了 24 项良好农业规范系列国家标准，发布了《良好农业规范认证实施细则》，对所有农产品生产提出了良好农业规范要求，极大地推动了良好农业操作规范在我国的发展。随后，国家认监委和国家标准化管理委员会又在山东、福建、陕西、黑龙江等 18 个省（区、市）的 286 家农业标准化示范区和出口食品卫生注册企业中开展了良好农业规范认证与标准化试点，良好农业规范认证在全国迅速展开。试点企业通过实

① 中国国家认证认可监督管理委员会，全书简称国家认监委。

施良好农业规范标准化和认证，普遍反映生产管理水平、产品质量安全、企业经济效益得到较大提高。例如，莱阳鲁花食品有限公司获得良好农业规范认证后，草莓出口订单从 2005 年的 800 吨增长到 2007 年的 4 000吨，对外出口价格比同类公司每吨高出 80 多美元，仅草莓一个产品就直接为社会创造 1 700多个工作岗位，带动 2 000多个农业家庭户提高经济效益，为农民带来 2 500万元的经济收入。

为进一步与国际标准接轨，2009 年国家认监委签署了《中华人民共和国国家认证认可监督管理委员会和 GLOBALGAP 关于良好农业规范认证体系基准比较的谅解备忘录》。这标志着国家认监委批准从事中国良好农业规范（GAP）认证的认证机构颁发的 GAP 证书，将获得 GLOBALGAP 的认可，获证企业信息将通过 GLOBALGAP 网站向全球主要零售商发布，获证企业将因此获得更加广阔的国际市场空间，国际市场竞争力将得到显著提升，中国良好农业规范国家标准与 GLOBALGAP 国家标准实现互认。JAS、GAP、NOP 等国际农产品标准认证作为一种专业性较强的国际质量认证，我国是从国家质检总局发起，由各检验检疫分支直属局具体参与，地方政府主导，逐步推进。山东农业作为全国农业特别是出口农业的“先锋军”，必须坚持以农业标准化助推农业现代化，以出口国国际标准拉动出口出口创汇。从山东的国际标准认证与发展过程来看，主要是在省商务厅、山东检验检疫局以及各分支局的推动下，各地政府以及出口农业企业积极参与，从而发展壮大了全省农产品国际质量标准认证体系。

一是从组织领导入手，建立标准高效推广机制。为全面提升山东农产品的国际市场竞争力，山东省以良好农业操作规范（GAP）的研制与推广为核心，启动实施“山东省出口农产品绿卡行动计划”，申报实施良好农业操作规范试点项目工作，省财政安排 2 500万元专项扶持资金，推动“绿卡行动计划”。山东进出口检验检疫局制定出台了《关于进一步推动良好农业规范（GAP）推广工作的指导意见》，颁布实施了建设与管理规范，对农产品出口企业的厂区与基地建设管理提出了标准规范，成为指导全系统良好农业规范的指导性、纲领性文件，并将试点工作纳入绩效考核，细化了考核指标，推动了工作开展。同时，山东出入境检验检疫局充分发挥业务优势，成立了以分管局长为组长，认证处和相关处室负责人参加的领导小组，全面协调指导试点推广工作，为试点企业提供技术指导。潍坊、威海、烟台等分支局也均成立了相应的推广机构，形成了上下联动、层层落实的工作架构，为良好农业规范试点工作的推进打下了坚实的组织保障。山东省通过大力实施推广“绿卡行动计划”，监管部门试点推动良好农业规范（GAP），逐步探索出了与国际接轨的农产品生产标准体系，初步建立了出口农产品良好农业规范标准体系，初步实现了农产品国际贸易由被动“应对壁垒”向主动“跨越壁垒”的转变。截至 2017 年，山东省制定了大葱、苹果、洋葱、大蒜、甘蓝、番茄、西蓝花等 28 种主要出口作物（栽培类型）良好农业规范（GAP），其中有 9 种作物上升为国家标准。鲁花集团、鲁丰集团、莱芜万兴公司等 98 家企业被国家认监委和国家标准化管理委员会列入良好农业规范项目试点企业，其中，通过良好农业规范认证的企业达到 25 家，占全国总量的 21. 36%，通过欧盟 GAP、日本 JAS、美国 NOP 等认证试点企业达到 48 家。无论是试点企业数量，还是获证企业数量，山东省均连续多年居全国首位。

二是从标准培训入手，提高标准认证技术水平。早在2005年，山东省就邀请EUREPGAP主席对山东农产品加工企业进行EUREPGAP标准培训，2006年又在烟台举办了全国第一次良好农业规范标准师资培训班，随后邀请国内外专家进行授课，连续召开了7次动员会和培训班，对全省出口企业进行知识培训。举办了两期以良好农业规范为主题的出口食品农产品发展战略论坛，通过理论宣贯、业务培训，为农产品加工企业开展良好农业规范奠定了知识基础。搞好试点推广，选取出口食品农产品种植养殖企业基础好、实力强的出口企业作为重点培养对象，集中人才技术资源强化培训帮扶，建立良好农业规范体系，取得了重点突破、以点带面的示范效应。威海市根据国际质量标准，按照"就高不就低"的原则，制订了130多项农产品生产、加工、储运等地方标准，连同相关国际标准，编印成册，发放到各级农技推广组织、生产基地和种养大户手中，积极推进农产品标准化、规模化、基地化生产。莱阳市编制《莱阳农业》期刊，定期向社会发布最新农技信息，借助青岛农业大学的地缘和科研优势，聘请50名农业专家和技术骨干，组建了市农技服务专家团，定期为企业、农民进行现场指导和科技讲座。莱山区按照国际标准，组织专家编制了《莱山区农产品标准化生产操作技术规范（养殖加工）》《大菱鲆养殖技术操作规程》《海湾扇贝筏式养殖安全技术规程》《刺参池塘养殖安全技术操作规程》等规范性技术资料，定期对街道、村居技术人员进行抽查和指导。

三是从标准研究入手，积极参与标准制修订工作。很多农产品生产加工企业是复合型企业，既涉及种植养殖、生产加工等环节，又有物流配送等环节。而农产品种植养殖环节、生产加工环节和流通环节执行的分别是农业部、欧盟和商务部的有关标准，执行标准不统一，各项标准相互交叉，企业执行难度较大。为便于企业实际执行和操作，山东省选择韭菜、茄子、大蒜、黄瓜、小米、大米、生姜、辣椒、菜花、黄桃等产销量大、知名度和市场占有率较高的农产品，结合国际农产品标准，探索制定适合本地特点的农产品种植养殖生产流通标准。在大力推进国际标准认证的同时，特别注重GAP标准认证体系研究制定，针对目标国农兽药残留标准限值要求，开展农药药效、最终残留和消解动态试验1 000多项，筛选药剂200多种，建立了农药残留动态数据库，制定出了针对欧盟、日本、美国、韩国等主要贸易国进口标准的16种大宗出口作物的24个GAP草案。山东省有7个市的30个县建立了98个GAP示范企业，制定了大葱、苹果、洋葱、大蒜、甘蓝、番茄等28种主要出口作物（栽培类型）GAP，其中9种上升为国家标准。鉴于山东省良好农业规范研究推广工作的有效推进，2006年6月6日，全国第一张CHINAGAP证书落户山东鲁花集团，同年10月，山东莱阳春雪食品有限公司的标准化肉鸡养殖场也顺利通过欧盟GAP国际认证，成为我国第一家获得欧盟GAP认证中心良好农业规范认证证书的肉禽企业。山东省以风险预警为突破口，针对国内空白标准领域，由检验检疫、质监、商务、农业等部门研究制定实施标准体系。2011年9月，由山东检验检疫局牵头，安丘市政府、青岛农业大学等部门以及中国检验认证集团（CCIC）山东公司、鲁丰集团等农业龙头企业联合起草制定的首部食品安全区域化管理国家标准《初级农产品安全区域化管理体系　要求》（GB/T 26407—2011）顺利实施，填补了国内空白，达到国际先进水平。该标准是基于山东省出口农产品质量安全示范区的基本做法提出修订，以一个地方区域控制为半径，通过对初级农产品的种植、养殖、捕捞等农业生产环节全过程预防、消除或降低食品安全各种危害，实现区域内食品农产品质量安全提供了标准依据。在夯实内功的基础上，着力提升外功，积极开展国际质量标准研究。针对菠菜种植和家兔养殖产业管理情况以及国家标准中对此无明确要求的实际，研究制定《出口兔肉、菠菜加工企业在种植养殖中良好农业规范标准的研究和应用》，填补了 CHINAGAP 和 EUREPGAP 标准中没有菠菜种植和家兔养殖的空白，进一步完善 CHINAGAP 标准，为更好地推广良好农业规范认证打下坚实的基础。2012 年 9 月，为应对德国草莓诺沃克病毒事件，保持山东草莓出口优势，山东检验检疫局围绕草莓产品中诺沃克病毒的检测，迅速启动了《果蔬、贝类、水中诺如病毒和甲肝病毒检测方法——实时 RT-PCR 方法》《食品中食源性病毒的检测关键技术及标准研究》等一系列科研及行业标准立项研究，对妥善应对事件提供了有力的技术支持。广饶市的驰中集团通过了犹太认证（Kosher 认证）、清真认证（Halal 认证）和英国零售商协会食品技术标准认证（BRC 认证），其中，犹太认证主要针对犹太人集中的以色列、俄罗斯、美国和加拿大等国家，清真认证主要针对伊斯兰教教徒较多国家，英国零售商协会食品技术标准认证主要针对英国为主的欧洲国家。华誉集团通过了瑞士 SGS 认证机构的 ISO22000 认证，建立了覆盖种鸡、商品鸡、饲料、肉鸡屠宰、熟食加工等各个环节的食品质量安全保证体系。威海市按照“就高不就低”的原则，全面推行国际标准，制订了 130 多项农产品生产、加工、储运等地方标准，连同相关国际标准，编印成册，发放到各级农技推广组织、生产基地和种养大户手中。金乡县大蒜科技研究所、山东省大蒜技术工程研究中心聘请中国农业科学院、山东农业大学等相关专业研究员和教授详细研究了大蒜及其制品方面的数十个国际标准，结合金乡县大蒜检测、种植、生产、加工和销售的具体情况，制定了适合金乡县情、符合国际标准、有金乡特色的大蒜生产技术标准。截至 2016 年年底，山东省已有 9 家企业通过了中国检验认证集团（CCIC）山东公司和中国质量认证中心（CQC）山东评审中心的良好农业规范认证，约占目前全国通过认证总数的 2.7%。

（二）加强全程监管，健全农业投入品控制体系

农业投入品是指人们在农业生产活动中，为开展生产和满足农作物生长发育所需而人工投入的有关物品，以获得理想的农产品产量和农产品质量，主要包括种子、种苗、肥料、饵料、农药、兽药、饲料及饲料添加剂等农用生产资料产品，也包括不按规定用途非法用于农产品生产的物质，如孔雀石绿和瘦肉精。农业投入品是关系农产品质量安全的重要因素，也是促进食物生产不断提高的重要因素。农业投入品是重要的农业生产资料，它的科学使用对农业的稳产、高产、优质发挥着重要作用。现代农业离不开农业投入品，农业化学投入品也是保证农产品产量和质量的重要前提条件。然而，若农药、兽药、化肥、添加剂等农业化学投入品不当使用，轻者造成农产品农药残留和重金属超标，重者导致农作物受到药害、肥害，并破坏土壤结构，造成土壤污染、水源污染、空气污染，甚至可造成人、畜中毒，严重影响农产品质量的安全，危及消费者的身心健康甚至生命安全。农业投入品特别是以农药、兽药为重点的化学投入品的大量使用对我国

农业的持续高速发展起到非常重要的作用，但在保障我国农产品有效供给的同时，也引发了环境问题，给食品农产品质量安全带来负面影响，农业化学投入品越来越引起政府和社会的广泛关注。如何切实解决农业投入品特别是以农药、兽药为主的农业化学投入品的负面危害，最大限度的发挥它的促进作用，既是解决农产品质量安全的关键因素，也是解决农产品质量安全的核心重点环节。

1. 建立完善法律法规体系，为搞好农化品控制管理奠定法律基础

进入21世纪，国家、地方政府以及商务、质检、农业、工商等相关部门，相继出台了一系列加强食品农产品质量安全工作的法律法规体系建设。国家颁布实施了《中华人民共和国农产品质量安全法》《中华人民共和国食品安全法》《中华人民共和国产品质量法》《中华人民共和国动物检疫法》《农药管理条例》《国务院关于加强食品等产品安全监督管理的特别规定》《国务院关于全面加强产品质量和食品安全工作的意见》《农药限值使用管理规定》和《高毒农药禁用管理规定》等法律法规。山东省政府出台了《山东省出口农产品质量安全监督管理规定》《山东省农产品质量安全条例》《山东省出口农产品安全管理条例》《山东省农产品质量安全监督管理规定》等一系列法律法规。地方政府也出台了一系列相应的规章制度，补充了农业生产一线监管不足的问题。潍坊市政府先后出台了《潍坊市高毒剧毒农药管理办法》《关于禁止销售使用高毒农药的通告》，对国家规定的52种禁止销售使用高毒剧毒农药实行“全面禁止，政府储备”的监管模式，采取统一采购、统一储备、统一服务、统一监管、定点经营和政府储备的具体措施，构建了“四统一、一定点、两确保”的基本制度框架，切实提升了禁限用剧毒高毒农药监管水平，特别是从2016年12月起施行的《潍坊市禁用限用剧毒高毒农药条例》，为强化禁限用剧毒高毒农药监管提供了科学、公正、翔实、具体的法规依据。威海市发布了《关于加强几种高风险农药产品管理的通知》，将高风险农药全部纳入禁限用农药同等管理，按照国际市场的质量要求，确定了比国家标准更严格的禁用、限用和准用农业化学品名单，实行了严格的农业化学品专营专供制度，全面清理了高毒违禁农药，建设了“市县专营、乡镇配送、村级直供”网络，确保全市范围内不经营、不使用违禁农业化学品。东营市出台了《东营市农业化学投入品市场准入管理办法》，对于未取得市场准入资格而在本市农资市场进行销售的农业化学投入品，一律依法进行查处。安丘市相继出台了《安丘市农药管理办法》《安丘市出口农产品质量安全区域化建设农业化学投入品专营专供管理办法》以及《关于公布〈在农产品生产中禁止销售使用的农药、兽药及饲料添加剂目录〉的通告》等政策方案；广饶县出台了《广饶县农业化学投入品使用技术规范》《广饶县高毒农药管理办法》和《农药安全使用规定》等政策方案；招远市出台了《招远市农业化学投入品使用规范》《农业化学投入品生产和销售企业登记备案管理办法》等政策方案；乳山市出台了《乳山市农兽渔药市场准入管理办法》。这些法律法规以及管理措施涵盖了出口农产品质量安全农化品投入控制的各个环节，既有监管措施，又有指导措施，为搞好农化品管理，创建出口农产品质量安全示范区，提供了政策性法律法规依据。

2. 推行农业绿色生产管理，着力控制农化品不规范使用行为

现代农业离不开农业化学投入品，农业化学投入品也是保证农产品产量和质量的重要前提条件。任何事物都是一把“双刃剑”，农业化学投入品虽然对现代农业发展起到重要的促进作用，但若使用不当，也会给农产品质量安全和农业生产环境带来严重损害。实际上，从当前影响我国食品农产品质量安全的主要因素来看，食品农产品生产者不按照正确的操作规程以及科学合理的使用农业化学投入品，甚至违反国家规定使用禁用、限用农业投入品的问题，特别是农药、兽药的不合理使用，成为影响我国农产品质量安全水平的最重要隐患和最突出问题。因此，必须强化对农业投入品使用过程的规范和管理，保证农业投入品合理合规使用。

我国有关农业投入品管理的法律、行政法规都对农业投入品的合理使用问题做了明确规定。《中华人民共和国农产品质量安全法》第二十五条规定：“农产品生产者应当按照法律、行政法规和国务院农业行政主管部门的规定，合理使用农业投入品，严格执行农业投入品使用安全间隔期或者休药期的规定，防止危及农产品质量安全。禁止在农产品生产过程中使用国家明令禁止使用的农业投入品。”农药、兽药是影响农产品质量安全的关键因素。在农药、兽药使用中严格执行安全间隔期或休药期规定，是合理使用农业投入品的重要内容。安全间隔期主要是针对种植业，在此期间，多数农药的有毒物质会因光合作用等因素逐渐降解，农药残留会达到安全标准，不会对人体健康造成危害。各种药剂因其分解、消失的速度不同，加之各种作物的生长趋势和季节不同，其施用农药后的安全间隔期也不同。在农业生产中，最后一次喷药与收获之间的时间必须大于安全间隔期，不允许在安全间隔期内收获作物。休药期主要是针对养殖业，在此期间，兽药的有害物质会随着动物的新陈代谢等因素逐渐消失，兽药残留会达到安全标准，不会对人体健康造成危害。《农药管理条例》要求农药使用者遵守农药防毒规程和国家有关农药安全、合理使用的规定，按照规定的用药量、用药次数、用药方法和安全间隔期施药，防止农产品污染，不得将剧毒、高毒农药用于蔬菜、瓜果、茶叶和中草药材。《兽药管理条例》要求兽药使用单位遵守国务院兽医行政管理部门制定的兽药安全使用规定，并建立用药记录；不得将原料药直接添加到饲料及动物饮用水中或者直接饲喂动物；不得将人用药品用于动物。《饲料和饲料添加剂管理条例》规定使用饲料添加剂应当遵守国务院农业行政主管部门制定的安全使用规范，禁止在饲料和动物饮用水中添加激素类药品和国务院农业行政主管部门规定的其他禁用药品。农业部发布的《农药安全使用规定》《农药限制使用管理规定》《饲料药物添加剂使用规范》等规范性文件，对农业投入品的合理使用提出了具体要求。2010 年 4 月，农业部、公安部①、国家工商总局等十部委联合发布的《关于打击违法制售禁限用高毒农药规范农药使用行为的通知》指出，禁止将甲胺磷、甲基对硫磷、对硫磷、久效磷等 19 种高毒农药用于蔬菜、果树、茶叶、中草药材上，禁止将三氯杀螨醇、氰戊菊酯用于茶树上，严禁农药超范围使用。农业部公告第 176 号、第 193 号和第 1519 号，列明了 21 类食品动物禁用的兽药及其他化合物清单和 51 种禁止在饲料和动物饮水中使用的物质。

随着法规制度体系的不断健全，山东省在推进出口农产品质量安全示范区建设中，从完善制度入手，对农兽药的合理合规使用进行严加管控，以强有力的法制措施，推动

① 中华人民共和国公安部，全书简称公安部。

农业化学投入品合理合规使用。2014 年 6 月，山东省施行的《山东省农产品质量安全监督管理规定》，提出了实行“五项制度”，严加规范农兽药的使用。一是“农药、兽药经营告知制度”，农药、兽药经营者将经营农药、兽药的信息，告知销售区域内的主管部门，并向社会公示；二是“剧毒、高毒农药限制区域销售、使用制度”，在蔬菜、瓜果、茶叶、中草药材等特色农产品生产区域禁止销售、使用剧毒、高毒农药；三是“剧毒、高毒农药实名购买制度”，要求购买剧毒、高毒农药的，必须出示个人身份证明或者其他有效证件，说明实际用途；四是“低毒、低残留农药、兽药补贴制度”，通过落实补贴办法和补贴标准，推动低毒、低残留农药和低残留兽药的推广应用；五是“高风险农药、兽药目录管理制度”，根据区域情况，制定农药、兽药高风险目录，限定其使用区域和农作物品种。2014 年 10 月，山东省农业厅制发了《山东省高风险农药目录管理办法》，发布了《高风险农药目录》，加强高风险农药科学使用和防范风险办法的宣传，强化对农民使用高风险农药的指导，将高风险农药纳入农药经营人员、农药使用者的培训内容，对农业生产安全、农产品质量安全和生态环境安全存在着较高风险的农药进行重点监控。2013 年 5 月，潍坊市政府发布了《关于禁止销售使用高毒农药的通告》要求各级农业部门要积极推广使用安全高效的农药品种，加强对安全、合理使用农药技术的指导。

为有效解决农业化学投入品不规范使用、超标准使用，造成农业面源污染严重的问题，从而导致农产品农药残留，影响农产品质量安全，山东省大力推行农业绿色生产，物理防治病虫害，下大力气搞好农业面源污染综合防治工作，探索推行物理防治替代化学防治措施，推广实施蔬菜病虫害绿色防控工程，2017 年绿色防控技术推广面积已达到 4 500多万亩，农业化学投入品投入量与 2007 年之前相比下降了 18 个百分点，高毒剧毒农药在蔬菜、果品等食用农产品主产区实现了零投放。所谓蔬菜病虫害绿色防控就是按照“绿色植保”理念，采用农业防治、物理防治、生物防治与化学防治相结合，重点推广使用性诱剂、频振式杀虫灯、黄板、生物源农药及高效低毒低残留化学农药，从而达到有效控制蔬菜病虫害，确保蔬菜生产安全、农产品质量安全和农业生态环境安全，促进农业的增产增效。它是落实“绿色植保”理念的具体行动，也是政府推行绿色植保行动的重要技术措施以及解决农产品质量安全的有力保障。山东省农业厅从 2007 年开始，每年都根据主要农作物病虫害情况和绿色防治技术进展情况，拟定蔬菜、果树、水果、水稻以及茶叶等主要农作物病虫害防治药剂推荐名单，指导广大农民规范投入品使用。济南市按照配方施肥个性化、统防统治专业化、生产经营规模化、生产主体企业化、管理服务社会化、资源利用循环化“六化”综合防治模式，防治农业面源污染，建成了 4 万亩农业面源污染防治示范区。日照市采取绿色防控技术，坚持“预防为主、综合防治”植保方针，以病虫害预测预报为基础，加强茶树防治、生态调控、生物防治、理化诱控、科学用药等技术的应用，保证了日照绿茶的品质及安全。安丘市推广使用杀虫灯、粘虫板和防虫网，在 12 万亩种植基地上安装了 5 000盏电子杀虫灯，对标准化种植基地实行物理方法进行病虫害防治，生产生态安全的农产品。肥城市采取“统一病虫预报、统一技术指导、统一供应农药、统一喷洒药物”方式，对农作物病虫害实行统防统治，财政投入 100 万元支持区域性机防队建设，显著提高了农业病虫害防控能力。2017 年已建立机防队 12 支，统防统治面积达到 30 多万亩，肥城市也因此被列为全省农作物病虫害专业化防治示范县。寿光市全面推广绿色植保控害技术，市财政每年投入 200 多万元，完善市镇村三级农作物病虫害预警系统，扶持园区、基地、企业成立统防统治服务机构，推广病虫害物理、生物防治技术，化学农药投入量每年减少 20%。莱城区广泛推行标准化种植技术，启动建设了农业重大有害生物专业化防控体系项目，建立了 12 支专业化防治队伍，配备了相应的装备设施，切实提高应对重大农业有害生物灾害控制能力，全面提升农业生产和农产品质量安全水平。深入实施耕地质量提升工程，大力发展生态农业，在安丘、乳山等 34 个县开展了耕地地力提升工程项目，在荣成、寿光等 25 个县开展了生态循环农业示范基地建设。截至 2017 年，山东省生态循环农业基地面积达到 1 000多万亩，完成农机深耕深松基地面积 1 600多万亩。

3. 抓好农业化学投入品市场监管，建立封闭式一体化农资市场监管体系

山东省各级政府始终以农药、兽药为重点，严把农业化学投入品的源头控制和规范使用，积极构建源头管控、流通封闭、市场严管的一体化农资市场体系，农业化学投入品市场环境得到的全面净化。山东省农业厅于 2008 年 7 月专门开通了 12316 “三农”服务热线，全省农业违法违规生产行为，实现“一号举报，分级受理”，各级政府也开通了举报电话。山东省各级政府注重壮大执法队伍，加强执法监管。近几年来，国家特别重视基层农业执法监管服务体系的建设，对农资市场监管提出新要求。2015 年中央一号文件《关于加大改革创新力度加快农业现代化建设的若干意见》指出，“加强县乡农产品质量和食品安全监管能力建设，严格农业投入品管理”；李克强总理在 2015 年中央农村工作会议上指出，“要抓紧把基层农产品和食品安全监管机构健全起来，从源头抓起，严格市场执法监管，确保农产品和食品质量安全”。山东省按照“竖到底、横到边、全覆盖、无缝隙”的要求，在县级实行大农业执法监管改革，组建综合性的农业执法队伍，着力解决分段监管、交叉执法的弊端。在镇村加大机构承载能力，提升乡镇监管机构服务能力，建立村级监管员队伍，基层监管体系和服务能力不断增强。截至 2017 年，全省涉农乡镇全部建立了监管机构，设立村级监管员 7.9 万人，基本达到了每村 1 名，在监管服务中发挥了重要作用。济南、东营、潍坊、临沂等地实行村级监管员财政补助政策，标准为每人每月 100～300 元，还有一部分市采用物化补贴的方式，有力调动和保护了监管员的积极性。积极推进农药监管信息化建设，推进农药监管实现“信息数据化、监管实时化、服务网络化”。潍坊市开发了“潍坊市农资监管查询平台”，农资企业要想进入本辖区市场，通过本平台申请，农民、基地等农资使用者可通过这个平台方便查询，是否合格，一查便知。

4. 严格市场准入，实行告知备案

实行农药经营登记备案和高毒农药定点经营、实名购买制度，在烟台、潍坊、临沂等蔬果主产区，全面禁止销售使用高毒农药。安丘、招远、乳山、栖霞、平邑等县（市、区）实行农药兽药登记备案制度和经营单位“黑名单”制度。没有取得登记备案的农药和兽药，一律不准在本区域内销售；对日常经营出现问题的农资经营单位或个人，列入“黑名单”，进行重点监管，提高抽查抽检频率；对日常经营诚信规范的，纳入良好经营者数据库提供便捷服务。肥城市制定了《肥城市关于加强农业化学投入品管理的意见》，突出“供、销、用”3个关键环节，实行“产品备案、检测、质量承诺、诚信考核”等管理制度，形成了农业化学投入品全程链式管理机制。安丘市在认真贯彻落实《中华人民共和国农产品质量安全法》《农药管理条例》《兽药管理条例》等有关法律法规的基础上，制定出台了《安丘市农药管理办法》《安丘市农业化学投入品告知备案管理办法》及《安丘市兽药管理办法》，对542个农兽药生产企业的3 409个农兽药产品进行了备案。健全运营网络，规范经营行为。安丘市经过规范严查，最终由以前的100多家农兽药批发企业，压缩到35处农兽药批发企业，全市973处镇村连锁直营店，全部实行了封闭式管理，落实了实名购买制度，确保农兽药来源可确认、去向可查询、质量可追溯。招远市建立了农业化学投入品配送中心，以配送中心为平台，设立镇村农资连锁店331个，其中镇级连锁超市10个，形成了以配送中心为龙头、乡镇供销社和农民专业合作社为纽带、农户和基地为终端的“三点”直供农资专供网络。莱阳市以富民农资配送中心为依托，加快整合经销资源，在重点镇街、村庄和生产基地建立农资连锁超市212个，形成了“市农资批发市场—镇农资超市—村农资专供点—生产基地”一体化农资经营体系。肥城市依托供销生资、邮政三农服务中心、农业植保三家市级配送中心，将各镇村农药经营店纳入配送体系，镇村农药经营店必须到指定配送中心购货，全市共设立镇村配送站56个，构建起上下贯通的农药直供配送网络。

从山东省农业化学投入品市场监管的形势来看，基本上是按照“省直联合，地市支持，县级执法”的思路，分级负责辖区内农资市场监管。每年年初，山东省农业厅、工商局、公安厅等省直部门联合召开全省农资打假专项治理行动电视电话会议或者农资市场集中整治行动电视电话会议，针对当年的形势，对农资市场经营秩序整顿规范工作进行安排部署。随后，地市级政府按照省里的部署，结合本地实际，对本年度的农资市场工作进行统一安排。各县（市、区）组织力量，落实方案，集中开展执法监管。以安丘为例，该市每年都召开农资市场集中整治工作会议，出台整治行动实施方案，落实市镇两级组织领导机构和执法队伍，从农业、市场监管、公安等部门的抽调80名执法人员，组建综合执法队伍，安排专项财政资金以及专用执法车辆，采取分组分片包干检查的办法，对辖区内农化品生产企业、经营企业、农业化学投入品使用单位和个人进行不间断地执法检查，始终对农资违法行为保持严打高压态势。仅2016年该市市级执法检查队伍就出动执法人员2 738余人次，执法车辆814余台次，检查农药经营户3 146家次、兽药经营户258家次、种植（养殖）基地（场）278个次、生产加工企业362家次。同时，该市还建立了村级农产品质量安全监管员管理制度，在全市的1 229个行政村各聘请1名村级协管员，协助做好农产品生产经营以及农业化学投入品生产经营使用过程的监督，市财政每年给予一定的财政补贴，对本村发现的问题及时告知市镇两级执法监管机构。通过常年集中清查整顿，以及配套设施的监管措施，对农资违法经营行为进行了有效的震慑，提高了经营业户的遵纪守法意识，调动了农资使用单位规范使用的积极性。

（三）加快信息化改造，健全农产品可追溯体系

农产品质量安全贯穿“从田间到餐桌”的整个产业链，包括种养、生产、加工、流通、储存、包装、消费等多个环节，是一个一二三产业高度融合的系统工程。外部性、各环节之间信息不对称性和责任不可追溯性造成农产品市场失灵，这种不可控的农业生产现状是导致我国食品农产品质量安全问题的重要原因之一，必须建立农产品从生产到消费各环节紧密相连的食品农产品质量安全可追溯体系，全面掌控食品农产品各环节生产管理状况。运用大数据、互联网、物联网等信息化手段，建立便捷快速全面的农产品可追溯体系，是当前世界各国实现食品农产品各环节有效控制普遍使用的重要措施。

1. 健全质量可追溯体系，对于保障农产品质量安全具有重要意义

农产品质量安全可追溯体系贯穿农产品的全链条，可有效破解各环节之间信息不对称问题，建立起各环节的质量信息互通机制和质量安全责任潜在惩罚机制，有利于实现质量问题农产品召回、农产品质量安全事件追责，进而保障农产品质量安全。可以说，农产品质量安全可追溯体系是构建国家农产品质量安全体系的重要组成部分，可追溯性是可追溯体系的重要特征。所谓可追溯性就是从供应链的终端（产品使用者）到始端（产品生产者或原料供应商）识别产品或产品成分来源的能力，也就是通过记录或标识，追溯农产品的历史、位置、过程的能力。可追溯体系是可追溯性的实现载体。所谓农产品质量安全可追溯体系就是对农产品的生产、加工、流通、销售等环节进行详细的数据收集和记录，建立整个农产品供应链信息库，应用现代信息技术对信息库数据进行管理，实现农产品供应链环节有记录、信息可查询、流向可跟踪、责任可追究、产品可召回、质量有保障，形成覆盖整个农产品供应链的溯源体系。从内容看，农产品质量安全可追溯体系包括技术体系和制度体系两个方面。技术体系就是利用现代信息管理技术给农产品标上号码、保存相关的管理记录，能够追踪农产品从生产、加工、流通和销售整个过程的相关信息系统，主要包含标志、数据存储、数据采集和传递、信息查询等内容；制度体系就是通过制定相关制度保障追溯系统规范持续运行。当前，世界各国充分利用“大数据”“物联网”等现代信息技术，实现对农产品生产、流通全过程的信息管理，建立全覆盖的农产品质量安全可追溯体系，以加强农产品质量安全全程的可控制。农产品质量安全可追溯体系的使用，将加强农产品质量安全追溯能力建设，强化农产品质量安全追溯管理工作，实现生产记录可存储、产品流向可追踪、储运信息可查询，将农产品从生产到加工直至销售等全过程结合起来，逐步形成产销区一体化的农产品质量安全追溯信息网络，协同实施农产品批发市场索证索票及台账管理的方式，逐步实现规范化、制度化，将管理工作从被动应付向常态管理和源头管理转变。农产品质量安全可追溯体系对于增强消费者农产品安全消费信心、提高农产品生产经营者管理水平、提高职能部门农产品质量安全监管水平、提高中国农产品的国际竞争力、促进现代农业产业体系发展具有重要意义。从 2010 年开始，山东省在青岛、济南、潍坊、淄博、烟台 5 个市开展肉菜流通追溯体系建设试点，基本建立起了电子化的索证索票、购销台账管理模式，通过各流通节点的信息互联互通，形成来源可追溯、去向可查证、责任可追究的

质量安全追溯链条，实现了肉菜质量安全的全过程无缝隙监管，试点成效明显。

2. 从基础环节入手，建立各环节紧密结合的农产品质量安全可追溯系统

20世纪90年代，欧盟为应对陆续爆发的农产品安全事故，特别是席卷整个欧洲的疯牛病危机，开始引入可追溯制度。随后，美国、日本、加拿大、澳大利亚等国家也开始相关研究。建立完善的农产品质量安全可追溯体系，已成为一个国家保障农产品质量安全的重要措施。在国家范围内建立农产品质量安全可追溯体系已成为一种发展趋势，通过建立农产品质量安全可追溯体系，以加强农产品质量安全控制的格局正在逐步形成。2007年、2008年的中央一号文件要求建立健全农产品可追溯制度，2010年、2013年的中央一号文件均提出了农产品质量安全可追溯建设相关要求，包括健全农产品标识和可追溯制度、推进农产品和出口农产品质量可追溯体系建设、健全农产品质量安全和食品安全追溯体系等。2013年12月，中央农村工作会议明确提出“要形成覆盖从田间到餐桌全过程的监管制度，抓紧建立健全农产品质量和食品安全追溯体系，尽快建立全国统一的农产品和食品安全信息追溯平台”。2017年3月，国家食品药品监管总局研究制定的《关于食品生产经营企业建立食品安全追溯体系的若干规定》指出，食品生产经营企业作为食品安全追溯体系建设的责任主体，应遵循企业建立、部门指导、分类实施、统筹协调的四大原则，建立食品安全追溯体系，履行追溯责任，并与食用农产品追溯体系有效衔接，形成覆盖食品农产品整个产业链的可追溯体系。山东省在农产品质量安全可追溯体系创建上，经过了纸质档案记录追溯、现代信息技术追溯两个过程。早在创建出口农产品质量安全示范区初期，山东省就通过建立封闭的农业化学投入品销售使用体系以及严格农产品基地生产记录台账，实现农产品质量安全可追溯，当时的操作需要耗费大量的人力物力资源，建立大量的纸质档案。比如，莱芜制订完善《出口农产品质量安全追溯控制体系管理实施细则》，对农产品生产基地选址、种植养殖、原料来源等各个环节进行详细规定，健全各种追溯文件、记录和档案，实现源头追溯、流向追踪和信息查询。青岛市建立农产品编码制度，指导龙头企业、农民专业合作组织、村委会对农产品进行统一包装标识和编码，完善销售台账、生产日志、收购记录、包装标识、检测报告等记录体系，建立以生产、加工、贮存、包装、流通、销售为链条的农产品质量可追溯体系。昌邑市实行生产资料、技术指导、组织生产、质量检测、收购销售“五统一”管理模式，建立严格的“绿色档案”，基本实现了生产记录可存储，产品流向能追踪、运储信息能查询，产品质量和档次不断提升。五莲县对农业化学投入品采取“统一进货、统一仓储、统一配送、统一标识、统一价格”的“五统一”经营服务体系，建立了“县专营、镇配送”的两级配送体系，形成了“一个关卡流入、一个管道流出”的农资配送模式。招远市按照“产品无缺陷、监管无缺失、出口无投诉”的工作思路，抓好全过程监管，指导农产品生产企业建立了从建厂到产品入库的登记制度、出口农产品编码制度，对出口农产品进行统一包装标识和编码，建立了销售台账、生产日志、收购记录、包装标识、检测报告等记录体系，健全了以生产、储存、包装等为链条的出口农产品可追溯制度。苍山县（2014年恢复旧称兰陵县）以出口企业为依托，帮助指导企业在原料收购贮存、基地种养管理、产品加工包装、成品运输出口等环节建立健全生产记录、用药记录“两项登记”和《生产日志制度》《科学用药制度》《环境监控制度》等“五项制度”，对生产过程每一环节、关键点都进行详细记录，使出口农产品质量安全实现逆向查询。

3. 利用网络技术，创新建立农产品质量安全可追溯系统信息平台

随着大数据、物联网、移动物联网等现代信息技术的飞速发展，山东省通过运用现代信息技术，突出零售终端和生产基地两个重点环节，支持农产品连锁超市、品牌店和农产品生产基地加大投入，采用先进适用的信息技术，建立了“山东省农产品质量安全可追溯信息平台”，完善农产品产地编码信息查询系统，形成纵横连接、关键点控制、逆向追溯的可追溯体系，省级农产品质量安全可追溯信息平台与67个县（市、区）互联互通，实现了农产品质量可追溯体系的跨越。山东检验检疫局以出口企业为主体，在种植养殖基地、种植养殖过程、农业化学投入品采购使用、病虫害防治与疫病控制、收获、储藏、运输、加工、包装、出口各环节操作等方面，利用信息网络技术和信息识别追溯技术，建立了山东检验检疫系统出口农产品质量安全追溯体系，涵盖食品农产品身份识别、动态追溯、口岸识别与查验、内部管理和网络查询等基本信息，提高了检验检疫部门对出口食品种养殖、生产加工、出口、过程监管、口岸查验与追溯信息查询能力，增强了全省出口食品检验检疫监管工作的有效性和针对性。2014年山东省科技厅围绕提升农产品安全保障，充分运用现代信息、数字化和云计算等先进的物联网技术，搭建全省农产品质量安全追溯平台，为消费者提供便捷、廉价、可靠的农产品质量安全信息追溯服务。在寿光蔬菜主产区1 000余个设施蔬菜大棚和威海水产主产区5 000余亩设施养殖场部署了农业物联网远程监控系统，实现了生产全过程监控。依托国家农产品现代物流工程技术研究中心和鲁商集团等优势机构，建立了鲜活农产品物流服务系统，实现物流GPS监管、冷链物流温湿度即时监控及运营轨迹监控、农畜产品质量追溯等。2015年山东省农业厅开发了山东省农产品质量安全监管网，涵盖山东省农产品质量安全信息管理系统、山东省农业投入品监管系统、农产品生产过程追溯监控系统、农产品质量检测监管系统、畜产品质量安全监管信息系统五大系统，形成了覆盖全省的农产品质量可追溯平台。目前，全省2.7万多家农药经营店信息均已纳入农药监管与追溯信息平台，已在36个县（市、区）推行了二维码标识管理试点，初步建成了县级监测数据集中处理的信息化农产品质量安全可追溯平台，消费者通过扫一扫产品包装上的二维码，就能马上查到手中的农产品来自哪里，经过哪些环节等信息，实现农产品质量安全信息互通共享，为探索建立农产品质量安全产地准出制度奠定了基础。2015年5月，淄博市蔬菜办公室与山东理工大学、山东省农业科学院农业质量标准与检测技术研究所和高青县检验检测中心4家单位联合合作，在山东省科技厅的支持下，启动了“基于物联网的蔬菜质量安全溯源关键技术集成与产业化示范项目”创新研究，利用2年时间完成智慧农业集成技术创新，实现蔬菜产品质量从产地到餐桌的信息可追溯，为全国首创一套成熟可推广的质量追溯模式。项目通过集成自主创新的带有无线数据通信功能的农药残留快速检测仪、蔬菜安全溯源、监控和信息服务平台构建等关键技术，建立蔬菜从农业产地到消费者全过程可追溯的质量安全溯源体系。安丘市建立了安丘市农产品质量安全综合监控平台，对农产品的种植养殖、生产加工等各环节全程进行动态监控，并建立实时动态信息档案。早在2010年安丘市就利用互联网技术，开发了“农产品质量安全追溯查询系统”，农产品的施肥用药、播种收获、生产主体等农业生产信息全部实现信息化管理，为农产品建立“身份证”信息，在各大超市、农产品加工企业、标准化基地安装查询机，消费者通过查询机，就能详细掌握农产品的基本信息状况。2015年安丘市又将该系统进行升级改造，运用GPS定位系统，开发了“安丘市食用农产品准出管理系统和二维码收集追溯系统”，对农产品追溯监控实现了精细化管理，实现了更为便捷的终端查询功能，为“安丘农耕”品牌，打上唯一的身份信息。栖霞市针对苹果这个单一品种，开发了“栖霞苹果”产地证明商标查询系统，应用二维码防伪识别追溯系统，实现了“栖霞苹果”从包装到餐桌的全程可追溯，精心打造“栖霞苹果”品牌。2014年10月，山东省政府办公厅印发了《关于加快推进农业科技创新的意见》（鲁政办发〔2014〕37号），提出要重点突破人工智能生产、精准监测控制、农产品药残快速诊断检测等关键技术，综合运用现代网络技术、数据库管理技术和条码技术，实现食品链从生产、加工、包装、运输到存储、销售所有环节的信息查询，建立健全食品质量保障技术体系，推动农产品质量可追溯技术创新。通过财政补贴，推动了现代化信息化农产品质量安全可追溯体系的不断完善，农产品质量安全二维码追溯在全省得到了广泛推广。周村区建立农产品质量安全追溯信息服务平台，统一为重点基地、农兽药店配置条码扫描仪、条形码打印机、身份证扫描仪等设施，做到了农产品质量安全源头可追溯、流向可跟踪、信息可查询。五莲县利用物联网技术，开发了化学投入品进销存追溯系统、田间管理记录系统、二维码查询系统、农技信息服务系统和农产品质量安全信息网的“四个系统、一个网页”农业化学投入品可追溯平台。2017年3月，乳山市构建的“农资一卡通”和“农产品质量监管平台”两大追溯体系，正式运行，该系统覆盖全市15个镇区、600多个村、20余万农户，实现对农产品产前、产中、产后的全程监管，确保从“农田”到“餐桌”的可追溯信息化管理。深化农业投入品管理，推出农资全程可追溯管理系统，包含进销货信息采集、库存管理、经营分析、货源追溯等。通过对进入市场的单件农资产品赋予“身份证”即追溯码，实现一件一码，在全市所有农资店配备农资“一卡通”设备，为农户免费办理会员卡，做到农资刷卡购买、扫码记录、打印小票、追溯管理。从事农药、化肥和种子批发的配送中心采购农资前，先到农安办办理登记备案手续，审核合格后方可从生产厂家采购，并得到采购数量相对应的可追溯条码。配送中心在批发时将追溯条码和农资一并配送给农资店，农资店接货时，扫描追溯条码，完成进货。农资店在销售时，先读取农户的会员卡信息，再扫描加贴在农资上的追溯条码，打印销售小票，完成农资销售交易，拧紧田间农资投入品“安全阀”。质量监管平台全程追溯系统，哪个环节出现问题，都能追本溯源，实现农产品质量安全从田间到餐桌的全程可追溯。在乳山大型连锁超市蔬菜区，消费者通过手机扫描一下蔬菜包装上的二维码，就能看到农事操作、用药信息、加工信息、包装信息、检测报告等详细的蔬菜信息。山东科润信息技术有限公司将我国农产品质量安全监管体系与世界其他国家的监管体系、主要做法进行比较研究，利用物联网、互联网、移动互联网等先进技术，研发了集农产品产地监管、农业投入品监管、农产品加工企业监管、电子地图管理、产品包装和标识管理、风险评估和预警机制管理、信息交流互动平台管理等子系统于一体的“科润农产品质量安全监管追溯综合系统”，把食品农产品生产的全过程纳入监管体系之中，及时掌握各个可能存在安全隐患和出现问题的环节、节点，从信息化、现代化的角度，打造了目前国内最实用、性价比最高的现代化食品农产品可追溯体系平台“追溯宝”，成为全国食品农产品追溯行业的领跑者。

（四）构建多层次培育机制，健全品牌农业引领体系

“品牌”一词源于古斯堪的那维亚语“brandr”，意思是“烧灼”，人们用这种方式来标记家畜等需要与其他人相区别的私有财产。到了中世纪的欧洲，手工艺匠人用这种打烙印的方法在自己的手工艺品上烙下标记，以便顾客识别产品的产地和生产者。16世纪早期，蒸馏威士忌酒的生产商将威士忌装入烙有生产者名字的木桶中，以防不法商人偷梁换柱。随着时间推移和经济社会发展，品牌承载的含义也越来越丰富。被誉为“现代营销学之父”的美国西北大学终身教授菲利普·科特勒博士将品牌定义为一个名称、名词、符号或设计，或者是它们的组合，其目的是识别某个销售者或某群销售者的产品或劳务，并使之同竞争对手的产品和劳务区别开来。品牌是信誉的凝结，是产品质量和标准的背书，好的品牌能够带来产品的溢价。21世纪是一个品牌时代，品牌是转变经济发展与增长方式的重要战略，品牌是企业乃至国家核心竞争力的综合体现，也是经济全球化中重要的要素资源，品牌竞争已经成为当今世界市场经济竞争的主要形式。拥有世界级商标品牌的数量，是一个国家经济实力、综合国力、创新力与竞争力的重要体现。可以说，品牌是21世纪世界各国竞争制胜的战略“法宝”。当前，国际市场已经从“商品消费”进入“品牌消费”。根据国际经验，一个国家人均国内生产总值达到3 000美元时，就开始进入品牌消费时代。2016年，我国人均国内生产总值已达到8 516美元，品牌消费已成为中国居民消费的主流。但我国品牌发展严重滞后于经济发展，拥有的国际知名品牌与世界第二大经济体的地位极不相称，与我国实现现代农业的目标还有很大差距。从2016年12月世界品牌实验室发布的第十三届《世界品牌500强》排行榜数据可以看出，在世界品牌500强排行榜中，美国以占据227席的绝对优势，遥遥领先，占总数的45.4%，英国、法国各有41个品牌入选，并列第二位，日本占据了37个，而我国以入选36个的成绩，名列日本之后，其中，食品与饮料行业仅有中粮、青岛啤酒、茅台三个品牌入选，而这三个品牌虽属于食品饮料行业，但只是农产品的延伸产品，可以说我国农业在世界品牌500强中几乎为零。从总数上来看，虽然我国世界品牌500强的数量名列全球第四位，但是与世界第二大经济体的地位极不相称。从市场需求来看，婴幼儿奶粉代购事件，充分说明我国农业品牌建设的不足，也是我国必须加快品牌建设的有力鞭策。这种大趋势对中国品牌建设带来了新机遇，如何加快“中国产品”向“中国品牌”的转变步伐，充分挖掘品牌蕴藏的巨大商机，确保中国食品农产品在全球新的竞争格局中处于有利位置，成为国家一个全新的战略课题和政策导向。随着品牌意识的增强以及品牌带动效益的巨大力量，品牌建设日益受到党和政府的高度重视，特别是党的十八大以来，从国家领导到国家部委以及地方政府，都将品牌发展提上了新的高度，力促品牌经济实现突破性发展。习近平总书记在系列重要讲话中，多次对加强农产品品牌建设提出“要加强品牌建设，积极争创名牌，用品牌保证人们对产品质量的信心”。2014年5月，习近平总书记在河南考察时，作出了“中国制造向中国创

造转变、中国速度向中国质量转变、中国产品向中国品牌转变”的重要指示。李克强总理在《2015年政府工作报告》中提出“要加强质量、标准和品牌建设”。2015年的中央一号文件《关于加大改革创新力度加快农业现代化建设的若干意见》对“大力发展名特优新农产品，培育知名品牌”作出重要部署。2016年6月，国务院办公厅发布《关于发挥品牌引领作用推动供需结构升级的意见》。从国家领导到国家部委以及地方政府，都将品牌发展提上了新的高度，力促品牌经济的发展。2017年两会期间，李克强总理在政府工作报告中再次强调，加快推进农产品标准化生产和品牌创建，把“加快推进农业品牌建设”作为2017年政府工作的重要部署之一，农业品牌建设受到高度瞩目。2017年中央一号文件《关于深入推进农业供给侧结构性改革加快培育农业农村发展新动能的若干意见》要求“全国农业的发展要从过度依赖资源消耗向绿色生态可持续转变，从主要满足‘量’的需求向更加注重满足‘质’的需求转变”。农业部也于2017年1月发布了《关于2017年农业品牌推进年工作的通知》，决定将2017年确定为“农业品牌推进年”。中央密集出台品牌农业发展政策，是在深入推进农业供给侧结构性改革的大背景下，加快品牌创建，提高农业综合效益和竞争力，促进农业增效和农民增收的有效措施。

从全球农业发展历史来看，世界农业发展均经历了产品由不足到丰富，由一般生产到打造品牌的历程。发达国家凭借一大批品牌产品在国际上彰显竞争实力，特别是近年来以农业品牌产品为主的竞争日趋激烈，日本、欧盟、美国等发达国家在这个领域竞争很激烈，在促进本国经济发展中也取得了显著效益，同时也对我国农产品出口带来了压力，倒逼我国必须推进农业品牌化建设，转变以往我国农产品出口主要依靠“量的积累”到向“质的提高”的跨越。正是因为这种品牌上的差距，在我国生产的产品，加上这些国家的知名品牌后，就会身价倍增，利润提升。山东鲁丰集团生产的冷冻菠菜、黄桃罐头、芦笋罐头等深加工产品，在日本经分装、加贴本国的商标包装后，价格由20元倍增至100元。在国内的运动服装行业里，这种品牌价格优势更为明显。我国的运动鞋代工生产（OEM）生产企业，经耐克贴牌后，在我国国内就可卖到上千元，而同质量的运动鞋，用本企业的商标，价格仅在200元左右；欧美、日本等国家的水果销售到我国，每500克能卖到十几元钱，而我们自己生产的水果，每500克只能卖几元钱，甚至几角钱。如此悬殊的价格差距，并不是因为我国的产品质量不好，而是因为我国在品牌建设上没有跟上去，造成产品国际市场占有率低，缺乏竞争力。在全球经济日趋同质化的新形势下，现代农业到了以品牌建设为着力点的新阶段，加快推进农业品牌建设，是转变农业发展方式，顺应消费结构升级，参与国际竞争的必然选择，是加快推进现代农业的一项紧迫任务。农业发展正面临由传统农业向现代农业转型的紧要关口，农产品消费已进入更注重质量和品牌的历史时期。发达国家在这个时期都将实施农业品牌战略作为重要抓手，从而顺利实现农业发展质量和效益的大幅跨越。我国的传统农业说到底是一种产品农业，粗放式发展，缺乏统一形象和品牌，市场价格和利润空间较低。长期以来，我国的农产品加工企业在国际贸易中普遍采取低价出口策略，用低价竞争的方式，赢得国际市场份额，“低价”成为我国农产品在国际农产品贸易市场上的共同形象。要使我国农产品出口从附加值低的初级原料型产品向高附加值的深加工产成品转变，就必须实施品牌战略，培育和扶持一批质量硬、叫得响的名牌农产品，从整体上提高我国农产品出口的竞争优势。可以说，实施农业品牌战略是建设现代农业、生态农业、可持续发展农业的一项重要内容，也是优化农业供给侧结构性改革，转变农业发展方式，提高农业发展效益和国际农产品贸易市场竞争力的必由之路，加快实施农业品牌战略，大力推进品牌化已经刻不容缓。

所谓品牌农业是指经营者通过取得相关质量认证，取得相应的商标权，通过提高市场认知度，并且在社会上获得了良好口碑的农业类产品，从而获取较高经济效益的农业。品牌农业是现代农业发展的有效载体，是一个国家现代农业发展水平的重要标志和鲜明形象，没有农业自主品牌建设，就没有强大的现代农业。发展品牌农业不仅能够满足不断升级的消费需求、优化农业产业结构、提升农产品的质量水平和市场竞争力，而且是发展现代农业，实现农业增效、农民增收的重要途径。发展品牌农业能够推进农业产业结构调整，实现农业由数量型、粗放型增长向质量型、效益型增长转变，是农民增收的重要途径，也是消费者对农产品生态、安全、营养、健康以及文化要求的热切期盼。发展品牌农业的过程就是实现专业化、规模化、标准化生产的过程，对农业产业化发展、实现一二三产业融合具有重要带动作用。发展品牌农业也是农业供给侧结构性改革的必然要求，有助于推广先进农业技术，引导农业生产要素向品牌产品优化配置，全面提高我国农业竞争力。

当前，我国已进入全面深化农村改革和调整农业经济结构新的历史时期，经济社会发展全面进入新常态，重视农产品品牌建设，突出具有以下 5 个方面的重要意义。一是有利于推进农业供给侧改革。强化农产品品牌建设主要集中在生产环节，要求生产经营者从供给角度出发，加强优质供给、减少无效供给、扩大有效供给，增强供给的灵活性和适应性，提高全要素生产率，更好地满足市场需求。二是有利于推动传统农业转型升级。促进传统农业向现代农业转型升级，不仅表现在生产方式上的机械化、标准化和信息化，更重要的是实现农产品品牌化。换句话说，传统农业的转型升级，就是将无标准、无品牌、无商标、轻包装、难追溯的传统农产品，转变为在现代科技装备下标准化生产、品牌化经营、信息化追溯、电商化销售。三是有利于提高我国农业核心竞争力。在我国农产品市场竞争日趋激烈的大趋势下，谁的产品品质好、品牌响，谁就会最先吸引消费者眼球，并逐渐演变为一种消费习惯，根深蒂固。拥有农产品品牌这块“金字招牌”就等于拥有终极竞争力，招牌还在产品就不会衰，产品不衰企业就会越做越大，企业越大就有越有资本角逐全球市场。四是有利于树立“美丽中国”形象。“美丽中国”的绿色生态除了拥有蓝天白云、青山绿水外，很大程度上还要体现在一批外在形象佳、内在质量优、市场反响好、消费者青睐的品牌农产品上，并通过它们让世界各国认识到优良的自然生态条件下，中国生产的农产品是营养健康的、绿色生态的、安全放心的，为中国农业树立美好的形象。五是有利于农业提质增效、农民增收致富。随着人民生活水平的提高，消费者的品牌意识越来越强，渗透到了生活的各个环节，消费者更愿意也有能力为高品质、大品牌买账。因此，强化农产品品牌建设，不仅能够有效打开销路，而且能够大幅度提高经济、社会和生态效益，实实在在惠及生产者、经营者和消费者。

从 1949 年中华人民共和国成立开始，我国就在向农产品“短缺”宣战，直到 1998 年党的十五届三中全会做出了“粮食和其他农产品大幅度增长，由长期短缺到总量大体平衡、丰年有余”的重要判断，全国农村总体上进入由温饱向小康迈进的新阶段，表明我国农产品供求关系发生了重大变化，主要农产品长期短缺的历史已经结束，我国农业生产进入了从单纯重数量到数量质量并重，从单纯重生产到产销并重的重大转变。与此同时，随着我国农产品市场对外开放程度的大幅提高，国外农产品进口数量明显增加，对于我国农业发展带来了巨大压力。在国内外农产品供需发生根本性变化的双轮驱动下，我国农产品市场竞争开始加剧。进入 21 世纪，特别是在 2005 年以来，通过品牌建设引领市场营销，已成为提升现代农业发展水平的重要引擎，成为广大市民放心消费农产品的信心基石。正是在这个大背景下，我国农业品牌建设迈开了发展步伐。但总体上看，我国品牌农业的思想体系尚未建立，农业品牌制度体系尚未健全，缺少统一、系统的规划组织和引导。品牌农业还处于产品多、品牌少，普通品牌多、知名品牌少，代表国家形象的的农产品品牌尚未形成，特别是缺乏一批影响全球的知名品牌，品牌影响力还很有限，创造经济效益的能力不强，国际化程度不高，最多是“小荷才露尖尖角”，与农业生产和农产品贸易大国的地位不相匹配。2013 年 12 月，中共中央召开的中央农村工作会议指出，要大力培育食品品牌，用品牌保证人们对产品质量的信心。这是基于农业乃至整个国家经济社会发展阶段做出的重大判断，也是对农业及整个食品行业发出的动员令和冲锋号，更昭示着农业生产经营者必须在新形势下，在自身发展战略中，把品牌放到更高的位置。可以说，提高品质，创建品牌是实现农业提质增效的重要抓手和有效途径，这是一条市场经济的路子，是一条生态环保的路子，也是一条产业振兴的路子。

在国家大力实施农业供给侧结构性改革、全球经济一体化加剧以及国家农业发展进入新业态的大背景下，中央已从顶层设计对农业品牌提出了系统规划，为构建农业产业化经营、农业品牌化建设提供了机遇和发展空间。虽然我国品牌农业起步较晚，但是发展快，潜力大。目前，我国涉农商标从 2008 年的 60 万件，迅速增长到 2016 年的 1 300 多万件，不到 10 年的时间翻了 20 多倍。山东省作为一个农业大省，农业结构齐全，区位优势明显，是我国重要的农产品生产基地，产量和质量均名列全国前茅，更有“世界三大菜园”之称，全省蔬菜有 100 多个种类、3 000多个品种，70%以上销往省外，出口量占全国的 1/3。尽管如此，多年来，山东农业也与我国的其他行业一样，存在品牌缺陷，始终处于“有口碑、缺名牌”的窘境之中，人们耳熟能详的农产品品牌屈指可数，更多农产品仍处于“养在深闺人未识”的状态，像莱阳梨、烟台苹果、安丘大姜、苍山大蒜、潍县萝卜等许多优质农产品虽然名声在外，但缺乏品牌意识，分散经营，各自为战，仍然停留在价格竞争阶段，品牌优势得不到充分发挥，优势农产品的溢价能力有限。农产品品牌建设的欠缺，已成为山东农业参与市场竞争的一大软肋。近几年来，虽然山东省在农业品牌建设上下了大力气，发展迅速，成效也比较显著，涌现了众多的农业名牌品牌，但是真正具有优势的自主品牌不多，特别是仍然缺乏在国际上叫得响的品牌，品牌创造经济效益的能力不强，带动作用还不够明显，农产品品牌企业及其产品的市场占有率不高，与农业大省的地位极不相称，与发展现代农业的要求还存在较大差距，突出表现在以下5个方面。一是农产品整体品牌形象有待于重塑。山东是农业大省，由于对农产品品牌建设认识不到位、产区各自为战、企业恶性竞争、政府部门职能不清等原因，导致高产量低效益、大产业小合力、有口碑无名牌等问题日益凸显，出口农产品多以贴牌为主，自主品牌竞争力不强，优质农产品在市场上难以形成鲜明的形象。二是品牌农产品标准化体系有待于完善。山东省农产品数量充足，但标准化程度低，已成为拓展国内外中高端市场的瓶颈。标准缺失使农产品质量安全监管缺乏执法依据；部分标准的技术内容陈旧、制修订工作滞后，导致不少农业标准推广实施的可操作性差；对已制定标准的宣传贯彻和推广实施力度不够，导致农业标准化的覆盖面有限，制约了农业标准化发展。三是品牌农产品评价体系有待于建立。截至2017年，全省农产品注册商标已达7万多件，但是企业多是重注册认证、轻开发培育；各级政府部门主要通过注册商标及“三品一标”① 认证数量来评价衡量当地农产品品牌建设工作优劣，缺少科学系统的品牌产品评价方法。四是品牌农产品营销推广体系有待于拓展。多年来，山东省主要通过举办或组织参加国内外农产品交易会、博览会、高层论坛等传统营销推广方式，亟须构建“线上与线下相结合、整体品牌形象塑造与渠道营销紧密结合”的营销推广体系，推动全省品牌农产品长期稳步开拓国内外市场。五是农产品品牌政策体系有待于整合。目前，山东省农产品品牌培育财政资金支持力度弱、品牌农业人才匮乏、相关政府部门之间尚未真正形成合力、市场保护监管不到位、缺乏权威的农产品品牌信息发布渠道，导致农产品品牌在消费者中公信力不足等诸多问题亟待解决。

山东农业发展历史悠久，在长期的农业种植养殖管理过程中，在勤劳朴实的山东人民辛勤劳作、不懈探索下，形成了一批享誉中外的特色农业种植区域布局和知名农产品品牌，为全省农产品品牌建设奠定坚实的基础。但是与国际知名品牌相比，还有很大差距，依靠品牌带动出口的能力还不够强大。从近几年来山东农产品国际市场开拓情况来看，山东省农产品出口还是以提供原料型和贴牌生产为主，企业以自主品牌出口的比例偏低，产品附加值不高。根据有关部门对全省500家出口生产企业品牌建设的调查显示，拥有自主品牌的企业约占被调查企业的8%，拥有国外品牌的占26%，无品牌的占66%，出口自主品牌货值仅占出口货值的15%。比如，2013年全省出口保鲜类蔬菜248万吨、货值19.8亿美元，但是以自有品牌出口却不到20万吨、货值2.2亿美元，仅占11.35%。正是因为存在这种明显差距，充分说明山东农业在品牌农业培育壮大上，还有具有巨大的发展空间。基于这一现状，从21世纪初开始，山东省围绕农业品牌和品牌带动能力相对不足的问题，急起直追，加倍努力，在品牌农业上狠下功夫，对农业品牌建设作出新的重大部署。近几年来，山东省以加快调结构转方式和推动农业供给侧结构性改革为主线，以提升我国农业的竞争力为目标，按照人无我有、人有我优、人优我特的品牌农业发展思路，坚持政府推动、市场引导、行业促进、企业为主、社会参与的基本原则，通过创建出口农产品质量安全示范区，大力实施农业品牌发展战略，积极打造在国内外具有较高知名度和影响力的山东农产品整体品牌形象，培育一批区域特色明显、市场知名度高、发展潜力大、带动能力强的农产品区域公用品牌和企业产品品牌，

① “三品一标”指绿色食品、有机产品、无公害农产品及农产品地理标志。

逐步构建以山东农产品整体品牌形象为引领，区域公用品牌和企业产品品牌为主体的农产品品牌体系，形成标准化生产、产业化运营、品牌化营销的现代农业新格局，着力提升农业档次，稳定和增强农业市场竞争力，扩大农产品出口，增加农民收入，实现由农业产量大省向农业品牌大省的转变，烟台苹果、龙口粉丝、章丘大葱、胶东海产品等一大批具有明显地域优势和特色的名牌农产品破土而出。

一是政府政策扶持，形成全社会打造农业品牌的合力。一个品牌的发展，需要过硬的质量为基础，同时需要不断提升认知度、知名度、满意度和美誉度。农产品品牌创建同样也是一项庞大的系统工程，更是一个持久不息的工作过程，涉及面广，工作量大，特别是前期投入比较大，投资回收期长，既需要完善的配套设施，也需要大量的资金和相关主体的积极参与，单靠某一个企业、某一个社会组织的力量，品牌培育的难度比较大，必须充分发挥政府主导作用和企业主体作用，广大媒体以及社会各界共同参与，形成支持农产品品牌建设的强大合力，才能有效地培育打造一个有价值的品牌。围绕品牌培育推广资金需求量大的问题，山东省采取项目支持、财政奖补、贷款贴息、融资担保等手段，支持企业培强做大农业品牌。最早实施农产品质量安全示范区创建工作的安丘，2009 年就出台了《关于加快推进全市品牌农业发展的意见》（安办字〔2009〕30 号），通过扶持奖励、绿色认证、加大宣传等手段，引导生产主体注册商标，并不断加大质量认证力度，积极开展无公害农产品、绿色食品、有机食品认证，着力打造安丘品牌，促进产业升级。早在 2005 年山东省就制定了《山东省名牌发展规划》，正式颁布了《山东名牌农产品认定管理办法》，2008 年通过实施扶持农业龙头企业发展的农业产业化“515”工程，投入财政与信贷资金 100 亿元，支持龙头企业发展一批农业品牌。但是这个时期的农业品牌建设，主要是以商标注册、“三品”认证为主。从 2014 年开始，山东农业品牌建设走上了“快车道”。2014 年 1 月，山东省委书记姜异康在山东省农村工作会议上首次提出“农产品品牌”概念，强调全省要大力培育农产品品牌，努力创建全国农产品和食品消费最安全、最放心地区。2014 年和 2015 年连续两年的山东省委一号文件明确提出要“实施品牌引领战略”。2015 年 5 月，山东省政府出台《关于加快推进农产品品牌建设的意见》（鲁政办字〔2015〕80 号），提出以“齐鲁灵秀地、品牌农产品”为主题，以“打造山东农产品整体品牌形象，培育区域公用品牌和企业产品品牌，制定山东农产品品牌目录、构建品牌农产品营销体系”为主要内容的“四个一”目标，按照“企业主体、政府引导、专家指导、部门联动、社会参与”的农产品品牌建设机制，全力推进品牌农业大突破，实现农业大省向品牌大省的转变。2016 年山东省委一号文件《关于以新理念引领现代农业发展加快实现全面小康的若干意见》指出，要实施农产品品种品质品牌提升行动，开展国家有机食品生产基地创建工作，到 2020 年“三品一标”认证产品数量达 10 000个，知名区域公用品牌达 50 个以上。2016 年 6 月，时任山东省政府省长郭树清在山东省品牌建设大会上强调，未来要着力提高创建、维护传承品牌的素质和能力，推动山东品牌建设再上新水平。2016 年 9 月，山东省人民政府下发了《关于印发山东省农产品品牌建设实施方案的通知》，就加快推进全省农产品品牌建设提出具体实施路径，促进农业提质增效转型升级，推动农业大省向品牌大省转变。2016 年 11 月，山东省农业厅召开山东省农业品牌整体形象发布会，公布了山东省首批品牌农产品专营体验店名单，以及山东省首批知名农产品区域公用品牌和企业产品品牌名单，安排部署提升农业品牌化水平，推进全省由农产品生产大省向农业品牌强省转型升级。2017 年 2 月，山东省政府发布的《山东省“十三五”农业和农村经济发展规划》指出“要培育一批区域特色明显、市场知名度高、发展潜力大、带动能力强的农产品区域公用品牌和产品品牌”。济南市制定出台了《现代农业特色品牌基地建设规划》《关于加快推进农业品牌化建设的意见》等文件，设立专项资金，2012 年评选认定出 30 个济南市名牌农产品和 10 个济南市农产品区域公共品牌，塑造出章丘鲍芹等一批特色突出、效益明显的品牌农产品，使农产品价格得到溢价。2013 年临沂市政府出台了《关于加快提升沂蒙优质农产品基地品牌建设水平扩大“生态沂蒙山、优质农产品”品牌影响力的意见》，市财政设立优质农产品基地品牌建设专项资金，用于优质农产品示范基地建设补助、生产基地创建奖励、品牌创建奖补。2015 年青岛市政府制定了《关于加快发展品牌农业的实施意见》，以“美丽青岛・品牌农业”为主题，完善农业品牌培育和保护机制，加快发展国内国际知名的农业产品品牌、企业品牌和区域公用品牌，打造特色农业“品牌之都”。通过打造利用区域公用品牌，品牌的溢价效应，也取得了显著成效。平度市的“马家沟”芹菜早在注册商标前，这里的芹菜就因质量好、叶茎嫩黄、清香酥脆、营养丰富，而深受当地群众喜爱，但当外地客商闻讯赶来洽谈采购时，却发现这里的芹菜没有自己的商标，在当前激烈的竞争环境中，很难进入高端市场。受外部推动和经济利益的驱动，在当地工商部门指导下，本地村民注册了“马家沟”芹菜商标，并开展芹菜种植技术创新，进行产业化经营，扩大对外宣传，增加产品附加值，打响产品知名度，“马家沟”芹菜被评为中国驰名商标。通过品牌的培育，提升质量，“马家沟”芹菜的市场竞争力和溢价能力迅速提升。在当前国内大众化芹菜每千克只有几元钱的情况下，“马家沟”芹菜却卖到了 120 元/千克高价，高出同类芹菜价格的几十倍，品牌的溢价效应明显。

二是打造区域公用品牌，提升山东农产品整体品牌形象。区域公用品牌作为品牌的一种重要类型，发展区域公用品牌，不仅能带动当地经济发展，实现脱贫致富，还能让世人了解各地特色优势产业，为自身贴上独一无二的标签。农产品区域公用品牌是指特定区域内相关机构、企业、农户等主体所共有的，在生产地域范围、品种品质管理、品牌使用许可、品牌营销与传播等方面具有共同诉求与行动，以联合提供区域内为消费者的评价，使区域产品与区域形象共同发展的农产品品牌。近年来，山东省通过政策扶持、总体规划，系统安排部署农产品区域公用品牌的培育创建工作。2015 年 5 月，山东省政府出台的《关于加快推进农产品品牌建设的意见》指出，要打造山东农产品整体品牌形象，明确了区域公用品牌规划、品牌培育、质量安全、科技创新等评价内容，并进行指标量化，全省各地立足区域特色、优势产业，深入挖掘自然禀赋、人文历史等资源潜力，培育具有核心价值、独特价值的优势区域公用品牌，大力发展高效特色农业和区域特色品牌，到 2020 年，培育知名区域公用品牌 50 个，从省级层面加大了农业品牌创建力度。2016 年 11 月，举办了“齐鲁灵秀地・品牌农产品”山东农产品整体品牌形象发布会，这是在全国范围第一家发布省级农产品整体品牌的范例，有力提升了山东农产品品牌形象。临沂市推出了“生态沂蒙山・优质农产品”区域公用品牌，聊城市推出“聊·胜一筹”区域公用品牌，淄博市推出了“齐民要术·上乘农品”区域公用品牌；济宁市以“孔孟之乡、长寿三宝”为引领，积极打造品牌农业。博山区出台了《博山区地理标志证明商标发展规划》，围绕“注册一个商标，树立一个品牌，带动一方产业，致富一方百姓”的目标，结合主导产业、优势产品，每年都做好地理标志产品申报和商标认证工作。2016年山东省农业厅制定了《山东省农产品知名区域公用品牌评价办法》《山东知名农产品品牌目录制度管理办法》和《山东农产品品牌整体形象标识授权使用管理办法》。2016年11月，经县市逐级推荐、网络投票、专家评审、社会公示等程序，山东省评选出烟台苹果、胶东刺参、日照绿茶、苍山大蒜、昌乐西瓜、黄河口大闸蟹等首批10个“山东知名农产品区域公用品牌”，并授权使用山东农产品整体品牌形象标识。山东省已经创建培育了烟台苹果、莱阳梨、潍县萝卜、金乡大蒜、章丘大葱、沾化冬枣、大泽山葡萄、峄城石榴等300多个区域公用品牌，其中有20个进入全国农产品品牌百强榜，有17个被列入《中国农产品区域公用品牌价值排行榜》百强，上榜数量居全国首位。烟台苹果连续8年蝉联中国农产品区域公用品牌果业第一品牌，品牌价值达到126.01亿元；烟台大樱桃稳居国内樱桃产业第一品牌，被评为中国农产品区域公用品牌网络声誉50强；威海刺参连续6年被评为最受消费者喜爱中国农产品区域公用品牌，连续7年蝉联水产品品牌价值冠军。金乡大蒜、苍山大蒜、黄河大闸蟹等品牌价值均超过50亿元，滕州马铃薯、曲堤黄瓜、青州花卉等一大批新兴区域公用品牌也迅速崛起。知名农产品区域公用品牌在带动区域经济发展和农民增收致富以及带动出口创汇等方面发挥着越来越重要的作用。依靠区域公用品牌的带动，山东省在全国率先实现苹果和砂梨出口美国，烟台大樱桃成为首个出口中国台湾的大陆水果品种，鲜梨开始出口以色列，烟台苹果开始出口智利。据统计，2016年山东农产品出口额居前的依次是水海产品、蔬菜、果品、肉食品和花生及制品，占出口总额的82%，其中，蔬菜出口123.2亿元，增长21.4%，水果出口39亿元，增长27.9%，蔬菜与水果两者合计拉动农产品出口增长6.8个百分点，烟台苹果、蒙阴蜜桃、寿光蔬菜、苍山蔬菜等区域公用品牌发挥了骨干作用。

三是充分发挥企业的主体作用，努力打造以品牌价值为核心的新型品牌企业。品牌是企业的重要无形资产，是企业最有价值的无形资产，是打造一个名牌企业的基础，它对于推动企业发展和促进商品销售有着重大作用，也是促进市场经济发展的重要驱动力。当今社会，品牌代表着消费者对产品及其服务的认知认可程度，已成为各类企业参与市场竞争的敲门砖和吸金石。未来的营销大战将会是品牌争夺市场主导地位的竞争，是一场品牌争夺之战。企业作为品牌创建与使用的主体，承载着品牌创建、宣传、推广和使用的主体功能，必须发挥企业的主动性，龙头企业更要做农业品牌创建的先行者，龙头企业运用品牌的力量，促进农业提质增效、转型升级和农业供给侧结构性改革。从政府层面来看，政府必须引导企业走品牌发展之路，在品牌培育上给予企业更多的政策扶持和支持。从企业层面来看，虽然品牌创建难度大，不可能一蹴而就，但对于一个企业来说，品牌前景无限，经济效益巨大。从企业主层面来看，一个企业要创建品牌，走品牌发展之路，企业主必须从思想上认识品牌的重要性，企业主带头打造品牌。通过商标注册、质量管理、品牌培育、文化挖掘和科技创新等手段，创建自主品牌，打造以品牌价值为核心的新型农业企业，进而提高企业的市场竞争力。但是，一直以来山东省农业品牌企业及其产品的市场占有率不高，真正具有竞争优势的自主品牌不多，国际知名品牌更是少之甚少。据统计，目前山东省规模以上食品农产品加工企业超过9 400多家，但是年出口额在500万美元以上的企业只有20%，大多数企业属于中小型企业，资金有限，技术薄弱，设备落后，研发投入不足，成为产业结构调整和自主品牌创建步伐缓慢的直接因素。从近几年来山东省实施的品牌农业创建之路来看，年年都把企业创建品牌、使用品牌列在突出位置，提出了一系列要求，也落实了大量扶持政策，企业也充分发挥主动性，在品牌创建培育上发挥了更为重要的主体作用。2013年8月，山东省农产品产销协会组织举办“中国农产品食品10万亿商机暨农业品牌建设济南论坛”，就企业如何在食品安全新背景下，实现品牌聚变以及如何加快山东农业品牌建设等进行专题研讨交流。2015年5月，山东省政府出台《关于加快推进农产品品牌建设的意见》（鲁政办字〔2015〕80号）提出，打造培育一批粮食、油料、果品、蔬菜、食用菌、茶叶、中药材、畜产品、水产品十大产业知名企业产品品牌。2016年10月，举办“中国（山东）品牌农产品交易会”，致力于树立优质农产品品牌，提升优质农产品形象，推广品牌农产品市场服务。2016年11月，评选出龙大集团、鲁花集团、中基集团等100家企业产品品牌为“山东省首批知名农产品企业产品品牌”。目前，山东省分别有45家和258家企业进入国家级和省级龙头企业行列，获得出口食品卫生注册登记证书的企业占全国的22.7%，获得国外注册的食品生产企业占全国的24.35%，已有500多家企业生产的600多个农产品获得了“山东名牌产品”称号。涌现了“鲁花”“龙大”“张裕”“得利斯”“金锣”“鲁丰”等涉农知名产品品牌。截至2016年年底，山东省“三品一标”产地认定面积4 305.39万亩；认证并有效使用“三品一标”标志企业达3 439家、产品7 402个。其中，无公害农产品企业达1 704家、产品3 473个，居全国第五位；绿色食品企业达1 498家、产品3 590个，居全国第一位；有机食品企业达53家、产品155个，居全国第五位；登记农产品地理标志单位、产品总数达184个，居全国第一位。

四是强化品牌宣传推介，稳步提升山东农业品牌形象。宣传推介是扩大品牌知名度，提升品牌影响力的有效方式。“无传播，不品牌”，再好的品牌策划，没有落地传播就等于空白。农业品牌相对其他品牌具有公益性、弱质性和特殊性，品牌主体相对较弱，对品牌的营销推广能力有限，在市场竞争中多数处于弱势地位，依靠自己培育品牌的能力严重不足，需要全社会力量的支持、推广和保护。在农产品品牌宣传推广中，山东省以政府为主导，以互联网、电台、电视台、报刊为平台，以车站、港口、机场为节点，以山东农产品整体品牌形象为引领，充分利用主流媒体资源、各类国内外品牌专业展会、新闻发布会、节庆活动，联合各地优势区域公用品牌及龙头企业产品品牌，在国内外进行联合推介、捆绑式宣传推广，传统媒体与网络新媒体同步，宣传与营销并重，构筑山东品牌农产品国内外宣传网络，大力实施农产品整体品牌形象塑造工程，初步形成了“搭建活动平台发布，举办节会汇聚人气，利用各类媒介传播”农业品牌宣传模式。滨州、聊城、德州等主动对接京津冀，优质农产品打入北京市场；泰安、临沂、德州、潍坊等市依托泰山农博会、苍山菜博会、乐陵枣博会、寿光菜博会等知名展会平台，积极组织开展山东品牌农产品宣传推介活动，充分利用传统媒体，搞好农产品品牌宣传策划，大力提升山东品牌农产品社会知晓率。加强与机场、港口，以及央视、人民日报、经济日报等传统权威主流媒体合作，对全省农产品品牌建设进行专题报道与推介，培育发展农产品品牌，提高品牌社会知晓率。烟台市在中央电视台 CCTV-1“精品套”投放广告，全方位开展烟台苹果的品牌推介，打造国家级品牌。聊城市在北京电视台投放广告，大力宣传“聊·胜一筹”品牌。临沂市通过电视、高铁、路牌、微信等多渠道宣传“生态沂蒙山、优质农产品”品牌，淄博市在《品牌与消费》杂志开辟专栏，通过介绍地理标志知识，开展商标战略征文等形式，宣传品牌。山东景芝酒业股份有限公司与山东航空集团有限公司合作，冠名两架“好客山东·景芝号”波音 737 飞机，“景芝”在白酒行业首次开启“东西方工匠精神”交流活动。农产品区别于工业产品的特征之一，就在于地域性强，农产品品牌往往蕴含了一个地方的风土文化和历史传承。丰富品牌形象，提升品牌价值，借助品牌文化的传播，着力打造各具特色的区域品牌形象，打造农业品牌不失为一种有效的品牌创建思路。淄博是齐文化的发源地，《齐民要术》的诞生地，淄博市以此为文化基点，确定了“齐民要术·上乘农品”淄博农产品整体品牌形象，在淄博报业传媒集团、淄博市广播电视台等媒体大力宣传。通过开展“山东品牌农业年度人物评选活动”，挖掘品牌农业人物典型，以人为媒，丰富品牌农产品形象，升华山东品牌农产品的精神气质与文化内涵。日照市为提升日照绿茶品牌影响力和市场占有率，以旅游丰富品牌内涵，创新开发了“日照百里绿茶长廊”，建设了一批各具特色的茶叶生态园、茶文化风情园、茶叶生态度假村、茶叶博览馆等茶文化旅游景点。平度市每年都举办马家沟芹菜文化节，并组织马家沟芹菜烹饪美食大赛。

五是搭乘“互联网+”，推动农业品牌新旧动能转换。品牌农业的发展离不开发展模式的创新，模式创新是企业营销服务环节的流程再造，品牌建设是涵盖产品质量技术的综合体现，模式创新与品牌建设这两者恰恰是“微笑曲线”的两端，决定着企业的综合竞争力，抓好这两个关键环节，就等于抓住了传统产业转型发展的根本。在“互联网+现代农业”蓬勃发展的时代背景下，山东省充分利用互联网信息涵盖量大、辐射范围广、传播速度快的技术优势，大力实施互联网品牌建设工程，加快传统产业转型升级，加快培育新兴产业，加快推动产业跨界融合，通过实施新技术、新产业、新业态、新模式“四新”，实现产业智慧化、智慧产业化、跨界融合化、品牌高端化“四化”，增创产业发展新优势。在推动农业品牌新旧动能转换上，山东省吹响了新一轮品牌培育战略的集结号。2017 年 5 月，山东省以“网聚新动能　品牌高端化”为主题，召开了“互联网+品牌”高峰论坛暨服务资源对接会，按照“政府引导、企业主导、市场运作、品质取胜”的原则，着力打造一批在全国具有影响力和市场竞争力的网络知名品牌。加强与人民网、凤凰网、大众网等权威互联网新媒体合作，对全省农产品品牌建设进行专题报道与推介，通过与新浪、腾讯、搜狐等消费者关联度高的社会化网媒，开展与消费者网民的互动传播，利用营销网络体系，加大宣传力度。深化与阿里巴巴、苏宁、京东电商平台的合作，采取“一企一策”“一品一策”方式，制订电商运营方案，推动外贸产品内销品牌、传统产品网络品牌的塑造，促进电商品牌的培育和发展。在当前信息科技高速发展的今天，互联网与农业农村融合，发展农村电商，打通信息阻隔，畅通流通渠道，激活农村市场和农民的创业活力，是新常态下贯彻党的十八届五中全会提出的“创新、协调、绿色、开放、共享”五大发展理念和推进农业供给侧结构性改革的必然要求，对突破城乡二元结构，推动农业升级、农村发展、农民增收意义深远。随着电子商务向农村的不断渗透，鼓励引导农民，在一些有着传统特色产业的乡村，支持鼓励农民积极开设网店，通过网络直销特色产品，个别乡村网店呈现出了遍地开花之势，带动了特色优势产业规模快速增长，形成了所谓的“淘宝村”。加强与淘宝网“特色中国馆”和“在线产业带”项目合作，在淘宝网上建立了山东馆、临沂馆、烟台馆、潍坊馆等十几个特色馆。推动山东优秀跨境电商企业与阿里巴巴、敦煌网、谷歌等知名电商企业开展线上合作，打造线上山东品牌体验中心。在阿里巴巴平台上，威海建立了威海渔具产业带、中国海洋食品专业市场和威海工艺家纺专业市场3个“在线产业带”，利用“在线产业带”，有效提高了区域农产品网上知名度和销售收入，培育了一批农产品品牌，壮大了特色产业。位于聊城市的山东新凤祥集团抓住山东省与阿里巴巴、京东合作的机遇，围绕产品定位、品牌建设、渠道选择等方面，迅速与天猫、京东等网络平台对接，借助电子商务平台催生塑造“优形”电商品牌。2016年，山东新凤祥集团开发设计的“优形”电商品牌，从精准策划，上线运营，仅用不到一年的时间，就在天猫超市、京东生鲜、我买网和1号店等国内主流电商平台，累计销售1 000万元，销售额实现月均滚动增长50%的良好业绩。栖霞市柏军果品专业合作社在天猫商城开设“霞谷献珍”旗舰店，网上销售大樱桃70多万斤（1斤=0.5千克），单日最高业务达6 000件。全省涌现了沂蒙公社、清田果蔬、泉源食品、安丘农耕等多家农产品电商品牌，在淘宝网等国内电商平台建设网络店铺超万个。

六是打造国际知名品牌，推动农产品出口模式转型升级。出口农业作为山东农业的突出优势之一，长期以来一直依靠价格优势争夺国际市场份额，创汇效益较低，这种传统的外贸出口模式已经难以适应国际市场发展的需要，必须针对目标市场创建培育国际知名品牌。鉴于全球性国际知名品牌不足的问题，山东省积极引导农产品出口企业强化国际品牌意识，以打造国际知名品牌为目标，积极开展境外农产品品牌宣传推广行动，支持鼓励企业到国外注册商标，加快培育农产品国际自主品牌，大力实施山东名牌农产品国际市场拓展工程。山东省在培育打造国际知名品牌过程中，主要采取企业自主培育与政府境外宣传两种模式。

第一种模式是企业加大走出去力度，培育壮大企业自主品牌。早在2007年，国家工商总局领导在太原召开的“信用·品牌与山西科学发展论坛”上就强调，“我国农产品出口企业应当走出国门，到国外注册自己的品牌，利用商标的知识产权强化竞争力”。在出口农产品质量安全示范区建设中，山东省以品牌为核心，加快培育农产品出口国际竞争新优势，支持骨干优势企业，通过股权并购、合资合作等方式，走科技创新、商标运用与品牌提升的融合发展之路，加快推动创新成果向国际自主品牌转化，改变传统的原料型农产品出口模式，加快产成品研发，引导农产品出口企业通过自创、收购、代理、租借国际品牌等模式，打造国际知名品牌，创建国际知名企业，加快农产品出口行业向价值链高端延伸。山东省商务厅开通了山东省国际自主品牌建设服务平台，为企业打造国际自主品牌提供便捷的服务。出口企业以品牌开拓国际市场，特别是开拓新兴市场能力得到强化，连续两年对巴西、中东、拉美等国家和地区的出口增幅均超过20%。烟台的泉源果品有限公司公司利用德国的FRESCA品牌将苹果销往荷兰，打开了欧洲市场；栖霞德丰食品有限公司利用新加坡的SUNMOON品牌，在新加坡市场提高了20%的订单。蒙阴蜜桃在2015年成功进入迪拜市场后，先后进入西亚、东南亚和中东市场，打破了美国桃在这些高端市场的垄断。烟台苹果凭借“中国驰名商标”这一金字招牌，于2015年首次进入美国市场，目前市场已扩大到东南亚多个国家及加拿大、澳大利亚等国家。山东水晶生物科技有限公司在韩国注册了“杨柳”“三孔”商标，依靠品牌，泗水粉条占据韩国市场半壁江山。蓬莱佳味食品有限公司的“佳味”牡蛎系列产品占全国出口日本市场的75%。蓬莱京鲁渔业有限公司生产的“京鲁远洋”系列产品在欧美、日本等国际市场上知名度高，年出口额达1亿美元。“新秀”“味美”等10多个输韩泡菜品牌在韩国占稳市场，年出口韩国泡菜20万吨，占全国出口韩国泡菜总量的90%以上。目前，山东省已经培育了年出口额超过1 000万美元的国际知名自主品牌53个，“九联”“GOLDEN ROCK”“GOODFARMER”“东方海洋”“凤祥”“佳农”“柳絮食品”等品牌深受国外市场欢迎。

第二种模式是政府加大境外宣传力度，培育壮大区域品牌优势。山东省围绕“一带一路”、自贸区市场和重点国际市场，利用高层访问、国际会议、境内外展览会等机会，组织企业赴海外加大山东农业品牌国际宣传推介力度，举办“山东品牌环球行”系列活动，设立集展示、体验、销售、订货为一体的山东品牌农产品展示营销中心，构建销售网络，建立跨境电子商务平台。目前，山东已在匈牙利、印度尼西亚、韩国、美国、南非等国家设立山东品牌产品展示（销）中心。支持农业企业在欧美、日韩等传统市场建立公共海外仓、产品分拨中心，健全品牌产品海外营销渠道，融入境外零售体系。多次举办山东国际现代农业博览会、山东国际农业科技博览会等推介会，赴英国、意大利、阿根廷、荷兰、日本、东盟、中东欧等发达国家和地区举办山东名优农产品推介展览会，进一步塑造山东农产品国际品牌形象，提升山东农产品的国际知名度和市场竞争力。支持推动优秀跨境电商企业与阿里巴巴、敦煌网、谷歌等知名电商企业开展线上合作，打造线上山东品牌体验中心，利用跨境电商平台，打造国际知名品牌。通过设立国际品牌展示中心、召开国际展览会、创新品牌营销新模式、与国际跨境电商合作，山东农业国际品牌在国际市场上认知度逐步提高。2015年10月，2 000吨蒙阴蜜桃成功运抵迪拜阿里港，先后打开了西亚、东南亚和中东市场，打破了美国桃在这些高端市场的垄断。就这一年，烟台苹果、大樱桃、鲜梨等区域性优势农产品相继打开了中国台湾地区和新加坡、美国、以色列、智利等国际市场。这也是山东农产品借助品牌的力量，走出国门、走向国际的一个缩影。

七是加强市场监管，建立保护品牌的良好社会环境。打造一个著名的品牌非常不容易，需要多少年不懈的奋斗和努力的积淀。但是若要毁坏一个品牌，只要在极短的时间内，因为个别的负面事件，就会造成信任危机，从而彻底让品牌消失。曾经引领中国乳制品产业之一的三鹿集团，就是因为一个安全事件，一夜之间彻底灰飞烟灭。同时，品牌一旦有了知名度，山寨和假冒产品就会随之而来，也会影响品牌的美誉度，损害品牌的形象。在当前我国诚信道德意识还不够完善的情况下，一些不法分子为了自身利益，采取以次充好，偷梁换柱，直接影响到品牌的发展。经过多年的努力，山东省已经形成了一大批具有地方特色的农产品品牌，但是大部分品牌的竞争力不够强，影响力还只是在局部，跨省区域的品牌不多，国际知名品牌更是少之甚少，一些本来具有优势的品牌，但是因为保护机制不健全，被一些假冒伪劣的产品损坏市场声誉，导致这些品牌只是名噪一时，昙花一现。有的品牌因受假冒伪劣产品的影响，在社会上引起了巨大的风波。安全放心的品牌农产品既需要生产，又需要严管，做好品牌的管理维护，是放大品牌效应的关键。如何保护农产品品牌保护成为农业品牌发展之路上无法绕过的一个“门槛”。在农产品品牌保护和监管上，山东省主要采取以下几种形式。第一，建立农产品品牌舆情预警机制，委托第三方专业团队，实施网络舆情实时监控，及时处理、化解舆情危机，为农产品品牌建设营造良好的舆论氛围和口碑环境。第二，监管部门严格执法，加强市场监管，依法保护品牌主体的合法权益。要不断加大执法力度，严格依法依规打击生产销售假冒伪劣品牌农产品的行为，净化农产品市场。实行山东农产品整体品牌使用的授权和监管办法，对认证和授权的品牌产品实行动态监管，建立市场准入和退出机制。加强“三品一标”认证管理，健全认证机构，完善管理制度，规范“三品一标”包装标识。定期对地理标志商标的许可和被许可使用情况进行检查，对地理标志产品无照经营、假冒伪劣、包装及商标标识使用混乱、违规使用和侵犯地理标志商标专用权等各种违法行为，进行严厉打击，创造有利于培育和发展品牌的社会环境。第三，全社会广泛参与，形成人人参与保护农产品品牌的良好氛围。一个产品，一个产业，因为有了品牌，更能提高经济效益，作为农业品牌，最大的受益者是农民。农民充分发挥品牌的监督作用，能够弥补部门执法监管的盲区，博山区统一编制《博山区地理标志证明商标宣传册》，调动广大农民群众参与地理标志证明商标的监督，该区的一位农民在执法人员走访时，兴奋地说：“地理标志证明商标办下来是件大好事，对经济发展有利，农民也受益。俺要做个志愿者，和那些打‘歪主意’的人作斗争，保护好它。”胶州市依靠协会，加大自律性约束。胶州大白菜协会要求使用胶州大白菜商标的企业，必须是出自经过协会认证的基地，种植协会推荐的优质品种，全程落实标准化生产，产品在通过协会检测后，方可使用“胶州大白菜”商标品牌。“章丘大葱”在获得地理标志证明商标后，章丘大葱科学研究会对生产地域范围进行了严格限制，对种子、土壤、灌溉水、施肥管理等方面做出了明确的标准要求，从而确保大葱质量，保护大葱品牌。

（五）加强风险防范，健全监测评估预警体系

自然灾害、不规范违规使用农业化学投入品以及国际农产品贸易技术壁垒，是影响农产品质量安全和农产品出口创汇的主要风险因素，不可控性因素较多。农产品质量安全连接着生产和消费，随着农业科技的快速发展和人们生活水平的提高，公众对农产品质量安全水平的重视程度越来越高，容忍度越来越小。一旦出现农产品质量安全问题，又不能快速有效的应对，容易引发社会的担忧，不仅对农业生产造成不可估量的经济损失，也会冲击广大公众的消费心理和信心，甚至有可能上升到国与国之间的政治问题，既影响了经济的发展，又影响到社会的稳定，甚至引起国际政治争端，影响到国与国之

间的交往。曾经的三鹿乳粉事件，不仅让三鹿集团一夜之间灰飞烟灭，同时也导致我国乳制品产业持续萎靡不振。日本的毒饺子事件与美国的宠物食品事件，仅仅是一个食品安全领域的经济问题，被国际媒体炒作，造成政治摩擦，严重影响了我国与日本、美国的正常交往。因此，必须加强农产品风险评估预警，根据评估结果对监测工作作出动态调整，建立健全出口农产品监控预警、纠偏整改与评估控制体系，及时收集、汇总、分析国外预警通报，掌握国内农产品质量安全信息。所谓监控预警、纠偏整改与风险评估控制体系就是在有效执行出口农产品农兽药残留、重金属、微生物等有毒有害物质的检测、疫病疫情监控的基础上，兼顾国内外市场准入的需要，通过政府牵头，将检测资源有效整合，形成出口农产品质量安全监控预警、纠偏整改与风险评估控制机制，以实现对示范区农产品质量安全的有效监管。农产品质量安全风险评估作为制定农产品质量安全标准、技术法规的重要依据，已经成为世界各国应对农产品技术贸易壁垒、调控农产品进出口的必要手段，它既是《中华人民共和国农产品质量安全法》和《中华人民共和国食品安全法》确定的一项基本法律制度，也是农产品质量安全管理的国际通行做法。风险评估主要通过现场摸底排查、风险监测、跟踪验证、危害评定、综合研判等一系列措施，对农产品中存在的风险隐患和危害因子进行综合评价，目的是发现农产品质量安全的未知风险隐患、评价已知危害程度和评定产品的营养功能。随着我国加入WTO，农产品国际贸易高速发展，贸易总量不断增长，流通速度持续加快，与此同时，欧盟、美国、日本等国家，逐步强化技术壁垒（TBT）和卫生与植物卫生措施（SPS）等各种技术贸易措施，限制和制约我国优势农产品的出口，严重影响了相关产业发展。加强我国农产品质量安全风险评估研究，不断提高现行偏低的质量安全标准，完善相关标准指标体系，构建质量安全预警快速反应机制和技术支撑体系迫在眉睫。当前，加强农产品质量安全风险评估，对于保障农产品质量安全、促进农产品国际贸易具有重要意义，既是政府依法履行监管职责、及时发现和预防农产品质量安全风险隐患的客观需要，也是农产品质量安全科学管理和构建统一、规范的农产品质量安全标准体系的现实需要。中共中央、国务院十分重视食品农产品质量安全风险评估工作，推进我国食品农产品质量安全风险评估体系建设。2012 年中央一号文件《关于加快推动农业科技创新持续加强农产品供给保障能力的若干意见》提出，要加大投入强度和工作力度，开展农产品质量安全风险评估工作。2012 年国务院出台的《国务院关于加强食品安全工作的决定》，也将风险评估作为加强农产品和食品安全监管能力和技术支撑体系建设的重要工作进行部署，要求建立健全农产品质量安全风险评估体系，扩大农产品质量安全风险评估范围和覆盖面。2011 年农业部出台了《农业部农产品质量安全风险评估实验室管理规范》，建立了国家农产品质量安全风险评估制度，组建了国家农产品质量安全风险评估专家委员会和国家食品安全风险评估专家委员会，从 2012 年开始，按年度组织实施“国家农产品质量安全风险评估计划”。通过这些年来的不懈努力，我国已初步建立起以国家农产品质量安全风险评估机构为龙头，风险评估实验室为主体，主产区风险监测实验站为基点，国家农产品质量安全和食品安全风险评估委员会协调配合，各有侧重的食品农产品质量安全风险评估体系，为深入开展食品农产品质量安全风险评估工作，开创了良好的工作局面。近几年来，山东省每年都组织开展全省蔬菜水果农药残留风险监测，及时掌握全省蔬菜水果质量安全现状。2016 年山东省农业科学院开始组织实施“山东省主要农产品质量安全风险评估及控制技术研究”农业科技创新工程，针对山东省主要农产品存在的风险隐患，围绕影响其质量安全的主要危害因子，开展农产品质量安全风险筛查、风险评估与控制技术研究，开发生产、储运和加工过程中质量安全控制技术规程。

1. 整合检测资源，构建通联机制

检验检测作为农产品质量安全风险评估最基本的载体，具有不可替代的重要作用。当前我国的农产品质量检验检测资源，不论是政府职能部门、监管部门，还是实体企业，普遍存在各自为战、布局分散、技术不足的问题，检测相对单一，不能充分发挥检测的效应，造成了检测资源的浪费。针对这种检验检测资源存在的不足与问题，山东省按照“检疫把关、省级强化、区域完善、县级整合、基层（市场、基地、企业）提升”的原则，确定各级农产品质量安全检验检测机构的建设重点和功能布局，初步建成以“检验检疫中心实验室为主，市县检测中心为辅，基层企业检测中心为补充，布局合理、专业齐全、运行有效”的三级农产品质量检验检测网络。省市县三级检测机构由政府负责运行，提供政府公益性检测监督服务，基层企业检测机构主要以自检自控为目的，兼顾面向市场，提供营利性检测。省级检测机构在现有框架基础上，加强检测手段、技术能力建设，提高检测水平；区域性检测机构以开展无公害农产品产地环境、产品质量检测为重点，完善检测参数，开展系统检测；县级检测机构进行资源整合，重点开展快速检测和生物检测；基层（市场、基地、企业）检测点作为山东省农产品质量安全检验检测体系的补充，重点提高为“产地准出、市场准入”服务的快速检测能力。山东出入境检验检疫局统一制定出口农产品农兽药残留、添加剂监控计划、疫病疫情监控计划、微生物监控计划，发挥其主体检控作用，统筹安排，统一执行，检测资源实现优势互补，避免条块分割，形成规模效应，提高了整体检测实力。按照全省出口食品农产品特点，进一步优化全省检验检疫系统实验室布局，整合实验室资源，近年来投资 3 亿元，建成了国家级重点实验室、区域性中心实验室和常规实验室三级实验室网络架构，实验室检测能力大大增强，检测效率明显提高，全面解决“检不了、检不准、检不快”的问题。潍坊检验检疫局积极帮助出口企业完善实验室管理体系，加强检测人员技术培训，开展检测能力验证和水平测试，严格按照 ISO/IEC17025 要求有效运转，全面提高了检测结果的准确性，增强了企业实验室自检自控的能力。山东检验检疫局通过积极参加国内外权威机构认证来提升实力，树立权威。该局所有实验室均取得 CNAS 国家认可和计量认证，2 个实验室获得能力验证提供者资质认可，2 个实验室获得澳大利亚 NATA 认可，6 个实验室获得韩国食药厅“国外公认检测机构”认可，4 个实验室取得国家有机食品检测机构资质。安丘市对农业、畜牧、质监、食品药品监督等职能部门的检测资源进行整合，成立了市检验检测中心，支持安食捷检测服务公司、东和分析检测公司等 6 家专业实验室通过 CNAS 认证，各镇街区设立了社区检测站，从社会招聘 106 名专职检测员充实到基层社区检测站，专职负责基地农产品抽样检测，按照就近原则，服务于社区范围内的农产品质量快速检测，对即将收获的基地农产品只有在抽样检测合格后，方可收获上市，把好产地准出关。安丘市依托潍坊检验检疫局技术中心，建立了以市检验检测中心、镇社区检测资源为主体、出口龙头企业和市场检测室为辅的三级检验检测网络，实现了全过程无缝式检测。这种出口企业实验室、基层政府检测中心与潍坊检验检疫局技术中心合作分工检验检测网络，形成了三位一体、上下通联的检验检测合作机制。截至2017年，山东省已建成农产品检验检测中心21个，已有21家专业实验室通过了中国实验室国家认可委员会（CNAL）认证，济南市农业质量检测中心、临沂市农业质量检测中心、潍坊市畜牧检测中心、泰安市岱岳区农产品质量检测中心等14家检测中心被农业部确定为全国农产品质量安全风险评估实验站，承担农业部授权区域范围内相关农产品的质量安全风险评估工作。

2. 信息共享互动，建立风险控制机制

山东省大力加强风险预警控制机制建设，将食品农产品风险分析作为日常检验检疫的重要工作内容和依据，充分利用食品安全监控计划数据和国内外通报的食品安全信息积极开展风险评估和体系验证，围绕出口食品农产品中存在的风险因子特别是突发质量安全问题进行评估，政府职能部门与检验检疫部门联合发布预警信息，对出口企业和产品进行分类管理，建立预警控制、纠偏控制和风险评估控制3个方面的机制，从而确保有效控制出口产品的质量安全风险。所谓风险预警控制机制就是根据国外预警和区域监控信息，对区域、企业的管理水平、运行环境进行风险分析，判断风险的分布状况和严重程度，及时发现风险隐患，根据预警信息的危害程度、发展趋势和紧迫性，实行一般、较重、重大三级预警制度，分别向政府、企业发出预警通告，以指导农兽药残留、疫病疫情、微生物的监控，帮助当地政府和企业管理者合理分配监管资源，确定当前工作重点，防范和化解风险。以国外对我国产品进行预警的信息和地市级检测中心监控本区域的监控信息为预警信息主线，由检验检疫、商务、农业等部门收集发布，同时对监控收集到的预警信息进行分类整理，实施风险分析，确定预警等级和范围，对某一区域、所涉及的企业发出预警通告。所谓纠偏控制机制就是建立发生质量问题时立即采取纠偏措施，实现发生质量问题后，第一时间进行纠偏控制和处理。政府或企业管理者依据预警信息，进入纠偏程序，查找原因，采取应对措施，对示范区建设重点、监控计划的执行或自身生产加工过程中存在的纠偏及时调整，相关部门及时跟踪检查纠偏结果，并进行评估，以加强出口农产品持续有效监管，提高监管的针对性和有效性，实现农产品全面、客观、持续的风险监管。对于发生问题的区域或者企业，根据预警信息，立即进入纠偏程序，启动追溯制度，查找生产日期、确定种养殖基地，管理记录、检验报告等，分析成因，研究纠偏对策，采取纠偏措施并进行纠偏后评估，根据实际情况，确定对该区域或者企业的产品暂停报检、限期整改和重新评估转入正常流程两种。所谓风险评估控制机制就是检验检疫部门对某一区域或企业发出预警通告后，由本地政府或企业启动纠偏程序进行纠偏，检验检疫部门对该区域或企业整改情况进行纠偏后的评估，形成评估报告，根据评估报告作出是否允许该区域或企业出口产品。评估在示范区建设中起监督作用，可以推进政府、企业对示范区建设的投入力度和监管力度，约束其内部管理。企业根据预警信息内容，采取措施，进行整改；整改后，向检验检疫部门提交整改报告，由检验检疫部门对该区域或企业的整改结果进行评估，形成评估报告，并向被评估单位反馈。评估结果按照整改力度以及整改到位情况，划分为合格、基本合格和限期整改 3 种情况。整改不彻底的，要继续整改，直到整改合格，方可报检。检验检疫部门综合国外预警和某一区域内的监控信息发出预警通告，该区域内相应单位据此采取纠偏措施，以此指导农兽药残、疫病疫情等监控计划和示范区建设工作重点的调整，并由检验检疫部门对预警反应进行评估，以进一步提高出口农产品质量安全的针对性、及时性、有效性和科学性。泗水县制定了《泗水县农作物疫情疫病监控方案》，采取主动监测、被动监测、定点监测相结合的方法，对易发生疫情疫病的农畜产品做好监测和防控，及时掌握农作物有害生物、疫情疫病，做到提前预警；实行划片包保责任制，派出农业植保专家、农技专家，配备了田间观测场预警站，定时对辖区内威胁出口食品安全的可能性进行监测及时控制，定期开展风险评估，对病虫害、疫情疫病等重大隐患及时发布预警通报，提前采取防控措施，初步建立了疫情疫病监测控制和预警预报体系。

3. 把握舆情信息，建立应急处置机制

由于农业生产、出口国贸易壁垒的不确定性因素较多，一些突发事件就能影响农产品出口，造成出口产品滞销、退回，甚至销毁。必须及时把握舆情，健全出口农产品质量安全重大突发事件应急处置机制，最大限度地减少损失。应对重大突发事件控制机制是指在发生重大疫病疫情、检出农兽药残留严重超标等农产品安全卫生问题而被进口国启动停止进口程序或封关等重大突发事件时，应采取的应对控制机制。面对重大突发事件，政府和有关单位应立即启动应急预案，采取应对措施，以便达到控制事态发展、最大限度降低该区域及企业损失、减轻不利影响的目的。采取停止出口、严加检验检疫、加强疫情监测等应急处置措施，建立“政府领导，分工协调；反应迅速，科学应对”的高效应急反应机制，确保出口农产品质量安全，促进农产品扩大出口创汇。地方政府成立重大突发事件应急控制组织领导机构，制定和监督实施应急处置的政策方案、技术规程和专项预案；农业企业负责制定和落实本企业的应急技术规范、专项预案和落实措施，对发生的重大突发事件进行应对，以便控制事态发展，最大限度降低该区域及企业损失和负面影响。

在出口农产品质量安全示范区建设中，山东出入境检验检疫局及各分支局对出口农产品采取风险分级管理的风险预防措施，加强出口农产品风险防范，建立完善了检测监控预警体系，为全省示范区建立了强有力的风险预警体系技术支撑。山东检验检疫局根据山东辖区食品农产品出口市场主要是日本、欧盟、美国等发达敏感国家与地区，出口产品以肉食、蔬菜、水产、花生、调理食品等传统、大宗食品和初级农产品为主，高风险产品多的实际情况，在出口农产品质量安全控制工作中引入风险分析理念，从肉食、蔬菜、养殖水产品等大宗产品入手，分别在全省和分支局辖区不同的层面，对重点出口农产品开展风险研判，制定发布食品安全风险分析的工作程序和处置措施，依据全省出口食品农产品监控及监测发现的问题、国外预警通报的问题和国内外食品安全信息等风险信息，结合出口农产品的特性以及进口国法律法规和标准的要求，按照风险要素对出口产品进行综合研判，将出口食品分为高、中、低 3 个风险级别。凡是被检出禁用农兽药、禁用添加物或添加剂、疫病疫情、致病菌、重金属和生物毒素等问题的食品，一律确定为高风险食品；凡是不含有高风险危害因子但仍然存在一定风险的食品确定为中风险食品；凡是近 3 年来未被国内外检出有毒有害物质的食品确定为低风险食品。按照产品风险高低，制定相应的出口食品农产品安全监控样品抽检计划，确定各类食品农产品的抽检比例和检测项目。例如，在动物源性残留项目上，对高风险产品实施强化监控，批批检测；对中风险产品实施一级监控，每年不少于 4 次；对低风险食品实施二级监控，每年至少 1~2 次。通过对出口产品的风险分级管理，对高风险食品的预防控制能力和对中低风险食品的监督检查效果显著提高，全面提升了山东出口食品质量安全监控工作的针对性和有效性，为及时消除食品农产品安全隐患、全面提升出口食品农产品质量水平起到了关键作用。

（六）强化全民参与，健全科技服务体系

科学技术是第一生产力。发展现代农业，必须从种植养殖、生产加工到流通交易等各环节，建立完善的农业科技生产服务体系，改变传统的一家一户分散经营的农业生产方式，提高农业从业人员特别是种养殖户的安全意识和生产技能，规范农业生产行为，努力推动农业生产向规模化、标准化和现代化跨越，大力提升农业生产经济效益。

1. 建立完善多元化农业科技服务体系，制定出台激励政策，支持和鼓励各类社会化服务组织提供适时、实用、全面的农业科技服务

山东农业同样存在小生产与大市场的矛盾，农业副业化、农民兼业化、农村空心化趋势带来的谁来种地、怎样种地的问题也十分突出。针对这些新情况、新问题，山东省政府以示范区建设为总抓手，突出抓好基层公益性服务机构建设、健全农业公共服务体系，动员全社会力量大力发展经营性、农民互助性服务组织，积极培育多元化服务主体，初步建立起以公共服务机构为依托、以合作组织为基础、以龙头企业和专业服务公司为骨干、其他社会组织为补充的新型农业社会化服务体系，着力破解现代农业发展面临的问题。为充分发挥农业龙头企业带动现代农业发展的作用，2012 年山东省政府发布《关于进一步扶持龙头企业发展深化农业产业化经营的意见》，启动实施农业产业化“五十百千万工程”，带动农业集约化、专业化、组织化、社会化经营水平，促进农民的科技素质、市场意识，加快农业科技进步。

2. 实施农业科技创新工程，搭建农业现代化科技服务平台，为农业生产提供全产业链技能服务

2015 年中央一号文件《关于加大改革创新力度加快农业现代化建设的若干意见》指出，要依靠改革创新驱动来加快现代农业建设，对现代农业发展提出“创新驱动、提质增效”的总要求，以技术创新为核心驱动力，实现农产品供给由注重数量增长向总量平衡、结构优化和质量安全并重，根据世界农业科技发展的趋势和我国农业建设需要加快推进生物、信息和现代设施装备等前沿技术研究，保障农业技术储备，重点围绕农田资源高效利用、农林生态修复、疫病防控和农产品安全等方面加强基础研究，增强农业科技自主创新能力，走产出高效、产品安全、资源节约、环境友好的现代农业发展道路。为适应农业结构多元化、农户需求多样化的特点，山东省按照“平台上移、服务下延”的思路，采取“互联网+”的模式，积极探索农业科技创新新模式，加快信息平台和基层网络建设，同时配套发展各类中介组织，满足农民个性化需求。先后建成省

级农村农业信息化综合服务平台、现代农业产业技术体系创新团队管理平台、云农场服务平台、“农科驿站”等农业科技服务平台，开通了山东农业科技信息网、山东农业科技网和山东省农民教育培训网，提供点对点直通式服务，农民可以通过远程视频、社交网络、移动互联等系统，实现与专家情景式互动沟通，由农业专家为农业生产提供面对面的技术支持。其中，山东省建设的云农场服务平台，为传统农业注入科技、信息、金融等先进生产要素，形成了线下实体农业科技园区与线上云农业科技服务实时互动、有机衔接的良好格局。围绕农业供给侧结构性改革，积极探索创新公益性农技，全方位助力山东农业科技推广，通过卓有成效的推广模式，把符合消费需求升级的适用技术、优质品种和新型成果，送到新型农业经营主体和农民手中，为山东农业腾飞插上科技、信息的翅膀，探索了一条全新的农业科技推广体系、机制。山东省采取线上与线下服务相结合的方式，启动实施“农科驿站”和“山东省村级 12396 科技信息服务站”建设，特聘一批科技特派员，积极打造一批集农科研发、农技推广、农村乡土人才培养、农业科技成果转化等功能于一体，覆盖农业生产全产业链的新型农业科技服务平台。科技特派员通过“农科驿站”，帮助农村群众解决农业生产中的技术难题，推广先进农业技术；运用互联网、移动 App、微信、有线电视、热线电话等信息手段，开展农业科技在线服务，放大科技特派员服务范围和效果。从农民合作社、家庭农场、专业大户及农业龙头企业的带头人中评选一批村级农技服务站站长，充分发挥科技示范的引领带动作用，为本地农业生产提供生产技术服务、农业信息服务以及市场信息变化服务。这种按照“政府引导、企业主体、市场化运作、可持续发展”思路，创新管理机制，努力形成可复制、可推广模式，不断完善山东省新型农业科技服务体系。截至 2017 年，全省已建成“农科驿站”363 家，已授牌 6 批 320 名“山东省村级 12396 科技信息服务站”站长。山东省综合运用农业大数据、互联网、物联网技术和农村物流体系，全力构建新型农业服务平台，为提高农业从业人员的技能素质和发展智慧农业、现代农业提供全托管一站式综合服务。地方政府以农业、畜牧、科技等部门的专业技术人员为支撑，成立农业专家顾问组，深入田间地头为农民提供技术服务。依托中国蔬菜视频医院，在全省各县市区建立了农业庄稼医院，努力打造中国农业信息航母。素有“中国蔬菜之乡”之美誉的寿光市，早在 2005 年就建立了全国首家蔬菜医院，聘请全国数十位权威农业病虫害防治专家视频传授病虫害防治技术，通过视频网络帮助农民彻底解决蔬菜病虫害防治难、诊断难、看病难的根本问题。安丘市开通了“农业科技 110 免费服务热线”“12316 三农服务热线”和“农业短信服务平台”等信息服务平台，使农业技术服务形式灵活机动、切合实际，为农民提供高效便捷、简明直观、双向互动、切实管用的服务。金乡县与中国农业科学院、山东农业大学、山东省农业科学院等十几所高等院校、科研院所建立了长期合作关系，聘请中国农业科学院、中国农业大学、山东农业大学等 10 余位著名专家为技术顾问，加强农业科技生产领域的技术难题攻关创新，有力地促进了全县农业科技水平的提升。

3. 建立现代农业科技人才培养机制，加强基层农技推广人才培养，统筹推进各类人才队伍建设，为现代农业建设提供强有力科技人才支撑

一是通过搭建农业科技服务平台，加快培养一批生产经营型、专业技能型和社会服务型新型职业农民。围绕农业科技、质量安全、标准规范等农业生产领域，主要是针对新型职业农民进行培训，采取灵活多样的方式，对农民全员开展农业科技技术培训，该层次的培训起点较高。把信息化建设与科技特派员创业帮扶、农技推广服务等有机结合、同步推进。山东省已累计选派科技特派员近万人，建设了1 000多人的信息科技特派员队伍。精选蔬菜、畜禽、水产、果品等十大优势产业，以完整的农业生产产业链条作为服务对象，开发建设了20 多个专业化信息服务系统，建设了2 000多个示范站点，有效整合农业全产业链优质资源，完善了农业产前、产中、产后全程专业化服务，带动农业主导产业提质增效。

二是深入农业生产一线，对农业生产活动进行现场培训。这种培训主要是县镇两级基层农技服务专业技术人员，深入农业生产一线，对广大农民如何进行田间管理、施肥用药、病虫害防治等农事活动进行现场培训指导。金乡县依托农技推广示范项目，搭建“专家组+农技人员+科技示范户+辐射带动户”农技服务快速通道，从农民最急需的关键技术抓起，开展“科技人员到户、良种良法到田、技术要领到人”活动，深入田间地头，进行零距离接触、手把手传教、面对面服务。再一个是建立专业技术服务队伍，全年不间断地为农业生产提供科技服务。这种农业科技服务以县级为主，主要是依靠县级农业、畜牧、林业等职能部门的专业技术人员，对区域内农业生产提供技术服务。这些专业技术人才是县级区域内最具权威性的农业科技人员，既承担本区域的农业生产技术指导，又负责疑难病虫害防治、土壤改良提升、生物农化品推广等专业性农业生产技术。金乡县每年选派100 名基层农技人员到高等院校、科研机构进修，促进其业务知识的更新和能力的提升。寿光市组织了近200 名的“农民科技专家”，常年为农业生产提供服务。安丘市成立了农业专家顾问组，开通了服务热线，配备了农业科技专用车辆，深入田间地头，为农户提供技术服务。

4. 充分利用广播电视、媒体报刊、信息技术等新闻媒体，采取多种形式，大力宣传普及农产品科技和质量安全知识，提高全民参与意识

充分利用广播、电视、报刊、公益广告等媒介，大力宣传《中华人民共和国农产品质量安全法》《中华人民共和国食品安全法》等法律法规，普及出口农产品质量安全常识，公布出口农产品质量安全信息。深入开展出口农产品质量安全知识进社区、进乡镇、进企业、进基地、进农户活动，提高全民质量安全意识。强化区域化检测、示范区管理规范的培训、标准化种养殖、农作技术和化学投入品控制的培训。通过开办专题栏目、专家讲座、典型报道、咨询服务、科技大集等方式，大力宣传农业标准化知识。县乡基层政府定期邀请上级领导、业务专家，对农业专业技术人员、镇村干部和农村带头户进行培训指导。莱阳市通过“一电一台一网”（市电视台、广播电台、农业信息网）、印发宣传图片、政策法规及农业技术培训等多种途径，采取举办专题讲座、拍摄电视宣传片、发放宣传资料、编制技术规程、媒体宣传报道等形式，对农业从业人员进行培训，提高了从业人员技术水平，增强了从业人员安全意识，调动了广大民众参与的积极性，激发了农户依法依规生产的主动性。

二、统筹整合资源壮大区域农业发展优势

区域是一个地区或产业发展到成熟阶段的一种空间组织形式，它是以中心区域为核心，向周边辐射，从而构成的地区或产业的集合，是产业集聚与扩散共同作用的产物，能够为一个地区或产业发展带来凝聚发展优势。区域经济发展优势是指某个区域在其发展过程中，所具有的特殊的有利条件，由于这些条件的存在，使该区域更富有竞争力，具有更高的资源利用率，从而使区域的总体效益保持在较高水平。2016 年中央农村工作会议指出，要构建优势区域布局和专业生产格局。区域经济发展优势是现代经济发展最重要的方式之一，而资源整合是区域经济发展强大的内在动力，区域经济的竞争已演变成综合实力的较量，谁拥有资源整合集聚力，谁就走在前列，赢得领先优势。资源整合就是要优化资源配置，促进优势资源向优势区域集中，把资源优势转化为产业优势和经济优势，形成区域经济发展的核心竞争力。近几年来，山东省各级政府进一步强化统筹理念，以实现农业经济效益最大化、质量安全最优化为目标，围绕市场流通、检验检测、主体功能区等方面，加大区域资源整合力度，培育打造农业经济区域发展优势。

（一）建设区域性现代农产品流通市场

随着经济社会的不断发展，流通在国民经济中作用逐步增强，国家和省政府越来越重视流通业尤其是农产品流通的发展。随着生活水平的不断提高，农产品需求呈现出多样化的特点，城乡居民对农产品供货速度、品种、产品质量和安全等问题提出了更高要求，这就需要在现代农业发展过程中，亟须建立完善的农产品流通供应体系。长期以来，农产品批发市场作为农产品流通的主要载体，对于促进农业生产、搞活农产品流通、增加农民收入、满足城乡居民消费具有十分重要的作用。近年来，国家和山东省相继出台了搞活流通扩大消费政策意见、物流业调整和振兴发展规划等政策方案，把搞活农产品流通作为重要内容，从加大资金投入等方面出台了一些促进农产品批发市场建设的政策措施，推动农产品流通市场体系建设。2009 年中央一号文件《关于 2009 年促进农业稳定发展农民持续增收的若干意见》提出“加强农产品市场体系建设，加大力度支持重点产区和集散地农产品批发市场、集贸市场等流通基础设施建设，推进农产品冷链系统和生鲜农产品配送中心建设”。2011 年，国务院办公厅发布《关于加强鲜活农产品流通体系建设的意见》，意见提出完善流通链条和市场布局，进一步减少流通环节，降低流通成本，建立完善高效、畅通、安全、有序的鲜活农产品流通体系。2013 年中央一号文件《关于加快发展现代农业进一步增强农村发展活力的若干意见》指出“统筹规划农产品市场流通网络布局，重点支持重要农产品集散地、优势农产品产地市场建设”。《全国农业和农村经济发展第十二个五年规划》提出“在优势产区建设和改造一批国家级重点大型批发市场和区域性产地批发市场”。“十二五”以来，各级政府按照“布点、强链、建网”的总体思路，着力完善政策环境、强化硬件设施、创新流通模式、探索公益性实现机制，农产品流通工作取得重要突破，政策环境日益优化，基础设

施快速升级，多元化流通格局加快形成，公益性农产品市场体系建设成效初显。从全国城市农贸中心联合会调查的数据来看，2016 年全国农产品批发市场达到 4 500多家，年交易总额 4.7 万亿元，同比增长 8.8%，农产品年交易总量 8.5 亿吨，同比增长 5.1%，农产品批发市场流通主渠道作用进一步加强。

山东省是农产品生产大省，近几年来，山东的主要农产品产量均居全国前列。2016 年全省蔬菜总产 9 030万吨，水果总产 1 438万吨，肉蛋奶总产 1 360.8万吨，水产品总产 783.3 万吨。同时，山东也是农产品输出大省、出口大省，60%以上的鲜活农产品销往省外，基本形成农产品市场份额省内、省外和国外各占 1/3 的格局。农产品批发市场作为山东省农产品交易的主要场所，承担着 70%左右的农产品流通任务，发挥着农产品流通主渠道的作用。近几年来，山东省政府高度重视农产品物流业发展，持续加大农产品流通体系政策支持和投入力度，科学、高效地推进农产品批发市场体系建设，全面加快现代农业转型升级，为农产品批发市场体系建设及迅速发展完善奠定了坚实的基础。山东省以“促进生产、搞活流通、满足消费”为目标，坚持科学规划、统筹兼顾、突出重点、分步实施的方针，通过政府引导、市场化运作，多渠道筹集建设资金，突出做好优化市场布局、扩大市场规模、完善市场功能，积极谋划推进农产品产地批发市场体系建设，加快培育发展农产品现代流通业，逐步形成了以综合批发市场为龙头，以专业批发市场为基础，布局合理、功能完善、产销结合、安全高效的农产品批发市场体系。先后出台了《山东省国民经济和社会发展第十二个五年规划纲要》《山东省农业农村经济发展“十二五”规划》《山东省“十二五”农产品批发市场建设发展规划》等政策方案，对发展现代物流业、完善物流基础设施、建设大型物流园区，以及建设重要物流通道、大型物流设施和物流信息网络平台进行大规模的政策扶持，逐步形成了功能齐全的农产品批发市场、绿色高效的农产品零售市场和高效便捷的电子商务新兴市场，区域性农产品流通市场集中积聚、大宗农产品现代化仓储物流和农产品冷链物流体系初步形成。

从市场建设方式与运作模式来看，山东农产品流通市场主要是按照“综合性、专业性和现代化市场互相结合；主产地、销售地和集散型市场统筹兼顾；全国性、区域性和地方性市场协调发展”的原则，采取“传统市场与电商平台相结合、政府扶持与企业运作相结合、统筹规划与分级负责相结合、区域性与专业性相结合”的措施，以潍坊、临沂、聊城三大综合性农产品物流基地为骨干，通过整合、改造和提升优势农产品市场，建设区域性现代化农产品流通市场，着力打造覆盖全省、辐射全国的农产品流通体系和农产品集散中心、展销中心、价格形成中心。同时，加快推进农超对接、农社对接、农批零对接等新型流通模式，支持流通企业主动触网升级，大力发展农产品电子商务新业态，农产品流通线上线下加速融合。

1. 统筹规划与分级负责相结合

按照“统一规划、分级负责”的农产品流通市场建设原则，根据农产品流通特点，统一规划农产品批发市场，避免重复建设，浪费资源。省负责规划具有全国性和区域性影响、辐射范围大的大型批发市场，出台了《山东省“十二五”农产品批发市场建设发展规划》，对影响全局性的流通市场进行统一规划建设，在省的监督支持下，由所在地市推进建设具有全国性和区域性影响、辐射范围大的大型批发市场。目前，山东规划建成了中国潍坊畜禽产品交易城、中国食品谷（潍坊）、山东盖世农产品物流交易中心、济南七里堡市场、聊城农产品物流中心、寿光农产品综合批发市场、烟台北方农副产品物流交易市场等50个全国性和区域性骨干市场，培植壮大了100个重点培育骨干农产品批发市场，成为一定区域内具有较强地区性影响力以及较强辐射能力的大中型批发市场。其中，聊城农产品物流交易中心，总投资100亿元，由聊城艾科农业科技发展有限公司投资建设，是一个集蔬菜、果品、粮油、水产、肉食、禽蛋、副食、干菜调味批发于一体的大型综合性现代化物流交易中心，包含蔬菜批发市场、果品批发市场、水产批发市场、肉食批发市场、禽蛋批发市场、粮油批发市场等十大批发市场，配有农产品加工系统、生活服务系统、物流配送系统、行政服务系统、冷链服务系统等五大服务系统，农副产品年交易量可达1 500万吨、交易额300亿元。安丘市盛大农产品交易市场总投资4.6亿元人民币，集蔬菜、水果、水产、肉类等农副产品加工、仓储、物流、出口以及农资配套、良种研发、推广于一体，规划建设国内贸易区、出口贸易区、仓储区、综合服务区、金融服务区、冷链物流配送中心、安全追溯管理中心、电子交易中心、蔬菜清洗用水处理循环再利用中心、农产品检测中心和农产品出口报验、通关服务中心等16个功能分区，农产品年交易量300万吨、交易额150亿元。2014年青岛市出台了《青岛市农产品产地市场体系建设规划（2015—2020年）》，指出要加快全国性、区域性骨干农产品批发市场建设，立足山东半岛城市群，重点打造辐射东北亚的国际农产品交易中心，逐步建成以东庄头国际农产品交易中心为龙头、部级定点市场为骨干、特色专业批发市场为补充的现代化农产品产地市场体系，进一步完善青岛市农产品市场准入和质量追溯体系，增强农产品质量安全保障能力。例如，青岛黄河路农产品批发市场依托强大的港口、物流枢纽，努力建设一座面向青岛西海岸，辐射全国，乃至港、澳、台等地区的现代化大型综合性农产品批发交易市场。潍坊市借助农产品出口优势，推行“一个标准、两个市场”，突出设施支撑，打造农产品流通新模式，建设高效、便捷、安全的现代农产品流通体系，规划建设了全国冷冻存储能力最大的中国食品谷，建成运营了东亚唯一的畜牧产品交易所，成为区域性国际化的高端农产品研发和交易平台。目前，该市年交易额过亿元的农产品交易市场达到48处，寿光蔬菜、诸城水产、青州花卉、安丘姜蒜、昌邑苗木等市场成为区域乃至全国性的农产品集散、交易和价格形成中心。县（市、区）级政府负责规划辖区内其他小型批发市场，主要是立足本地农户，销售本地的农产品，方便本地农民销售自己的农产品，外地客商集中采购。

2. 政府扶持与企业运作相结合

按照“谁投资、谁经营、谁受益”原则，山东省各级政府充分发挥政府在规划实施、项目立项、资金扶持、标准完善、服务监管等方面的引导和扶持作用，采取项目立项、土地供应、资金扶持、税费减免等措施，对企业建设农产品流通市场进行政策扶持，企业自主筹措资金，逐步在大中城市、主要产区和集散地建成了一批布局合理、辐射力强、信息灵敏、交易方式先进、功能齐全的骨干农产品批发市场。无论是全国性、区域性的大型批发市场，还是地区性的中型批发市场以及县（市、区）规划建设的小型批发市场，企业都是各类农产品流通批发市场建设的主体，按照市场化的方式，企业自主经营，自负盈亏。寿光蔬菜批发市场是深圳市农产品股份有限公司控股企业，总投资达2亿余元，上市蔬菜品种300多个，年交易蔬菜150多万吨，年交易额28多亿元。除新疆维吾尔自治区外，来自全国30多个省、直辖市、自治区的蔬菜在该市场大量销售，同时也销往全国30多个省市自治区的200多个大中城市，成为全国最大的蔬菜集散中心。山东匡山农产品综合交易市场由山东匡山农产品综合交易市场管理有限公司承建，是济南地区规模最大、交易量、交易额最大的农产品综合交易市场，是济南市"菜篮子工程"、山东省"米袋子工程"市场，保证着济南市70%的蔬菜供给，同时辐射河北、河南、江苏部分地区及山东大部分地区。

3. 区域性与专业性相结合

山东省结合农作物、畜产品、水产品、果品主产地优势产业以及物流交通网络，对农产品批发市场进行总体布局建设。从总体上看，山东省农产品批发市场发展涵盖五大区域。其中，以青岛、烟台、威海为重点的"胶东半岛区域"，主要建设水产品、果品、蔬菜等批发市场；以济南、潍坊、淄博、东营、泰安、莱芜为重点的"省会都市圈区域"，主要建设粮油、蔬菜、畜牧、果品、花卉等批发市场；以临沂、日照为重点的"鲁南经济带区域"，主要建设蔬菜、果品、畜牧等批发市场；以济宁、枣庄、菏泽为重点的"鲁西南区域"，主要建设蔬菜、畜禽、粮食、中药材等批发市场；以德州、聊城、滨州为重点的"鲁西北区域"，主要建设蔬菜、畜禽、粮棉等批发市场。为便于推介优势产业，各地建设了一批专业性批发市场，对于本地优势产业，提升本地产业的品牌，促进农业农村经济发展，具有十分重要的作用。昌邑市建设了昌邑宏大大姜批发市场，依靠本地大姜的质量优势，成为全国大姜的交易集散地和全国大姜价格形成中心。威海水产品批发市场经营水产品150余种，产品辐射国内北京、天津、大连、江苏、温州等20多个省市，以及日本、韩国等国家，极大地丰富了市民的菜篮子，加快了水产品流通。济南海鲜大市场是在老海鲜市场基础上投资3亿元人民币进行升级改造，逐步发展壮大，成为"北方最大的水产品集散地""中国海参交易中心"和"酒店原料供应基地"，被称为"内地港湾，旱地码头"。青岛市城阳蔬菜水产品批发市年实现交易额200多亿元，在全国农产品批发市场中名列前茅，是一个集蔬菜、水产品、干鲜果品、副食品等十几大类、上千个品种的大型综合批发市场，其中，水产品占青岛市总供应量的70%以上，是青岛市最大的蔬菜、水产品、果品供应基地，也是青岛市城市居民"菜篮子"供给的骨干力量，为保障城市供应、稳定物价发挥着重要作用。山东鲁东果品批发市场是潍坊市打造的全球性超大型区域果品集散中心，是山东省内建设标准最高最规范最专业的大型一级果品批发市场，该市场以潍坊五区八县为中心，辐射东营、烟台、青岛、威海、日照、淄博等半岛城市群的，按照"依托半岛，覆盖全省"区域发展方向，努力打造成区域性果品龙头市场集散市场。

4. 传统市场与电商平台相结合

传统销售模式是在产业集群附近建设专业批发市场，但在互联网经济高速发展的新形势下，批发市场辐射范围逐步缩小，传统农产品商品交易方式已经远不能适应当前市场经济条件的需要，必须改革原先的贸易形式，借助互联网平台，开展网络营销，打通农产品上行渠道，构建农产品生产、供应链管理与电商平台对接的新型网络营销体系，促进农产品产业经济持续、快速、协调、健康地发展。电子商务是基于互联网的新兴业态，对于创造新的消费需求、开辟新的就业增收渠道、加速制造业跨界融合、推动服务业转型升级、培育经济发展新动力具有十分重要的作用，与传统交易方式相比，具有信息传递快，交易双方沟通便捷，交易成本低廉等特点。纵观我国的农产品电商发展史，从 1995 年就开始起步，但当时仅限于涉农网上期货交易、涉农大宗商品电子交易、涉农 B2B 电子商务网站等领域，涉农网络批发零售体系真正发力在 2005 年左右，爆发期在 2010 年前后。2012 年中央一号文件《关于加快推进农业科技创新持续增强农产品供给保障能力的若干意见》提出，“充分利用现代信息技术手段，发展农产品电子商务等现代交易方式”。这个文件的出台加快了全国农产品电商的发展步伐。经过 20 多年的发展，我国农产品电子商务呈高速增长趋势，农产品在线交易量强势发力，初步形成了包括涉农网上期货交易、涉农大宗商品电子交易、涉农 B2B 电子商务网站、涉农网络零售平台等在内的多层次涉农电子商务市场体系和网络体系。目前，我国涉农电子商务平台已超过 3 万家，其中，专业农产品电子商务平台已达 3 000家。2015 年农产品网络零售交易额超过 1 500亿元，比 2013 年增长 2 倍以上；2016 年农产品网络零售交易总额达 2 200亿元，比 2015 年增长 46%，其中，仅阿里巴巴平台农产品交易额就超过 1 000亿元，同比增速超过 40%。

山东省作为全国排名第三的经济大省，电子商务在近几年来对经济总量的发展做出了巨大贡献。从山东省商务厅发布的数据来看，2016 年全省电子商务交易额达到 2.65 万亿元，同比增长 31.1%，高于全国 8.39 个百分点，列第四位，增速排名全国第一；网络零售额达 3 007亿元，列全国第六位，增长 33.7%，高出全国 7.12 个百分点，增速排名全国第三。网络买入卖出比日趋优化，由 2014 年的 1：0.5，到 2015 年的 1：0.6，再到 2016 年的 1：0.73，买入卖出逆差逐步缩小，逆差同比缩减 32.4%，产品上行能力进一步增强。网络零售占比 11.35%，较 2015 年提高 0.23 个百分点，对电商发展的贡献率提高。网商数量快速增长，截至 2016 年年底，山东省在网络零售平台的活跃卖家规模达到 70 万，同比增长 40%，增势快于南方先进省份。2016 年全省网络零售额在全国占比提高 0.28 个百分点。网络零售快速增长主要来自实物型网络零售的拉动，实物型网络零售额 2 400.89亿元，列全国第五位，增长 34.99%，高出全国平均 9.64 个百分点，增速居全国第二位。在此背景下，山东省很多涉农企业、电商企业也开始涉足农产品电商行业，寄望通过电子商务让山东名优特农产品走得更远。在推进农产品电子商务工程中，山东省各级政府以及相关部门强力配合，各司其职，积极推进物联网、云计算、大数据、移动互联等技术集成应用，立足国内平台建设，有力推动山东农产品借网上行。采取联产品、联设施、联标准、联数据和联市场“五联机制”，利用阿里、京东、苏宁等平台，积极促进“农商互联”，拉动本土农产品上行，实现农商互联互通，推动农产品供应商与网络平台商、冷链设施提供商与需求商、生产标准与网络标准、生产与消费之间的有效对接，构建高效安全的农产品网络流通长效机制。仅 2016 年山东省就先后举办“农商互联大会”、农产品上行对接会、“双十一”购物节、“齐鲁电商节”“阿里年货节”、阿里巴巴“三省一市农产品网上行”公益活动等十几个场次的网络促销活动，推动构建农产品生产商、供应商和电商平台的联动体系。山东省创新实施的农商互联农产品流通模式，搭建了农村电商大数据平台，整合了地理信息、产业运行、特色资源、商业设施、消费群体、政府管理等方面资源，加快了移动互联网、物联网、二维码等信息技术在农产品流通领域的应用，为农村电商发展提供了大数据支撑，促进了农产品商流、物流、信息流、资金流的融合，既解决了农产品供应补短板的不足，也培育了消费新动能，增加了经济持续增长的动力。山东省各地依托当地资源和特色产业发展电子商务，网商数量快速增长，农产品在线经营企业和商户已达10万多家。目前，阿里巴巴“千县万村计划”已全省覆盖62个县、6 000多个村，设立村级电商服务站3 000多个，发展村淘合伙人3 000多，淘宝村108个、淘宝镇6个，居全国首位，其中，菏泽曹县淘宝村发展到48个，成为国内第二大淘宝村集群。京东设立县级服务中心116家，发展27 000多名乡村推广员，覆盖90%以上的乡村。苏宁在78个县设立苏宁易购直营店140家，列全国第一。邮政、供销、赶街、乐村淘、雅购、淘实惠等多家知名电商平台也都在发力山东市场，形成了农村市场的多元化竞争、百花齐放的发展态势。山东省农村电商服务体系的不断完善，推动了农产品上行渠道，更快更好地把农产品卖出去。2016年全省农产品电子商务交易额达到500亿元，网络零售额约80亿元，同比增长30%以上，电子商务交易额200万元以上的村达到600多个，居全国前列。2017年5月，阿里研究院联合《电商参考》发布的《从“客厅革命”到“厨房革命”——阿里农产品电子商务白皮书（2016）》显示，2016年阿里巴巴平台农产品网络零售交易额超过1 000亿元，同比增速超过40%，江苏、浙江两省的农产品网络零售售额均超过100亿元，领先优势明显，山东省列第五位。从阿里研究院发布的《2016年农产品电商50强县》报告来看，农产品电商50强县广泛分布在浙江、江苏、福建等15个省区，其中山东省的栖霞、东阿、寿光、苍山、肥城、荣成入围，总数列全国第4位，寿光是唯一一个以销售蔬菜为特色产品入围的县级市。电子商务与农产品的深度融合，改变了人们的生活习惯，打通了山东农产品上行的渠道，从供求双方，建立了农产品供应侧和消费者需求侧的数据库，从而掌握精准定位消费者的需求，定制个性化产品，改变了以往“生产什么卖什么”的模式，为彻底解决农产品卖难问题的探索了一条新思路，实现了农产品供给侧与需求侧的有效融合，为农产品带来了更广阔的市场。

为加快山东农产品电商持续健康快速发展，山东省委、省政府以及相关部门、地方政府，迅速出台了政策。2013年山东省委一号文件《关于认真贯彻落实中发〔2013〕1号文件精神深入推进农村改革发展的意见》指出“要加快发展电子商务等现代流通业态，积极发展‘农超对接’等各类直销模式”。在这样的大市场环境和政策背景下，山东省在培育壮大传统农产品批发流通市场的基础上，引入“互联网+流通”理念，创新农产品交易模式，积极打造升级版现代农业网络营销新模式。2016年5月，山东省政府印发《关于加快电子商务发展的意见》，随后，山东省发改委、商务厅、经济和信息化委员会、农业厅等部门联合发布《山东省发展农产品电子商务实施方案》，对电子商务领域进行了系统安排部署，特别是在资金、人员、设施条件等方面，加大对农村电子商务发展政策扶持力度。2016年9月，山东省政府印发的《山东省农产品品牌建设实施方案》指出，要大力实施山东品牌农产品国内营销体系建设工程，把电商网络列为展销中心、连锁店、主流超市、电商网络四大山东品牌农产品全国营销网络之一，要依托国内外知名电商平台，筹建山东品牌农产品网上商城，筹建山东品牌农产品展示展销中心，开设山东品牌农产品 O2O 展销中心。搭建了国内最专业的农贸电子商务交易服务平台“山东农产品交易网”，为涉农企业和个体经营者提供大容量和迅捷的网上网下农产品商务贸易服务，被称为国内最大的永不闭幕的网上农贸集市，为会员企业提供了实用、方便、快捷的服务功能，极大促进了农贸交易。2014 年山东省海洋与渔业厅采取“政府主导与企业运作”相结合的方式，开发了中国水产商务网、网上展厅、网上商城，努力山东打造水产电商平台，推动现代渔业快速发展，从而提高渔业信息化水平，促进渔业经济可持续发展，实现更高层次的渔业经济现代化。临沂市利用开发的山东沂蒙优质农产品电子商务平台，把面向各类市场的大宗农产品交易和面向个人消费者网店结合起来，联合全市的农民合作社和品牌企业，促进农业产业化和市场的深度融合，真正打造起生产者与消费者无缝链接的第三方运营平台，提高了“生态沂蒙山，优质农产品”的品牌知名度和美誉度。莱芜充分利用移动互联、地理信息、智能数据库等现代信息技术，构建农产品现代流通体系，开通了农产品流通公共信息平台、“三辣一麻”网和“三黑一花”特色畜产品交易平台，用于展示本地农产品生产布局、流通网络、供需信息。山东泰益电子商务有限公司采取“农户+电商+金融”合作模式，基于互联网的电子商务平台，用最低成本汇集产销双方信息，形成一种市场化的配对。潍坊市以电子商务引领农产品流通，推动食品农产品生产流通企业与电子商务企业全面对接，打造以电商为纽带的农产品食品供应链发展新模式、农产品电商发展隆起带和中国食品农产品电商之都，采取联产品、联设施、联标准、联数据、联市场的“五联模式”，探索推进农商互联建设农产品现代流通体系新模式，打通农产品上行渠道，推动农产品借网上行。在淘宝、苏宁、京东、1 号店等电商平台设立了地方特色潍坊馆，培育了麦壳网、地主网、农丰网等 50 多个高成长性的本地电商平台，畅通了农产品借网上行的渠道，上线产品不断丰富，销量稳步提升，成为农产品走向市场的重要渠道。潍坊市在商务部和山东省商务厅直接指导和培育下，建成了“中国 · 寿光蔬菜价格指数”和“中国 · 昌邑生姜价格指数”，成为引导农产品生产、流通、交易的“晴雨表”和“风向标”。同时，潍坊市在建成商务大数据支持中心、商务云平台的基础上，率先建成了农产品商贸流通企业运行监测系统，为农产品营销搭建了数据共享、信息服务和配送信息服务平台。2017 年，全市的 4 100家物流企业、11 200辆运营车辆与 6 000多家商贸企业的物流供求信息，实现了信息互动、实时对接。潍坊市通过推进“互联网+流通”工程，有效提升了农产品食品流通和农村电商发展水平，形成了电子商务与农业产业融合发展、相互促进的格局。烟台市运用互联网信息技术，通过搭建信息服务、物流配送、网络促销等电商平台，推动农产品流通转型升级，实现农产品销售“线上线下”无缝对接，加强农产品配送网络末端建设，通过众筹、义卖等方式，对苹果、大樱桃进行促销，2016 年烟台大樱桃网上销售额达 3. 38 亿元，同比增长 73. 2%。2011 年，淄博市的山东百杏农业发展有限公司借助康力金烁国际实业有限公司的电子商务平台，销售该公司的柿子、山楂等深加工产品，用极低的成本，扩大了品牌宣传范围，提升了利润空间，扩大了市场规模。

积极发展外贸新业态，全力支持跨境电商，培育壮大外贸出口新的“增长极”，引导企业利用“互联网+外贸”，实现优进优出、转型升级，农产品跨境电子商务取得新突破。跨境电子商务是新型外贸商业模式，具有广阔的市场空间和良好的发展前景。跨境电子商务是指分属不同关境的交易主体，通过电子交易平台达成交易、进行支付结算，并通过跨境物流送达商品、完成交易的一种国际商业活动。跨境电子商务作为推动经济一体化、贸易全球化的重要载体，我国“一带一路”倡议的落地工具，它打破了国家的界限，正在引起世界经济的巨大变革，跨境电商正成为推动我国经济增长的不尽源泉。从我国农产品当前国际贸易的方式来看，传统的贸易出口模式仍然是外贸出口的有效途径，占到全国出口额的80%以上，但是跨境电子商务在进出口额的比重逐年上升，从2010年开始，跨境电子商务进出口额每年以30%的速度递增。2014年我国跨境电子商务成交额已达3.75万亿元，同比增长39%，其中，出口3.27万亿元，同比增长36%。2016年我国跨境电商进出口贸易额达到6.5万亿元。据商务部预测，未来几年跨境电商占我国进出口贸易比例将会提高到20%，年增长率将超过30%。为支持跨境电子商务这一新型贸易方式和新型业态发展，近年来，我国正逐步建立适应跨境电子商务发展特点的政策体系和监管体系，着力解决制约跨境电子商务发展的突出问题，引导企业用“互联网+外贸”实现优进优出、转型升级，推动跨境电子商务蓬勃发展，为全国经济社会发展培育了一个新的发展动力，我国也逐步成为世界网络零售第一大国。跨境电子商务的发展，为我国经济发展创造了新的消费需求增长点，更能促进电子商务与传统农业的深度融合发展，成为构建新型农村流通体系、转变农业发展方式和农业供给侧结构性改革的重要支撑。2015年6月，国务院办公厅出台了《关于促进跨境电子商务健康快速发展的指导意见》（国办发〔2015〕46号），积极发展外贸新业态，大力支持发展跨境电子商务，利用“互联网+外贸”，扩大海外营销渠道。全国各地也加快制定跨境电商相关扶持政策，大力发展跨境电子商务，打造“互联网+外贸”新兴产业，培育经济增长新动力。2016年9月，山东省政府印发《山东省农产品品牌建设实施方案》指出，要依托山东省农产品出口的传统优势，充分利用国家实施“一带一路”倡议的机遇，以山东农产品品牌形象的塑造和传播为推动力，以线上和线下相结合的营销体系建设为实现手段，进一步开拓境外市场，以知名展会、体验式消费、专业推介会、高层论坛等形式为主，设立集展示、体验、销售、订货为一体的山东品牌农产品展示营销中心，构建销售网络，建立跨境电子商务平台，大力实施山东名牌农产品国际市场拓展工程。2015年7月，山东省政府办公厅印发《山东省跨境电子商务发展行动计划》（鲁政办发〔2015〕33号），按照“政策引领、模式创新、整体推进、分步实施”的总体思路，以“互联网+外贸”为载体，全面推广跨境电子商务出口业务，推进外贸营销手段创新，打造推动外贸发展的新引擎，促进开放型经济发展提质增效。跨境电子商务涉农企业与出口农产品质量安全示范区产业集群对接，打造“互联网+产业集群”国际电子商务营销模式；积极引导农业龙头企业以及物流仓储企业，通过租用或自建方式，到日本、韩国、美国、欧盟、俄罗斯、东盟、非洲、拉美等重点国际市场建立跨境电子商务公共“海外仓”，为农产品出口企业提供公共服务，扩大国际配送辐射网点，通过与境外企业合作，采取体验店和配送网店等模式，融入境外零售体系。从当前的跨境电商发展来看，“海外仓”成为我国跨境电商B2B2C扩大外贸出口的新渠道，能够带动企业直接融入海外营销渠道，推动企业品牌国际化，实现海外市场产品定价权、品牌权、话语权三位一体。从“海外仓”的建设形式来看，主要有两种建设方式。一种是跨境出口电商企业基于缓解物流成本高及压缩配送时长等因素，自建“海外仓”，提升线上平台交易量；另外一种是专业的“海外仓”服务商，有专业的仓储、配送等服务能力，出口企业采取租赁的形式，实现拥有“海外仓”的目标。2016 年 11 月，山东省商务厅、潍坊市政府承办召开了“2016 世界食品农产品电商大会”，发起成立了世界电商产业联盟，建立起遍布全球的电商服务网络，进一步提升了山东省跨境电商的知名度与全球辐射能力。2016 年 1 月，青岛市被国务院确定为全国第二批跨境电子商务综合试验区，同年 4 月山东省政府正式印发了《山东省人民政府关于印发中国（青岛）跨境电子商务综合试验区建设实施方案的通知》，全面启动中国（青岛）跨境电子商务综合试验区建设工作，加快建设跨境电商综试区，将“互联网+”战略和青岛本土特色优势有机结合，形成青岛“互联网+大外贸”的发展新模式，建设多式联运“网上丝绸之路”贸易枢纽平台，推动外贸供给侧结构性改革，从根本上解决传统外贸发展面临着市场订单不足、利润空间变小、价值链低端等三大问题，支撑外贸优进优出、升级发展，打造参与国际竞争的新优势。潍坊市规划建设了食品农产品跨境电商产业园，启动实施了“阿里巴巴·潍坊产业带”工程，扶持建设了“比邻·海外一号仓”日本馆、韩国馆，开通了“潍坊出口标准农产品流通平台”，与阿里巴巴签署跨境电子商务建设合作协议，引进落户“一达通”落户山东，以“农商互联、连接未来”为主题，组织承办了“首届世界食品农产品电子商务大会”，推动互联网改造传统农业。2017 年，山东省跨境电子商务出口跨境电商出口 678. 4 亿元，增长 42%；其中，全省农产品通过跨境电商出口农产品 74. 6 亿元，增长 47%。

（二）建设区域性农产品检验检测中心

农产品质量安全检验检测体系是按照国家法律法规规定，依据国家标准、行业标准要求，以先进的仪器设备为手段，以可靠的实验环境为保障，对包括农业生态环境、农业投入品在内的农业生产和农产品质量安全实施科学、公正的监测、鉴定、评价的技术保障体系，它是农产品质量安全体系的主要技术支撑和政府实施农产品质量安全管理的重要手段，承担着为政府提供技术决策、技术服务和技术咨询的重要职能，在提高农产品质量与安全水平方面发挥着关键和核心作用。加强农产品质量安全检验检测体系建设，对于确保农产品消费安全、促进农业结构战略性调整、提高农产品市场竞争力和调节农产品进出口贸易等方面具有特别重要的意义。

我国 20 世纪 80 年代末，就开始建设农产品质量安全检验检测体系，但是受标准、技术、设备、资金、人才以及消费观念等方面的制约，与发达国家相比一直没有大的突破。随着我国经济社会的快速发展，以及应对农产品国际贸易技术壁垒的要求，现有的农产品质量安全检验检测体系不健全、检测手段薄弱、技术力量有限等问题日益突出，已不能适应我国经济社会发展全面进入新常态的需要。为适应农业发展新常态的需要，进一步提高我国农产品的质量安全水平和市场竞争力，2006 年农业部组织制定了《全国农产品质量安全检验检测体系建设规划》。2014 年 6 月，山东省修订实施的《山东省农产品质量安全监督管理规定》指出："各级政府应当建立健全农产品质量安全检测体系，配备专业人员，提高农药、兽药残留、重金属、致病微生物的定量检测和快速检测能力。县级对本行政区域内的农产品及农业投入品进行风险监测，并对易发生农产品质量安全问题的重点区域、重点环节、重点产品实行监督抽查。农产品生产企业、农民专业合作经济组织应当建立与其生产经营规模、品种相适应的农产品质量安全检测制度，如实记录检测结果，并对其生产经营的农产品依法进行包装、标识；检测不合格或者未依法进行包装、标识的，不得上市销售。"2015年5月，山东省出台《关于加快推进农产品品牌建设的意见》（鲁政办字〔2015〕80号）指出："推进检验检测体系建设，加强产地环境检测，建立健全监测结果通报制度和质量诚信体系。"为加快建立健全农产品质量安全检验检测体系，保障农产品质量安全和人民群众身体健康，提高农产品市场竞争力，促进农业增效和农民增收，山东省按照"检疫把关、省级强化、区域完善、县级整合、基层（市场、基地、企业）提升"的原则，确定各级农产品质量安全检验检测机构的建设重点和功能布局，初步建成以"检验检疫中心实验室为主，市县检测中心为辅，基层检测中心为补充"的三级农产品质量检验检测网络，布局更加合理，专业更加齐全，运行更加有效。

在出口农产品质量安全示范区建设中，山东省提出并部署建设区域性农产品质量检测中心。在现有农业、畜牧、质监、企业等检测资源的基础上，为避免重复建设和提高设备利用率，采取整合、改造、提升的思路，着手规划建设区域性农产品质量检验检测体系，实现了多重检验检测职能的融合，农产品质量检验检测能力大幅度提升，产生了"1+1>2"的叠加、倍增效应。区域性农产品检验检测中心从出口源头上严把农产品质量安全关，为中小型出口企业节约时间和成本，成为农产品出口企业的好伙伴、好帮手。区域性农产品质量检验检测体系是提高全省农产品质量安全水平、市场竞争力和农产品质量安全水平的重要技术保证。山东省建立的区域性农产品质量检测中心主要是负责全省性的农产品质量安全普查、监督抽查和风险评估，全省农产品优质产品的评选和复查检验，农产品质量安全评价鉴定检验，对实行登记的农业投入品和农产品质量认证的产品进行检验。在区域性农产品检测中心体系建设中，山东省根据全省优势主导产业区域布局情况，采取逐步推进的原则，首先在农产品出口企业比较集中的青岛、烟台、潍坊、临沂等地区，建立区域性农产品检测中心，为当地中小型农产品出口企业服务。区域性农产品质量检测中心有效避免重复建设，提高设备利用率，从源头上把握农产品的质量，为中小型企业节约时间和成本。山东省财政通过资金扶持，为区域性检测中心提供财政补贴，区域性检测中心按照保本原则，对周边中小企业的出口农产品检测服务，收费价格明显低于国家规定标准和市场价格。山东省商务厅与出口农产品区域性检测中心的企业签订社会化服务承诺书，会同财政、检验检疫等有关部门定期对检测中心进行抽查和考核评定，对不能履行承诺或不能承担区域性检测任务的企业，将取消其资格，并列入黑名单，不再享受国家和山东省的相关扶持政策。在建设区域性农产品质量检测中心之前，山东省的中小型农产品出口企业要进行检测，需要到潍坊、青岛等地送样检测，既费时，又费力，无形中增加了企业成本。随着农产品区域性检测体系网络的不断完善，企业可以按照就近原则，只要到指定的农产品区域性检测中心，就能拿到出口部门认可的检验结果，检测周期一般不超过 3 天，既缩短了检测时限，又节约了检测成本，极大地方便了中小型企业开展出口业务。安丘市外贸食品有限责任公司、烟台龙大食品集团有限公司、山东美佳集团有限公司、好当家集团有限公司、蓬莱京鲁渔业有限公司、山东龙泰果蔬有限公司等农产品龙头企业检测中心已被认定为出口农产品区域检测中心。其中，龙大集团检测中心总投资 2 000多万元，通过了中国实验室国家认可委员会（CNAL）的认可，能够对农药残留、抗生素、添加剂、重金属、微生物、理化、过敏原等600 多项指标进行精密检测，其药残检测项目、检测方法与日本、欧盟、美国等发达国家与地区的最新标准保持同步，每年为周边企业和政府部门提供检测服务5 000余次。东营市筹措资金 6 000多万元，建立起了以市级农产品质量综合检测中心为龙头，五县区农产品质量综合检测站为骨干，30 多个乡镇（农业龙头企业、批发市场、超市、基地）自检实验室（点）为延伸的三级农产品质量检测网络，五县区的农产品质量综合检测站全部通过了省级实验室资质认证。青岛市政府与山东出入境检验检疫局联合共建了青岛市公共检测服务平台，着力构建国内检测装备和检测环境完备、检测功能齐全、检测范围全面的高端检测基地，打造成为辐射中国北部的权威进出口产品检验检疫认证及质量检测服务中心。诸城市将原有食品药品检验所、农产品质量检测中心、产品质量监督检验所、食品药品检验所等部门的资质、人员及各类技术设备进行整合，建立了诸城市检验检测中心，搭建起统一、权威、高效的检验检测平台。该中心作为诸城市财政全额拨款公益性直属事业单位，运行不以营利为目的，按成本价格收费，即送即检，检测周期短，为企业节约了成本，提高了经济效益。比如，诸城中康农业开发有限公司以前出口的蒜薹、生姜，都是通过快递送到 SGS 青岛公司检测，检测一批货物大约需要 7 天，而在本市的检验检测中心检测，只需 2 天就能完成检验检测任务，成本大约节省了 1/3。

（三）构建区域性农产品主体功能区

中华人民共和国成立以来，尤其是改革开放以来，我国现代化建设全面展开，工业化城镇化加快推进，经济社会快速发展。但同时也出现了一些突出问题，耕地减少过多过快，粮食安全保障压力大；生态损害严重，生态系统功能退化；资源开发强度大，环境问题凸显；空间结构不合理，空间利用效率低；城乡和区域发展不协调，公共服务和生活条件差距大。当前，我国经济社会发展已经全面进入新常态，农产品供求关系也发生了深刻变化，市场上出现了“部分农产品阶段性供过于求与品种结构矛盾并存，大路货滞销与高端产品脱销并存，农产品贸易总额持续增加与贸易逆差持续存在并存”的现象，充分说明我国农业在核心品种、优势产区、区域布局、要素组合、市场需求等方面亟须下大力气进行深化改革，加快农业结构战略性调整。进入 21 世纪，中共中央国务院针对区域发展环境和条件的变化，主体功能区迅速提升到国家战略的高度。从党的十七大提出建立主体功能区布局的战略构想，到十七届五中全会作出实施主体功能区战略的重大举措，再到党的十八大进一步明确提出“加快实施主体功能区战略，推动各地区严格按照主体功能定位发展，构建科学合理的城市化格局、农业发展格局、生态安全格局”，从中央的高度不断调整完善区域政策、绩效评价以及规范空间开发秩序，主体功能区战略实施步伐进一步加快，合理有效的空间开发结构逐步形成。2011 年 6 月，国务院发布了《全国主体功能区规划》，对全国主体功能区进行了整体规划。全国主体功能区规划就是根据不同区域的资源环境承载能力、现有开发密度和发展潜力，统筹谋划未来人口分布、经济布局、国土利用和城镇化格局，确定主体功能定位，明确开发方向，控制开发强度，规范开发秩序，完善开发政策，逐步形成人口、经济、资源环境相协调的空间开发格局。全国主体功能区规划是战略性、基础性、约束性的规划，是国民经济和社会发展总体规划、人口规划、区域规划、城市规划、土地利用规划、环境保护规划、生态建设规划、流域综合规划、水资源综合规划、海洋功能区划、海域使用规划、粮食生产规划、交通规划、防灾减灾规划等在空间开发和布局的基本依据。全国主体功能区规划是我国第一次颁布实施的中长期国土开发总体规划，立足于构筑我国长远、可持续的发展蓝图，涉及国家影响力和控制力的提升、人口和产业未来的集聚、生态和粮食安全格局的保障。随后，各级地方政府也在全国主体功能区的总体框架下，加快地方性区域主体功能区建设。全国性主体功能区战略与地方性区域发展总体战略相辅相成，共同构成我国国土空间开发的完整战略格局。

近几年来，国家对农业功能区进行了多次研究部署，规划建设农产品区域性功能区也基本成熟。2015 年中央一号文件《关于加大改革创新力度加快农业现代化建设的若干意见》提出要“探索建立粮食生产功能区，将粮食生产能力落实到田块地头、保障措施落实到具体项目”；2016 年中央一号文件《关于落实发展新理念加快农业现代化实现全面小康目标的若干意见》要求“制定划定粮食生产功能区和大豆、棉花、油料、糖料蔗等重要农产品生产保护区的指导意见”；2016 年发布的“十三五”规划纲要进一步明确“建立粮食生产功能区和重要农产品生产保护区，确保稻谷、小麦等口粮种植面积基本稳定”；2016 年 10 月国务院印发的《全国农业现代化规划（2016—2020 年）》指出，要促进区域农业统筹发展，提升重要农产品生产能力，壮大区域特色产业，加快实现农业现代化；2017 年中央一号文件《关于深入推进农业供给侧结构性改革加快培育农业农村发展新动能的若干意见》提出，要落实政策，科学合理划定稻谷、小麦、玉米粮食生产功能区和大豆、棉花、油菜籽、糖料蔗等重要农产品生产保护区。2017 年 4 月，国务院印发《关于建立粮食生产功能区和重要农产品生产保护区的指导意见》，做出全面部署规划建设粮食生产功能区和重要农产品生产保护区重要论述。粮食生产功能区包括稻谷、小麦、玉米三大谷物粮食生产区，重要农产品生产保护区包括大豆、棉花、油菜籽、糖料蔗、天然橡胶 5 类重要农产品生产保护区。从国家层面建立粮食生产功能区和重要农产品生产保护区，本质上通过农业结构调整，把种植粮食和重要农产品的优势区域相对固定下来，形成稳定的农作物种植区域布局，优化农业生产结构，更好地推动农业科技集成和推广应用，创新农业发展机制，推动建立现代农业产业体系、生产体系和经营体系，引领全国现代农业建设，有利于完善农业宏观调控方式，进一步巩固提升粮食和重要农产品供给保障能力。

随着国家主体功能区的不断完善，各级政府也在国家主体功能区总体规划框架下，结合自身的区域优势，迅速开启了主体功能区规划建设。山东省本着科学合理、有序推进的原则，实施重点区域带动战略，2013 年出台了《山东省主体功能区规划》（鲁政发

〔2013〕3号），要求以基本农田为基础，以鲁北、鲁西南、东部沿海三大农产品主产区为基地，以优势农产品为核心，构建“六大农产品供给功能区”为主体的农业战略格局。“六大农产品供给功能区”主要包括鲁北低洼平原大宗农产品供给功能区、鲁西南黄淮平原大宗农产品供给功能区、黄河三角洲农牧复合生态调节功能区、胶济山前平原及城郊文化传承休闲功能区、鲁中南山地丘陵农林复合生态调节功能区和鲁东丘陵高效农产品供给功能区。同时，充分依托全省各地的区域农产品资源优势，统筹规划了“四大区域性农产品主题功能区”，形成以青岛、烟台为主的水产品主题功能区，以潍坊、青岛为主的肉食主题功能区，以济宁、临沂、青岛、烟台等为主的蔬果主题功能区和以青岛、烟台、威海为主的粮油制品主题功能区，重点建设一批水海产品加工贸易集聚区、肉食制品精深加工区、蔬果生产流通区和粮油制品仓储加工区，推动人才、项目、资金、技术等要素向主题功能区集聚，形成一批相互配套、功能互补的农产品企业集群，辐射带动区域经济发展，打造全国领先的优质农产品高地。2017年3月，山东省政府根据《全国农业现代化规划（2016—2020年）》和《山东省国民经济和社会发展第十三个五年规划纲要》，制定印发了《山东省农业现代化规划（2016—2020年）》（鲁政发〔2017〕8号），对“六大农产品供给功能区”为主体的农业战略格局和“四大区域性农产品主题功能区”进一步优化提升，按照统筹区域协调发展的理念，更加明确的指出，要围绕优化布局粮棉油产业、蔬菜产业、果品产业、畜牧产业、渔产业、特色产业和休闲农业七大主导产业，重点打造半岛蓝色经济区、黄河三角洲高效生态经济区、省会城市群经济圈和西部经济隆起带“两区一圈一带”四大农业产业布局，通过优化农业产业布局，加快形成科学合理、与经济社会发展相适应的农业发展结构。

山东省各级政府基于全省农业产业的总体布局规划，通过整合区域性农产品资源，规划建设了一批主要农产品供给保障有力、农业多功能优势互补的区域性农产品主体功能区，以全面提升出口食品农产品质量安全示范省建设水平。青岛市作为山东半岛蓝色经济区重点城市和西海岸经济新区建设的重要区域，在推进现代农业的发展过程中显得尤为重要。2016年10月，青岛市政府发布《青岛都市现代农业发展规划（2016—2020年）》，按照“一轴三片、四区多点”都市农业现代化区域发展思路，全面调整优化农业生产力布局，搭建全市都市现代农业总体框架，引领全省示范区创建。“一轴”是指大沽河高效生态农业长廊，发挥大沽河、小沽河和莱西湖流域水源丰富、土壤肥沃的优势，发展高效蔬菜、林果、花卉园艺、采摘观光等高效设施产业，打造都市现代农业生态长廊。“三片”是指以东部崂山、北部大泽山、南部大小珠山为生态间隔片区，依托当地林果、茶叶、花卉等产业优势，建立南北平衡、东西互补、城乡一体的生态间隔片区，发挥生态涵养、绿色屏障功能，为城市打造“天然氧吧”和“都市之肺”。“四区”是指建设百万亩粮油生产功能区、百万亩高效设施农业生产功能区、现代畜牧业发展区和现代海洋渔业发展区，稳住“金色粮仓”，提升“绿色粮仓”，调优“蓝色粮仓”。“多点”是指按照“产城一体”发展思路，在沿海山海风景线、主要山系、主要农业生产区、农产品加工及市场配送基地，多点布局，规划建设一批现代农业示范园和采撷体验园等现代园艺产业区。以粮油、园艺、农业产品加工业、休闲观光农业、智慧农业、生态节水农业，以及现代畜牧业、渔业、林业、种业为核心，重点建设“十大现代农业”，青岛逐步形成“环绕中轴、分区发展、点面结合”的都市现代农业空间布局，构建完善都市现代农业产业体系和区域性农业生产功能区，推动特色产业进一步向优势区域集聚，提升农业品牌效益和竞争力。截至 2017 年，该市已建成粮食高产优质示范区 108 万亩，示范区粮食单产高于全市平均 30%以上；发展高效设施农业 80 万亩，培育了茶叶、蓝莓、食用菌等一批高效特色产业，国家级“一村一品”专业镇村达 26 个、省级 32 个，优质特色农业年产值达 169 亿元，占种植业总产值 56%。平度市立足平西南优质粮油、平东南优质出口蔬菜、平东北生态果品三大农产品区域优势，规划筹建三大农业生产功能区。即在西南部粮食主产区，建设 50 万亩粮食生产功能区；在东南部沿大沽河流域，建设 20 万亩优质高效蔬菜生产功能区；在东北部山区，建设 30 万亩高标准生态高效果品生产功能区。威海市立足北、东、南三面环海，海岸线总长 986 千米，占山东省海岸线总长的 1/3、全国的 1/18 的优势，紧紧围绕“海上粮仓”建设，大力发展生态增养殖业，规划“3 带 6 方 12 群”的海水增养殖发展布局，形成了全国最大的海带养殖基地、水产品加工基地以及海珍品养殖基地。“3 带”即在威海市北部、东部和南部海域建设三大海水增养殖带，在养殖品种和养殖方式上各有侧重，突出优势和特色；“6 方”即围绕“3 带”集中建设 6 处 20 万亩左右集中连片、优质高效的海洋牧场“生态方”，推广高效养殖；“12 群”即在适应海域建设 12 处人工鱼礁群，构建人工鱼礁建设，休闲海钓、生态环境修复等多功能于一体的生态渔业建设格局。章丘结合境内山区、黄河滩区、平原各占 1/3 的实际情况，按照“三个三分之一”的格局，规划建设了山区生态农业区、滩区高效农业区和平原设施农业区 3 个区域性农产品示范区，有计划地调整种养结构和区域布局，推动优势产业向优势区域集中。一是南部山区生态农业区域，重点发展核桃、板栗、花椒等干杂果为主的特色林果、中药材、小杂粮；二是北部滩区高效农业区域，重点发展优质粮食、绿色有机瓜菜、健康畜禽、淡水养殖、速生林；三是中部平原设施农业区域，重点发展休闲农业、观光农业、体验农业。该市通过优化结构布局，促进农业优势产业在优势区域形成产业规模，农业产出效益不断提高。

三、实施市场多元化战略大力开拓国际市场

中国加入世界贸易组织，对于我国农产品出口带来了前所未有的机遇，但同时也带来了严峻的挑战。随着世界政治格局的动荡和世界经济贸易区域集团化的发展，以关贸总协定为代表的谋求全球贸易自由化的努力，正受到新贸易保护主义的冲击，国际贸易保护主义日趋严峻，技术性壁垒越来越严，国际农产品贸易争端不断发生，愈演愈烈。自改革开放以来，我国的农产品出口主要集中在日本、欧盟、美国、韩国、东盟等国家和地区，出口目标市场相对比较集中，出口到这些市场的农产品，占我国农产品出口比重的 80%，其中，仅日本市场就占全国农产品出口额的 1/3。由于出口市场过分集中，目标市场相对狭小，而我国农产品的出口数量又十分巨大，很容易受到对方国的制约，陷入被动局面，从而给我国出口农业带来巨大的不良影响。在当前国际关系变化复杂

化、世界多极化、经济全球化格局日趋激烈的新形势下，如果我国农产品出口市场过于集中在少数国家或地区，一旦国际形势发生变化，我国农产品对外贸易就难以持续稳定协调地发展，必须开拓新的国际市场，构建多元化农产品贸易格局。近年来，我国与中亚、中东、非洲、拉丁美洲、独联体等新兴国际市场经济体和发展中国家不断加强沟通交流，特别是我国倡导实施的“一带一路”倡议，建立了多个贸易促进平台，持续推进国际贸易便利化，对相互之间的农产品贸易起到了促进推动作用。我国与巴西、墨西哥等南美国家，以色列、沙特阿拉伯等中东国家，埃及、南非等非洲国家的农产品贸易增长迅速，与这些国家的农产品贸易增长率普遍高于我国农产品贸易的总体增长率。随着我国与东盟、新西兰、智利、秘鲁自贸协定的实施，自贸区效应逐渐显现，双边农产品贸易快速增长。在这种背景下，我国农产品出口市场逐渐多元化，国际市场高度依赖性降低，对日本、欧盟、美国等传统的发达国家市场出口比重有所下降，乌克兰、俄罗斯、拉美、非洲、南亚等新兴市场出口比重稳步提升。2017 年我国对日本、韩国、欧盟、美国等传统国际市场农产品出口额占出口总额的 62.6%，比 10 年前下降了 5.9 个百分点，而新兴市场农产品出口额占出口总额则达到 37.4%。

山东省受地理位置、运输条件以及农产品自身特点的影响，农产品出口目标市场主要集中在亚洲的一些国家和地区以及欧美等发达国家，外贸出口市场相对稳定，日本、韩国、欧盟、美国、东盟五大市场构成了山东省农产品的主要出口市场。但是，山东省农产品出口市场也与全国一样，市场高度集中，日本、韩国、欧盟等五大市场占全省农产品出口总量的 80%以上，仅日本市场就占据了超过 1/3 的份额，出口到韩国的泡菜占出口总量的 80%以上，出口到日本的生姜、大葱占出口总量的 60%以上。过于集中的贸易市场，对外贸易依存度过高，很容易造成贸易垄断，致使出口企业处于被动地位，利润空间受到压制，一旦进口国变动农产品进口政策，或者发生军事、政治等非经济因素事件，容易导致农产品出口销售阻滞。近几年中日之间的政治摩擦导致输日大葱、生姜等农产品受阻，就是一个典型的例子。从这五大市场对进口农产品质量标准要求来看，日本、欧盟、美国属于高端市场，山东省向这些国家和地区主要出口高端农产品；东盟市场门槛较低，出口到东盟的农产品以初级农产品为主；韩国市场对农产品质量的要求介于以上二者之间，属于中端市场。近几年来，随着国际贸易保护主义的加剧，世界各国特别是欧美、日本等发达国家，纷纷出台政策抑制农产品进口，以保护本国农产品的市场，而这些国家又是山东省农产品出口的主要目标市场，日本出台了日本肯定列表制度和命令检查制度，欧盟推出了新食品安全法，美国实施了食品安全现代化法案，这一系列不断变更的要求，提高了对进口农产品检验检疫标准，山东农业出口形势遭受到前所未有的冲击。据统计，从 2007 年开始，山东省农产品出口业开始出现增速变缓的趋势，2008 年以后回落。比如，2008 年上半年山东省对日农产品出口 11.9 亿美元，同比下降 11.8%，比 2007 年同期回落 15.8 个百分点，296 家涉农企业退出日本市场，对日农产品出口下降明显。造成这种现状的主要有四大因素：一是国际政治经济形势动荡，全球经济发展低迷。2008 年源起于美国的国际金融危机，在全球弥漫，导致国际市场低迷，经济低迷影响对外贸易的发展，而山东农产品主要出口国基本上都是这次危机影响较大的国家和地区，比如美国、欧盟等。二是国际农产品绿色贸易技术壁垒，

2006 年 6 月日本肯定列表制度出台，开始运用绿色贸易技术壁垒，大幅度提高进口农产品质量标准，而日本是山东省农产品最大的输出国，遭遇史上最严格的绿色壁垒，从而导致山东省农产品出口增速减缓，很多出口型企业受到了前所未有的冲击。三是人民币升值压缩了出口农产品的利润空间，影响农产品出口。自 2005 年 7 月中国启动人民币汇率改革以来，人民币继续保持坚挺，人民币对美元汇率明显升值，人民币升值压缩了出口农产品的利润空间，降低了我国农产品的国际市场竞争力，导致出口数量减少，进口增加。四是农业生产性成本提高，导致价格优势，影响了农产品出口。一方面，受石油等国际资源涨价影响，化肥、农用柴油、农用薄膜等农用生产资料价格上涨，农产品种植、养殖、捕捞、运输等成本提高，带动农产品原料价格上涨。比如，鲐鱼价格由 2004 年年底的 2 000元/吨涨到 1 万元/吨以上。另一方面，农产品作为劳动密集型产业，由于劳动用工紧张，农民工工资提高，农产品加工企业受到很大影响。比如，龙大集团工人平均工资已经由 2002 年的 500 元/月左右提高到 3 000元/月以上，仅此一项每年就增加劳务工资支出 3 亿元。面对这种新形势新压力，山东省以出口农产品质量安全示范区建设为突破口，实施农产品国际市场多元化战略，支持鼓励农产品出口企业开发拓展新市场。2008 年 2 月，山东省政府工作报告提出积极实施“深化日韩、提升东盟、突破欧美、拓展非洲”全面开放战略，加快转变外贸增长方式，提高外贸质量和效益。2009 年 6 月，山东省政府出台了《关于加快推进出口农产品质量安全示范区建设的意见》（鲁政办发〔2009〕43 号）要求，在巩固提升传统发达国家市场的同时，大力开拓新兴国际市场，打造高中低农产品国际贸易市场彼此结合、相互弥补的多元化、大市场格局，建立多元化国际市场体系。2013 年国家主席习近平在哈萨克斯坦和印度尼西亚访问时，提出了丝绸之路经济带和 21 世纪海上丝绸之路的“一带一路”倡议，突破了传统的以发达国家为核心的全球贸易体制思维定式，倡导建立以发展中国家为主导的命运共同体，从产业链体系、生产方式、创新激励等方面升级了中国农业的对外合作机制，为农业国际贸易提供了更为广阔的发展空间，有助于构建更加优化的农产品对外贸易结构，形成高中低多元化国际市场与国内市场同步发展的大格局。随着多元化市场开拓力度不断加大，山东农产品对俄罗斯、阿拉伯联合酋长国、澳大利亚、非洲、拉美等新兴市场农产品出口大幅度增长，在传统的欧美、日本等发达国家与地区的市场开始挤进零售，山东品牌农产品也开始遍布国内市场，山东农产品外贸出口以及内贸品牌化呈现全面开花的大好形势。

（一）以质量安全型为核心的国际竞争战略，挤占美国、欧盟、日本三大发达国家与地区的零售市场

多年来，山东省农产品出口业一直存在“以低价争取市场，以原料半成品出口为主，附加值低，创汇能力弱，市场带动能力不够强”的问题，导致山东出口农业大而不强。巩固传统的国际农产品贸易市场，提高农产品出口创汇效益，必须转变传统的低附加值出口策略，依靠科学技术，大力培育科技含量高的产品，生产加工精深农产品，提高农产品的附加值，通过产品质量的提升，实现出口产品的转型升级，变原料出口型的外贸出口模式为成品出口模式，由数量创汇型，转化为质量创汇型，提高我国低附加

值产品的出口创汇效益。日本、欧盟、美国是当前世界上最发达的经济发展体，也是山东省农产品出口的主要出口国和地区，而对这三大市场，山东省主要是依靠输送原料半成品为主，在经对方实体企业分装、加工后，在本国零售市场上销售，市场附加值低，山东企业赚取的利润比较低。针对这三大农产品出口贸易市场，山东省按照“巩固份额，打进零售”外贸出口模式，在巩固扩大以往出口份额的基础上，加大农业科技投入力度，针对目标国市场需求，以动物源性产品、有机食品、特色农产品、调理食品等终端产品为重点，不断进行科技研发，生产适销对路的即食包装产品，通过在目标国进行宣传推广，在目标国注册商标，包装设计符合目标国标准，引导企业开发具有高附加值的出口深加工产品，改变以鲜活初级农产品为主的出口结构，进一步提高产品深加工程度、附加值和市场竞争力，从而实现打进零售市场的目的。多年来，山东省通过实施科技兴企的外贸发展模式，引导企业转变传统的低附加值出口策略，实现出口农产品的转型升级，变原料出口型的外贸出口模式为成品出口模式，由数量创汇型，转化为质量创汇型，提高农产品的出口创汇效益，着力改变山东出口农业大而不强的问题。一是积极实施农业科技创新工程，提高出口农产品的科技含量，支持出口企业开展新产品研发，着力生产科技含量高的精深农产品，提高农产品的附加值，通过产品质量的提升，提高产品在国际市场上的竞争力。二是围绕出口农产品整体质量的提升，在产品策略、生产技术、包装设计上进行改良升级。重视产品策略升级，按照目标市场标准要求，生产加工符合出口国技术标准要求的产品；重视生产技术改良，针对目标市场需求，进行生产技术改良，使其更加适应国外消费者的需求；重视包装设计，针对国际市场需求，改善出口产品的包装，使其适合国外市场的需求，符合国外的法律法规，适应国际运输标准。三是以品牌竞争为策略，打造国际品牌，提升品牌农产品知名度，提高国际消费者认可度，以更好的挤进发达国家零售市场，提高出口创汇附加值。多次组织企业到日本、欧盟、美国开展山东品牌农产品展览会，推介品牌农产品以及研发的新产品，突出“至诚山东”和“绿色安全”农产品整体品牌形象。利用高层访问、国际会议、境内外展览会等机会，多渠道大力度开拓传统的重点国际市场，在匈牙利、美国等传统国际市场国家设立山东品牌产品展示（销）中心，赴英国、意大利、阿根廷、荷兰、日本等发达国家和地区举办山东名优农产品推介展览会，鼓励扶持有能力的农产品出口龙头企业在重点国际市场国家建立公共海外仓、产品分拨中心。这种农产品出口营销新模式，有效的融入境外零售体系，扩大了山东农产品海外营销渠道，有利于产成品直接出口。龙大集团、鲁花集团、泰祥集团、凤祥公司、晶荣公司等农业龙头企业推出的虾、鸡肉、洋葱酱等新产品受到这些国家与地区消费者的欢迎。同时，通过实施政策扶持，资金支持，鲁丰集团、龙大集团等农业龙头企业进一步提高了赴外推广产品的积极性，在赴外推广过程中更加注重品牌传播，出口农产品的品牌溢价能力进一步增强。比如，龙大集团、鲁花集团分别在日本、韩国、美国等国家注册了“龙大”蔬菜、“鲁花”花生油商标，成为国际市场上具有较高知名度和竞争力的名牌产品。在日本、韩国等国家，“龙大”系列食品已成为大型超市的主流品牌。“鲁花”花生油因其准确的市场定位、鲜明的品牌个性以及独到的广告创意，成为国内外零售市场的强势品牌。龙大集团生产的“龙大”调理食品，在日本被评为 A1 级，直接进入超级市场，集团下属的 4 个农产品加工企业也通过了日本农林水产省注册。在韩国，龙大集团每年出口红薯汤粉 8 000 多吨，占据韩国市场的半壁江山。在欧盟和美国，龙大集团的速冻蔬菜、水产品通过了美国 FDA 认可，该集团生产的龙大粉丝、粉皮、甜豌豆、魔芋、面酱等产品，共同编织了一张横跨美国、德国、英国、法国、西班牙等主要发达国家市场的山东农产品出口网络。

（二）以劳动密集型为基础的比较优势战略，提高韩国、中国香港、中国台湾、东盟等传统国际市场占有率

韩国、中国香港、中国台湾、东盟等传统国际市场既是我国的农产品主要贸易市场，也是山东省农产品出口的第二大聚集区，印度尼西亚、马来西亚、泰国等东盟国家与地区是山东省的第三大农产品出口市场，相对于日本、欧盟、美国这三大发达国家与地区来说，这些国家对农产品质量安全要求的标准相对较低。对于这些国家和地区，山东省充分发挥驻外经商参处和机构的作用，及时向省内农产品出口企业传递国外农产品贸易政策、市场动态和商品信息，通过驻外信息的传递，国内商贸机构分析，农产品出口企业按照取长补短、成本控制的策略，以蔬菜、果品、大蒜、粮食制粉、植物源性产品等具有比较优势和贸易互补农产品为重点，有重点、有针对性地拓展韩国、中国香港、中国台湾、东盟等国际市场，提高省内具有传统优势的农产品（如海鲜产品、蔬菜、果品等）在这些市场上的占有率。抓住国家“一带一路”、中韩自贸区、中国东盟自贸区市场建设的有利时机，把国家战略与推进农产品国际贸易有效衔接，利用高层访问、国际会议、境内外展览会等机会，按照竞争性与互补性产品分类，积极做好沿线国家的贸易布局，多渠道大力度开拓传统国际市场和新兴贸易市场。从 2007 年以来，山东省组织农业龙头企业赴韩国、中国香港、中国台湾、东盟等国家和地区举办食品农产品商贸推介会、综合性展会、专题推介会和农产品专题贸易促进活动 30 多场次，广泛宣传山东示范区建设情况，提升了示范区在这些国际市场的知名度。通过广泛的宣传推广推介，增强了业界对山东农产品的信心，提高了韩国、中国香港、中国台湾、东盟等传统国际市场占有率。2016 年山东省向韩国、中国香港、中国台湾、印度尼西亚、马来西亚、泰国等东盟国家和地区经济发展水平相对较弱的传统国际市场出口食品农产品 299.8 亿元，同比增长 19%。

（三）以产品差异化为重点的新兴市场战略，拓展南亚、中东、拉美、独联体等新兴市场

为解决我国农产品出口市场过分集中，目标市场相对狭小，很容易受到对方国的制约，陷入被动局面，从而给我国的出口农业带来巨大的不良影响的不利因素。我国自加入 WTO 之后，特别是近几年来，国家不断拓宽出口渠道，积极开辟巴基斯坦、阿联酋、南非等新兴国际市场，有效避免企业对单一市场过分依赖的弊端，取得了显著成效。从近几年我国农产品出口增幅来看，出口到南亚、中东、拉美、独联体等国际新兴市场的农产品，远远高于出口到日本、欧盟、韩国、美国、东盟等传统市场，出口市场狭小、容易被动的局限性逐步得到改善。随着山东省出口农产品质量安全示范区创建工

作的不断深入发展，从2010年开始，山东省按照“巩固传统市场，开辟新兴市场”农产品国际贸易新思路，在千方百计保住日韩、欧美、中国香港、中国澳门、中国台湾等传统出口市场的同时，抓住“一带一路”倡议机遇，政府积极搭建平台，赴北非、独联体、中东、拉美等新兴国际市场，举办各种食品农产品博览会、展览会和展销会，参加多种形式的高层论坛，组织企业积极开拓新兴国际市场。非洲、中东、拉丁美洲等新兴国际市场以及“一带一路”沿线国家，基本上都是发展中国家，经济发展水平与消费水平相对较低，对产品质量要求的还不特别严格，市场准入门槛较低。山东省利用这种差异优势，采取多种形式，不断增加新品种，全力挤进这些市场，向这些新兴市场大力推介，从而弥补了部分农产品无法进入发达国家市场的不足。商务、检验检疫等部门制定发布新市场开拓规划，设立新兴市场开拓专项资金对企业进行扶持，从市场调查、新产品开发、营销策划、产品展示与推介等多个方面进行推进，为企业提供国际市场信息、咨询等服务，积极指导农产品出口企业，广泛了解、关注和掌握新兴市场的农产品准入条件和质量安全标准，准确把握不同市场的消费特点，严格按照目标市场要求组织生产和加工，并根据不同市场的要求，研究细分市场，采取差异化策略，突出专业性和针对性，大力开发适合当地民族、市场口味特色的制成品，提高企业拓展开发东南亚、中东、拉美、独联体等新兴市场的积极性，不断扩大适销产品出口，占有率明显提高。通过开辟国际新兴市场，着力解决国际市场过于单一，容易受制于人的弊端，努力打造多元化国际市场，以往市场单一、容易被动的情况得到较好的解决。2016年山东省对“一带一路”沿线国家和地区农产品出口增长20.3%，对俄罗斯出口增长11.6%，南亚增长24.4%，东盟增长26.3%。

（四）以出口品质为保障的国内市场战略，积极促进农产品内外贸融合共赢

让老百姓吃上安全优质放心的农产品，是出口农产品质量安全示范区建设发展成果全民共享的必然要求。全民共享是出口农产品质量安全示范区建设的最终目标，是我国实现传统农业向现代农业转型的通道和桥梁，也是推进我国农业供给侧结构性改革的重要举措。狠抓食品农产品质量安全，为广大人民群众创造一个生产发展、生活安定、社会和谐、消费安全的良好环境，是在为群众办实事、办好事、解难事，是对广大农民和城乡消费者高度负责，是在经济社会发展过程中贯彻坚持以人为本执政理念的具体体现，也是在新业态下推动农业供给侧结构性改革，扩大内需，拉动内贸经济发展的基本举措。山东省在出口农产品质量安全示范区建设取得巨大成功的基础上，为满足国内需求，从2010年开始，按照“推行国际标准，统筹两个市场，打造山东品牌，促进富民强省”总体要求，以国际市场为导向，凭借出口品质，加大向国内市场延伸力度，推动质量安全由出口保障转向全民共享，实现内外贸融合发展，满足人民日益提高的物质生活需要，推动农业供给侧结构性改革。近年来，山东省结合商务部、农业部开展的“农超对接”工程，积极推广“区超对接”，鼓励超市在示范区建立直采专供基地，推动农产品质量安全由出口保障向全民共享拓展，使国内外消费者享受同样质量的农产品。通过组织示范区内企业与大型连锁超市对接，引导超市在示范区建设直采专供基

地，超市设立示范区农产品专柜，或者示范区企业直接开设专营店，并不断创新对接方式，丰富对接品种，畅通对接渠道，居民“菜篮子”质量得到明显提高，产品类别更加丰富。为确保在国内销售的农产品安全质量，示范区所属的基层乡镇都配备了农药残留速测设备，大型农产品批发市场、超市都配备了农药残留监测设备，做到了企业生产的每个批次产品都抽检，不达标准不出厂；大型市场和超市经营的每个批次产品都抽检，不达标准不销售，确保群众放心消费。威海市为让威海符合国际标准的农产品进入国内市场，使国内消费者享受到安全放心的农产品，大力实施“万村千乡市场工程”，扶持超市建立农产品直采基地和物流配送中心，通过“基地+超市”的区超对接方式，使安全放心的农产品进入国内销售网络、摆上群众餐桌，实现了农民与市民、基地与超市的共赢。潍坊市鼓励创建外贸转型升级示范基地，将示范区建设与肉菜流通质量追溯体系相结合，以出口农产品质量标准推动内销农产品上档升级，全市首批肉类蔬菜流通质量追溯体系建设试点企业中，出口示范区农产品企业占30%以上。山东省全面推行示范区建设，以出口品质为保障，促进全民共享，不仅赢得了消费者和国外进口商的认可，也赢得了国内外投资商的认可。近年来，新加坡在威海建立了无疫病安全食品加工区，肯德基在威海建立了国内最大的肉食鸡供应基地，香港华润五丰行在烟台建立了苹果供应基地，日本伊藤忠、三菱商事等知名企业在威海投资建设农产品加工企业。优质安全农产品逐步由出口保障转向全民共享，进一步满足了我国广大城乡居民对安全优质农产品需求，推动了全省农业供给侧结构性改革，示范区内优质农产品国内市场销售份额逐年扩大。目前，山东全省参与“区超对接”的农业出口企业80多家，在北京、上海、广州等全国20多个大中城市的大型超市设立“区超对接”销售专柜300多个，对接品种200多个。2016年全国重点区域性连锁超市在示范区农产品采购金额达到74.67亿元，是示范区创建之前的3倍，全省有251家出口食品农产品生产企业参与“同线同标同质”工程，国内市场销售173.05亿元，同比增长17.9%。

四、健全工作推进机制形成创建合力

农业作为人类生产最基本的方式，其功能自然与第二、第三产业之间有着原始而紧密的关系，尤其是随着我国城乡居民对高品质、多样化的农产品需求日益强烈，循环农业、休闲农业、观光农业等新型农业开始蓬勃发展，这不仅拓展了现代农业的功能范畴，也为“三产融合互动”提出了现实要求，更是我国现代农业转型发展的主攻方向。当前，我国农业的发展重点就是要把高新技术、新兴业态、新兴商业模式等引入农业，通过精加工、深加工、再加工，延伸农产品加工产业链，使现代农业成为“接二连三”的集成产业，进一步提高我国农业的产值和增加值以及农业的发展潜力和发展空间，成为拉动我国农业农村经济发展的新增长极。始于山东省的出口农产品质量安全示范区创建工程，从表象上来看，属于农业领域和外贸领域，但从根本上看，它既是一个源于第一产业，同时又贯穿一二三产业三大领域，农、工、商三大产业纵横交错，错综复杂，涉及面广，政策性强，是一个单纯依靠某一个部门不可能完成的一个复杂的、全产业链覆盖的系统工程，必须在政府的主导下，多个部门相互配合，全社会共同参与，协力推进，才能取得预期的创建成效。

（一）加强组织保障，建立部门联席会议制度

在示范区推进过程中，山东省强化组织保障，建立了“政府主导、部门联动、社会共治”的示范区建设工作机制，组建了由商务、检验检疫、农业、财政、海洋与渔业、林业、工商、质监、食品药品监管、畜牧兽医等部门参加的工作领导小组，在省商务厅的牵头总协调下，各部门按照职能分工开展工作，各负其责、密切协作，合力推进创建工作，定期召开联席会议，研究解决示范区建设中存在的问题。各级政府对当地示范区建设负总责，市、县（区）两级政府成立由主要领导挂帅的示范区建设领导机构，县（市、区）政府设立专门办事机构，配备专职工作人员，制订方案，积极组织。形成了省、市、县三级政府以及相关部门共同参与、合力推进、密切配合、齐抓共管的示范区创建工作推进机制。在最早实施出口农产品质量安全示范区建设的安丘市，在探索实施之初，就把政府主导作为核心保障，建立了由农业、畜牧、工商、质监、商务、财政、公安等32个部门、单位组成的食品农产品出口质量安全区域化建设领导小组，组长由市长担任，并专设编制，成立了副县级规格的县级农产品质量安全区域化管理办公室，具体负责示范区建设的组织协调、规划建设和督查考核工作，有效整合、充分利用了政府部门的人力、技术和执法管理资源，改变了部门多头管理、各自为战的传统管理模式，形成了结构合理、功能完善、责任明确、联合协作、运转协调、富有成效的工作机制。

（二）加强科技保障，建立全民参与的科技服务体系

农业发展的根本出路在于农业科技化，完善的农业科技服务体系是加快现代农业建设的基本条件，是提高农业生产能力、保障农产品质量安全的内在要求，也是国家创新体系建设和推进农业供给侧结构性改革的重要内容。农业科技是连接农业生产和农业科研的桥梁和纽带，是实现农业科技向农业生产力转化的重要载体，具有科学性、发展性和生态性等特征。农业科技一旦形成并推广，农业生产力将大幅提高，引领农业新形态的更新与发展，促进人与自然的和谐共生和农业生产的可持续发展。近年来，随着工业化城镇化快速推进，我国农业资源环境约束不断增强，生产要素价格持续上升，农产品市场波动加剧，这些不利因素进一步加剧了农业生产的不确定性。如何立足于中国国情，建立高效的农业科技服务体系和创新机制，推动农业科技稳步发展成为我国农业农村工作的重要课题。我国农业科技推广体系始建于20世纪50年代初期，初步形成了中央、省、县、乡四级农业科技推广体系，实行农业、科研、教育部门分设的行政管理体制，相关部门按照各自的职责，负责技术推广服务工作。从运行体制上看，农业、科研、教育单位在农业科技服务中发挥着主力军的作用，涉农企业、各类农民专业合作社作为农业科技的具体实践者，在开展农业科技服务中也发挥重要作用。但是，在这种条块式的农业科技推广体系下，相关单位以及各类经济实体结合自身的职责开展科技服务，工作自成体系，科技转化成果有限，项目重复设置、资源利用不合理的问题也同时

存在。因此，应当创新农业技术推广机制，处理好政府主导与多元参与的关系，实行农业科研、教育、推广相结合，促进各方面力量形成合力，构建社会力量广泛参与、充满活力的多元化农业科技服务体系。建立农业、科技、教育、推广相结合的农业科技服务体系，坚持“主体多元化、服务专业化、运行市场化”，是立足我国国情，构建新型农业社会化科技服务体系的必然要求。农业科技服务体系是一个动态发展的体系，是一个不断自我完善的过程，其核心目的是为农业生产提供优质高效的科技服务，提高农产品科技含量，生产安全优质的农产品。健全农业科技服务体系，最根本的发展方向是变“政府主导型”农业科技服务体系为“公众主导型”农业科技服务体系，变“自上而下”的农业科技产品供给模式为“自下而上”的农业科技产品需求模式。农业科研机构以及政府主管部门通过深入农业生产一线，搞好调查研究，广泛开展农业科技产品公众需求调查，根据农民需要和地理特征，推广和发展农业科技。搭建农业科技成果转化平台，加强对农业科技成果的知识产权保护力度，根据农民意愿，有针对性地开展农业技术教育，大力提高广大农民群众的农业生产劳动技能。通过广播电视、互联网等媒体，推广农业科技成果，鼓励农业科技人员深入农户家中，了解农民生产中遇到的具体问题，及时解决农民的农业科技困惑。

我国一直都高度重视农业科技推广体系建设，努力提高农业社会化服务水平，促进农业生产加快实现科技化、现代化。多年来，山东省按照农科教与产学研相结合、科研型与应用型相结合的农业科技服务体系建设思路，不断创新农业科技服务机制，积极培育各类农业科技人才队伍，建立完善了全民参与的科技服务体系，进一步推进农业供给侧结构性改革。2015 年 11 月，山东省根据习近平总书记在山东考察时提出的“要以解决好地怎么种为导向，加快构建新型农业经营体系；以解决好地少水缺的资源环境约束为导向，深入推进农业发展方式转变；以满足吃得好吃得安全为导向，大力发展优质安全农产品”农业现代化“三个导向”战略思想，以及“要给农业插上科技的翅膀”的要求，加快构建适应高产、优质、高效、生态、安全农业发展要求的技术体系，出台了《山东省农业科技展翅行动实施方案》（鲁政办发〔2015〕51 号），在全省组织开展了以“科技展翅”为主题的农业科技专项行动，不断强化各项政策措施，着力构建农业科技创新、推广、应用新机制，推动农业现代化实现新突破。山东省通过充分发挥科技创新的支撑引领作用，推动农业科技供给侧结构性改革，加快农业产业结构调整和发展方式转变，“十二五”末全省农业科技贡献率达到 61.8%，高于全国水平 5 个百分点。时任国务院汪洋副总理批示充分肯定山东农业科技工作的思路做法，据此提出了推进供给侧结构性改革的基础论断。

1. 完善农业科技创新机制

当前，我国的农业科技服务体系，在科技研发、推广应用与生产实践上，存在条块性分割的问题，降低了农业科技成果的转化，制约了我国现代农业发展的速度与效益。山东省在推进农业科技中，从体制机制创新入手，打破部门、单位、行业、专业等界限，按照农产品类别和产业链条，组成专家团队，建立“产学研、农科教、科推用”的协同创新、联合攻关、实践推广的现代农业科技推广服务体系，完善以市场需求为导向、以农产品为单元、以产业链为主线、以综合试验站为基点的新型农业科技资源组合模式，有效整合了农业科技资源，促进了协同创新和技术推广服务，实现了生产出题目、科研做文章，较好地解决了科技与产业脱节、长期“两张皮”的问题，破解科技成果转化不足的难题。以县乡为单位，按照统筹规划、合理布局、发挥作用、长效运行的原则，加强基层公益性农技推广体系建设，全省所有的县乡都建立了区域性农业技术推广、动植物疫病防控、农产品质量安全监管等公共服务机构，采取落实扶持资金、财政拨款、项目扶持等形式，全面调动各级农技推广机构的积极性，提升基层农技推广服务能力。改进基层农技推广服务手段，充分利用广播电视、报刊、互联网等现代传播手段，为农民提供高效便捷、简明直观、双向互动的服务。截至 2017 年，山东省已组建完成了“十三五”新一轮创新团队，总数达到 26 个，涵盖农产品种类 79 个，基本实现对主要农产品全覆盖。各级农技推广机构达到 4 771个，农技人员 2.9 万人，农业社会化服务组织 20 多万个。

2. 搭建农业科技服务平台

目前，我国农业科研与生产脱节、农业科技成果有效供给不足的现象仍然存在。据了解，我国农业科技成果贡献率仅为 30%左右，而发达国家在 70%以上，山东省农业科研多偏重常规技术和增产技术，高新技术和加工增值技术研发滞后，与现代农业发展需要已经不相适应。基层农技推广普遍机制不活、手段落后、知识老化现象突出，影响先进技术的推广普及和潜在效益的发挥，最终表现为参与国际竞争的农产品科技含量不足。鉴于这种问题现状，山东省在实施农业科技推广体系建设中，高度重视团队建设和平台建设，坚持开放、共享、联合发展的原则，不断强化自主创新和集成创新，建设覆盖全省、层次清晰、人才聚集、装备精良的农业科技平台体系，大力推动成果转化，为农业生产提供更为优质的科技服务。2010 年山东省在全国率先启动实施了省现代农业产业技术体系创新团队建设，出台了《关于启动实施山东省现代农业产业技术体系创新团队建设的意见》（鲁农科技字〔2010〕22 号）和《山东省现代农业产业技术体系创新团队考评办法》，专门开辟了“山东省现代农业产业技术体系创新团队管理平台”。

经过多年的发展，山东省形成了一大批立足生产、扎根实践、解决实际问题的科研成果，开展了富有成效的科技服务，为保障农产品质量安全以及主要农产品有效供给、促进农民持续增收和农业可持续发展做出了积极贡献。截至 2017 年，山东省已建设完成小麦、玉米、棉花、花生、水稻、杂粮、蔬菜、水果、食用菌、薯类、茶叶、蚕桑、中草药、生猪、牛、羊、家禽、刺参、鱼类、虾蟹类、贝类等 22 个创新团队，涵盖农产品种类 63 个，对全省农产品的覆盖率为 76%。创新团队共设置了首席专家 22 名，岗位专家 179 名，综合试验站站长 117 名，涉及 100 多个农业科研、教学、推广单位和龙头企业，带动 2 000多名农业科技人员广泛参与，已成为全省农业科技创新体系的重要组成部分。据不完全统计，目前，全省创新团队审定新品种 76 个，创新种质 4 000余份，研发新技术 113 项、新型肥料新药剂 107 个、新机械 24 台，获得国家科技奖励 3 项，省级科技奖励 18 项，专利 339 项，开展技术培训 1 000余次，培训农民 10 万余人次。山东省开展的创新团队建设是农业科技领域的一项重大管理创新。创新团队是推动科研与推广密切衔接、促进农业科技成果转化应用的行之有效的组织模式，是深化农业科研体制改革，创新体制机制方面做出的有益探索和成功实践。一是创新了管理体制，有效盘活了农业科技资源。建立起多专业、多学科纵横联合、协同创新的新体制，实现了从产地到餐桌、从生产到消费、从研发到市场，全产业链条各环节紧密衔接、环环相扣的技术服务体系。二是创新了运行机制，有效解决了科研与产业结合不紧密的问题。坚持问题导向，建立了源于生产的立项机制。三是创新了人才培养机制，有效激发了科技人员的工作热情。坚持以生产服务和推广应用为重点，让“论文写在大地上，成果留在农民家”，带动了大批生产一线和基层科研人才的成长。四是创新了保障机制，经费采取任务量一次核定、连续支持的方式，稳住了科技人员的“心”。为深入实施创新驱动发展战略，激发广大科技特派员创新创业热情，推进农村大众创业、万众创新，2016 年 5 月，国务院办公厅印发了《关于深入推行科技特派员制度的若干意见》（国办发〔2016〕32 号），深入推行科技特派员制度，引导科技、信息、人才、管理等先进生产要素向农村基层、农业一线集聚。2016 年 11 月，山东省政府办公厅印发了《山东省人民政府办公厅关于贯彻国办发〔2016〕32 号文件加强科技特派员队伍建设的实施意见》（鲁政办发〔2016〕49 号），在全省深入推行科技特派员制度，切实加强科技特派员队伍建设，建立健全农业农村科技服务体系，对于新形势下，增强农业产业竞争力，提高农民收入，深化农业科技供给侧结构性改革，提升科技服务农业发展能力，促进农业产业结构调整和发展方式转变具有重要意义。作为农业科技推广服务体系的行政主管部门之一，2016 年 11 月山东省科技厅结合深入推行科技特派员制度，出台了《关于印发〈推进“农科驿站”建设实施方案〉的通知》（鲁科字〔2016〕141 号），充分发挥科技特派员在农业科技创新与推广方面优势，采取线上与线下服务相结合的方式，积极打造一批集农科研发、农技推广、科技精准扶贫、农村乡土人才培养、农业科技成果转化等功能于一体，扎根于农村基层的新型农业科技服务平台，积极探索农业科技服务新途径。农科驿站是一个立足于基层农业科技的综合性服务平台，是科技为民为农服务的新模式，是深化科技管理体制改革的重要措施，是构建新型农业科技服务体系的重要环节。具有技术创新、技术推广、应用示范、科技精准扶贫和农业科技成果转化的功能。通过科技特派员和高校研究生驻地研究，零距离、零门槛、零时差为农户及农业企业提供技术培训、问题咨询、成果转化等服务，引导农民进行高效安全规范生产，实现农作物高产、资源高效和质量安全。在农科驿站推进建设中，山东省科技厅按照“政府引导、企业主体、市场化运作、可持续发展”思路，运用互联网、移动 App、微信、有线电视、热线电话等信息技术手段，不断创新管理机制，努力形成可复制、可推广、可持续的新型农业科技服务模式。目前，全省已有济阳县曲堤镇强龙农科驿站、费县北疃农科驿站、安丘市辉渠镇范山子农科驿站等 363 家农科驿站通过审核备案。费县依托蓝莓和番茄基地建设农科驿站服务点，建立了农科驿站科技网络服务云平台，形成了农业“线下测土配肥定制服务+线上技术指导+整体解决方案”的服务矩阵，整合果业种植新模式，形成适合该区域的各类果树技术操作规程。同时，引进推广秸秆生物反应堆、生物有机基质栽培、碳能肥等新技术，推动绿色生产发展，解决了传统农业经营规模小、生产方式粗放、组织化程度低、劳动力科技水平低、服务体系不健全、产品市场竞争力不足等问题，实现了传统农业向现代农业的转型升级。莱城区立足本地“三黑一辣”的产业优势，加强与农业科研机构交流合作。在区政府的引导支持下，莱芜万兴公司联合18家单位，发起成立了山东省姜产业技术创新战略联盟，并与中国农业科学院签订了建立葱姜蒜院士工作站合作协议，对莱城区姜蒜产业进行科技合作，不断增强姜蒜产业发展实力。

3. 加强公益性农技服务机构建设

基层农业公共服务机构是实施科教兴农战略的重要载体，加快乡镇农业公共服务机构建设是落实国家重大战略部署的重要举措。基层农业推广体系改革作为我国政府机构改革和事业单位改革的重要内容之一，从中央到地方，多次进行安排部署，也把农业技术推广体系体制改革与健全完善，作为推进现代农业发展、建设社会主义新农村的重要措施来抓。中共中央、国务院先后出台了《国务院关于深化改革和加强基层农业技术推广体系建设的意见》（国发〔2006〕30号）、2012年中央一号文件《关于加快推进农业科技创新持续增强农产品供给保障能力的若干意见》。山东省也相继出台《关于深化改革和加强基层农业技术推广体系建设的意见》（鲁政发〔2007〕97号）、《关于加快推进乡镇农业公共服务机构建设的意见》（鲁政办发〔2012〕9号）等政策性文件方案。通过建立健全乡镇公益性农业公共服务推广机构，调整充实农技推广队伍，强化基层公益性农技推广服务职能。近年来，山东省按照“公益性推广机构与经营性服务机构相结合、公益性推广队伍与新型经营主体相结合、公益性推广与经营性服务相结合”的农技服务机构建设思路，以乡镇基层公益性农技服务机构为重点，加强农技服务人才队伍建设，不断深化农技推广体系改革，探索公益性推广与经营性服务融合发展新机制，促进了全省基层农业技术推广、动植物疫病防控、农产品质量安全监管体系建设，有效增强了乡镇农业公共服务能力，为促进农业发展、农民增收、农村稳定发挥了重要作用。结合政府机构改革和事业单位改革，将乡镇一级的农技推广机构确定公益一类事业单位，每年都从科研院校招聘专业人才，全额财政拨款。同时，推进科研院校与基层农技推广机构合作，充分发挥农业科研院校的人才、技术优势，建立健全农科教结合、产学研一体的农技推广服务机制，加强了基层农业技术服务水平，持续推动基层农技推广体系创新改革，进一步拓展了基层农技推广机构服务职能，从而推动基层农技推广体系由“建机构、强队伍、补经费”向“强能力、建机制、提效能”转变，推进基层农技推广体系与新型农业经营体系紧密衔接，有效地提升了农技推广人员的技能素质，增强了农技服务能力，增强了农技服务活力。

4. 发展多种形式的社会化服务

坚持现代农业与现代服务业有机融合，坚持传统农业服务业与新兴农业服务业齐头并进，坚持数量规模与质量效益共同提升，加快传统农业生产服务业提档升级，推动新兴农业服务业创新发展。以农业科技服务、农产品质量安全服务、农产品流通服务、农产品初加工服务、农村环保能源服务、农业信息服务、土地流转服务、农业金融服务为重点，建立健全覆盖全程、综合配套、便捷高效的新型农业生产服务体系。加快构建以公共服务机构为依托、合作经济组织为基础、龙头企业为骨干、其他社会力量为补充，公益性服务和经营性服务相结合、专项服务和综合服务相协调、一主多元的新型农村社会化服务体系。发挥市场机制在农技推广方面的基础性作用，采取政府订购、定向委托、招投标等方式，支持社会力量广泛参与农业产前、产中、产后服务，着力把农民专业合作社、供销合作社、农业产业化龙头企业、涉农科研机构和专业技术协会等培育成农技推广的市场主体和重要力量，培育发展了一批新型农业社会化服务组织。完善重大病虫疫情防控支持政策，发展专业化防治组织，在粮食主产区、经济作物优势区和重大病虫发生源头区推行统防统治。积极利用基于移动互联的农技推广服务云平台、农业科技网络书屋等现代信息化服务手段推广农业技术，全面推进农业科技进村入户，努力提高技术到位率。

5. 壮大农业科技人才队伍

如果说农业科技服务平台是农业生产实现科学发展的一艘“农科航母”，那么在这些平台上提供农业科技服务的农业科技人才，就是一架架“农科战机”。农科平台与农科人才相辅相成，同步发展，为农业生产提供源源不竭的科技动力。山东省通过建设农科驿站，为广大农业科技特派员提供了开展科技服务工作和技术研发工作的重要站点。广大农业科技特派员借助这个平台，充分发挥在农业科技创新与推广方面优势，运用互联网、移动App、微信等信息手段，开展农业科技在线服务，按照“零时差、零距离、零费用、零门槛”的科技服务目标，采取线上与线下服务相结合的方式，为农户及农业企业提供技术培训、问题咨询、成果转化等服务，引导农民进行高产高效生产，实现农作物高产和资源高效，探索现代农业可持续发展之路。2014 年 9 月，山东省出台了《关于实施泰山产业领军人才工程的意见》，把高效生态农业领域作为六大产业之一，实施产业领军人才培养储备计划，培养形成一支农业技术骨干队伍。在推进实施“科技展翅”为主题的农业科技专项行动中，山东省开展了“万名科技人员下乡”行动，强化基层体系建设在农业技术推广的主渠道作用，采取科技进村、入户、到田模式，每年组织一次“万名农业科技人员下乡”活动，对农业生产不断加大关键时节、关键环节的技术指导。坚持农业主导品种和主推技术遴选发布制度，每年筛选、推广主导品种和主推技术各 50 项，并制定相应技术操作规程和技术指导方案向全省发布。以新型农业经营主体带头人、家庭农场、种粮大户、生产大户等为重点，每年在种植业大村、专业村、特色村积极培育农业科技示范户 7.5 万户，安排专家和技术指导员对其进行专门指导，推广普及先进适用新品种新技术。深入实施基层农技人员培训工程，采取分层次分批分专业培训的方式，每年对 8 000名左右的县乡两级农技人员开展培训，着力解决其科技素质低、知识更新慢等问题。组建省级示范区建设专家，指导全省示范区建设。在出口农产品质量安全示范区建设中，山东检验检疫局充分发挥技术、政策优势，全方位提供人才技术支持，选派业务能力强、工作水平高的处级干部到荣成、乳山、文登及威海市环翠区挂职担任副市（区）长，专职协调、指导示范区建设，针对基层村镇干部、农资销售经营人员和出口企业基地管理人员 3 个层面，开展基础培训、专业培训和骨干培训，为威海市打造农产品质量安全示范市，做出了巨大贡献。实行向重点区域派驻科技副县长制度，指导制定农业科技发展规划，聚集农业科技创新资源，共同推动农业科技创新实现新的突破，带动县域农业经济加快发展。五莲县科技副县长李玲利用丰富的人脉资源，多次邀请山东农业大学、山东省果树研究所、青岛市农业科学研究院的专家教授到县里进行技术指导。临沭县科技副县长胡丽娜帮助金正大、史丹利等化肥企业成功引进国家“千人计划”专家慈立杰教授团队 10 多人，就如何改良土壤板结成功进行技术对接研发，解决了一大技术难题。目前，已选派山东农业大学副教授李宁阳、山东省农业科学院副研究员张卫华等 90 名农业科技人才，到金乡、临沭等 77 县（市、区）挂职科技副县（市、区）长。

（三）加强信息保障，建设质量安全公共信息省级平台

公共信息平台是指所有参与者都能够自由获得信息的场所。在当今产业信息化高速发展的年代，社会资源信息传播已经网络化，对资源信息利用率大幅度提高，人们把意向需求以市场形式展现出来，即时在公共信息平台里传播或寻找需求，这种对信息资源传播的互动交流，创造出来的网络新文化，命名为“即时寻公共信息平台”。通过对公共信息资源进行深层次的加工与挖掘，不仅能为更多的企业、公众发挥资源利用及商业贸易等资源共享起指导作用，还能为其引进资金、开展国际贸易、更好地参与全球竞争提供机会。落实到农产品质量安全领域，就是引入“互联网+”，利用大数据、互联网、物联网等现代信息技术，搭建向全社会开放的公共信息服务平台，运用丰富完善的信息流，为涉农企业发展提供信息服务，提高农产品国内外市场竞争力，促进农民、农村、农业可持续发展。2015 年中央一号文件《关于加大改革创新力度加快农业现代化建设的若干意见》指出“建立全程可追溯、互联共享的农产品质量和食品安全信息平台”。2015 年 11 月，山东省商务厅以打造全省农产品质量安全可追溯信息平台，实现从田间地头到餐桌的全过程数据对接，省市县三级信息资源共享，搭建覆盖全国、辐射全球的农业信息交流、产品展示销售网络为目标，开通运行了“山东省农产品安全示范区公共服务平台”，平台涵盖了企业基础信息、第三方检测认证管理、全过程追溯、产品展示推介、政策信息交流、线上培训等功能板块，以国际标准和信息化手段，提升全省农产品安全质量示范区建设与管理水平，促成与国内外大型采购供应商的交易。山东省农业厅以提升农产品质量安全水平为目标，以市场需求为导向，以建设“生态、高效、品牌”农业为突破口，以关系居民食品消费健康和农民增收的“菜篮子”产品和出口农产品为重点，紧紧围绕影响农产品质量安全的薄弱方面和关键环节，着眼于能力提升、长远建设和示范带动，按照“市场为主，政府引导，统筹兼顾，保障重点，由点及面，稳步推进”原则，开发建设了“山东省农产品质量安全监管追溯平台”，将全省各级农业监管、综合执法、检验检测等重点监管信息以及标准化基地、农药经营单位等重点生产经营主体信息全部纳入监管追溯平台，构建了“从基地到餐桌”的省市县三级监管互联互通的农产品质量安全控制监管平台，对于实现农产品质量安全管控全程信息化监管、加快推进全省农产品质量安全监管信息化管理、维护农产品质量安全和公众生命健康具有重要意义。山东省科技厅按照“平台上移，服务下延”思路，积极探索农业科技创新服务新模式，建成了省级农村农业信息化综合服务平台、现代农业产业技术体系创新团队管理平台、云农场服务平台等农业科技服务平台，为农业生产提供全产业链科技服务，促进农业科技化现代化发展进程。山东省农业厅利用互联网、移动 App 等现代信息手段，开通建设了山东农业科技信息网、山东农业科技网、山东省农民教育培训网以及山东省 12316“三农”服务热线、12316 农业综合信息服务平台、农业 12316 微信公众平台等一系列农业科技服务网站、科技服务平台，为农业生产提供点对

点直通式服务，农民可以通过远程视频、社交网络、移动 App 等系统，与专家实现情景式互动沟通，远程协助农民解决农业生产中的疑难问题。

（四）加强服务保障，搭建国内外市场开拓平台

目前，山东省农产品出口结构仍然存在不合理问题，初级产品多，高档次、高技术、高附加值的加工产品少，花生、蔬菜、苹果等大宗类农产品出口较多，适应市场需求的高附加值特色产品较少，农产品出口利润始终处于低水平，普通农产品多，品牌农产品少，出口品种单一，缺乏品牌效应，一般贸易的比重远远高于加工贸易。虽然山东省已经培育壮大了一大批有加工优势的农产品加工企业，也出现了一大批在国际上叫得响的知名农产品品牌，但还不足以应对国际市场需求结构的变化。同时，因为过于集中的农产品出口贸易市场，出口企业分散经营，各自为战，压价竞销，缺乏行业凝聚力，导致出口无序竞争严重，严重影响农产品的出口秩序，不利于利用优势扩大农产品的出口。针对这些问题，山东省在示范区建设中，加强服务保障体系建设，充分发挥导向服务职能，搭建市场开拓服务平台，着力解决出口产品结构不合理、特色产品溢价能力不高、出口企业无序竞争、国际贸易市场信息不畅的问题。

1. 建立健全国际农产品市场信息服务体系

在山东省政府的统一领导下，各级政府以及各级商务、检验检疫、农业等部门，加强对国际、国内农产品市场信息的收集与管理，及时了解和分析国际市场动态、产品结构和市场结构变化、各国政策变化等市场信息，以此调整产品结构、地区结构、价格策略等农产品出口方案。利用新闻、广播、报纸、网站、平台等媒体平台，及时向广大农产品出口企业发布信息，出口企业通过这些信息及时调整出口策略，依据进口国产品技术标准，及时对生产经营过程进行全面控制，提高产品应对市场的针对性、生产经营效率和企业经济效益。通过驻外办事机构以及通过对进口商进行对比分析，在各主要进口国选择一批资信好、能力强、有经验的经销商，进而建立起广泛的农产品出口经销网络，为我国农产品出口提供稳定畅通的销售渠道。加大对国内外贸易和国际经济技术合作领域等专业人才培训的扶持力度，扩大培训企业范围，提高培训水平，利用国外的先进技术，推进全省农业现代化水平。建立突发事件的预警机制，加强宣传引导，防范和应对各种农产品国际贸易危机，尽量在最短的时间内解决问题，最大限度地将各种损失降到最小。

2. 构建国际市场信息服务平台

整合现有的、职能分散在各主管部门的信息平台，建立统一的农产品出口信息服务中心，及时向出口企业传递有关进口国的农产品贸易政策和最新技术标准，定期发布国外技术壁垒最新动态，帮助企业及时规避市场风险、掌握主动权。2015 年 11 月，山东省把出口农产品质量安全示范区和品牌企业、大型超市、批发市场、物流企业集中在一个平台上，开通了“山东省出口农产品质量安全信息管理公共服务平台”，及时发布数据信息，成为覆盖全国、辐射全球的山东出口农产品信息中心，为农业企业开拓国内外市场、促成国内外大型采购供应商交易提供便捷网络渠道。2011 年 11 月，山东省在青岛设立海峡两岸（青岛）农产品交易物流中心，搭建了山东和我国台湾之间的农业交

流与合作，双向投资桥梁，有利于扩展两地农业技术与管理的合作领域。威海作为第一个被选定为中韩自贸区地方经济合作示范区的中国城市，充分发挥作为山东省对韩开放桥头堡的作用，形成示范和引领效应，成立了威海中韩自贸区地方经济合作研究中心，开通了威海中韩自贸区地方经济合作示范区服务平台，努力带动全省其他地市的对韩开放再上新台阶。安丘市政府依托自身最早启动示范区创建的优势，在山东检验检疫局的指导下，开通了全国首个“自贸协定公共服务平台”，进一步整合自贸协定实施资源，构建起“互联网+自贸协定实施”的公共服务机制。威海的泰祥集团开发了集外贸综合服务、跨境商城、同线同标同质为一体的皇朝马汉外贸综合服务平台，帮助出口企业挖掘和扩大优质产能，着力为中小微企业提供通关服务，仓储物流、收汇退税、检测服务、进口服务、采购联盟以及其他供应链服务。目前，该平台已入驻企业 151 家，2016 年实现进出口贸易 4.7 亿元。

3. 发展各种优质农产品商业协会

充分发挥协会信息服务的功能，借鉴大蒜、兔肉等出口协会建设经验，选择水产品、禽肉、蔬菜、水果、花生等重点出口商品，建立健全出口商品行业协会。发挥协会自律性监督作用，避免无序竞争，自相压价，抱团闯市场。通过协会对企业在农产品出口和市场上及时进行有利的选择和调整，支持协会制定、推广出口农产品质量标准，通过认证方式在出口企业中推广，并在主要出口市场进行重点宣传推介，鼓励协会加强优势农产品原产地标记的注册、管理和保护。

4. 开发农产品出口贸易新模式

加大实施农业“走出去”战略，积鼓励扶持农产品出口企业采用国外代理商、国际招标、国外大型零售企业采购、经销商、批发商、设立国外办事处或者销售子公司、跨国经营等灵活多样的农产品出口方式，进入国际市场，在零售市场上实现突破。引导鼓励有条件的农业龙头企业创新国外投资方式，采取合资、合作方式在境外重点国家和地区设立农业企业，提高与东道国合作水平，建立农业园区，通过提供农机具、化肥、农药和农业技术服务以及预付款等方式，积极与当地农民和农场开展“订单农业”合作，与当地政府和企业在仓储物流、加工生产和国际流通等领域建立互利合作关系，逐步建立境外产销加工储运基地，降低在境外大规模购买或租赁土地的敏感性和投资风险，提高我国企业境外重要农产品权益量。利用国外的土地、水等资源发展农业，解决我国农业资源不足的问题。鼓励引导龙头企业的优势产业线生产能力向国外转移，通过在境外设立农产品生产基地、工厂车间、海外仓，利用当地的原材料和区位优势，变“产地销”为“销地产”，辐射开拓周边目标市场，提高目标市场投放速度，既能够节约时间成本和运输成本，加快资金回笼，创造更大的经济效益，也能够更有效的控制出口渠道，增强在国际贸易中的话语权和定价权。

（五）加强政策保障，严格考核管理、监督问责和激励机制

山东省开展的出口农产品质量安全示范区创建工程，是一个复杂的、庞大的系统工程，涉及面比较广，工作量比较大，既涉及政府、企业，又牵涉到农户、市场。总的来说，政府是主导者，企业是履行者，社会是监督者，而社会则涵盖千千万万的农户、消

费者、流通市场、行业组织、科研机构等所有食品农产品质量安全监督管理的承载者。在示范区建设中，政府、企业与社会承担着不同的责任，需要发挥各自的主体作用，三者之间相互配合，形成一种多元化主体共同参与的示范区创建氛围。在商务部、国家质检总局的指导下，山东省委、省政府加强领导，统筹协调，全省各级各部门开拓创新，积极作为，坚持“工作机制到位，责任落实到位，资源整合到位，公共服务到位和社会共治到位”，形成了具有山东特色的出口农产品质量安全示范区发展新模式。

1. 强化组织领导

2009 年山东省政府出台了《关于加快推进出口农产品质量安全示范区建设的意见》，明确了各级政府特别是县级政府对示范区建设负总责，把出口农产品质量安全由部门责任提升为政府责任，随后各级政府针对示范区建设，结合本地实际情况，不断健全完善工作机制，制定完善工作方案，建立健全责任制，对职能部门履行职责情况进行考核，全力推进本区域出口农产品质量安全示范区建设。为进一步提升出口农产品质量安全示范区创建工作水平，充分发挥专家的咨询指导作用，增强示范区建设工作的科学决策能力和实施绩效，山东省商务厅、山东出入境检验检疫局、山东省农业厅和山东省财政厅联合成立“山东省出口农产品质量安全示范区专家组”，为全省示范区建设提供专业指导和技术支持。山东省 17 地市都建立了示范区推进工作市级领导机构，明确部门责任，形成各司其职、密切配合、齐抓共管的推进机制，把创建任务分解落实到所辖各县（市、区），纳入政府目标责任考核，严格奖惩措施，各县市区也成立了相应的组织领导推进机构，安丘、乳山、荣成等重点县市区专设编制，成立了常设办事机构，形成了全省推进示范区建设的合力。

2. 明确部门责任

山东省政府从省级层面建立由商务、检验检疫、农业、财政、海洋与渔业、林业、工商、质监、食品药品监管、畜牧兽医等部门共同参加的部门推进机制，各部门按照职能分工开展工作，各司其责、密切协作、齐抓共管，合力推进示范区创建工作。农业（畜牧）部门负责植物产品原料种植环节和动物产品原料养殖环节的质量安全监管，加强对农业投入品使用的管理和指导，制定保障农产品质量安全的生产技术要求和操作规程，监测农产品生产区域水体、大气、土壤等环境，与环保部门按照职责要求分别负责农业环境污染防治监管。环保、质监、农业（畜牧）、海洋与渔业等部门制定示范区产地环境质量标准和污染物排放标准。海洋与渔业部门负责水产品和水生动植物原料养殖环节的质量安全监管。检验检疫部门负责出口农产品的质量安全监督和出口农产品生产企业、出口农产品原料种植基地与养殖场的备案，并及时发布对出口农产品的警示通报信息。质量技术监督部门会同农业、工商行政管理部门负责组织协调依法查处生产和经销假冒伪劣商品活动中的质量违法行为，以及标准化、计量工作的管理。工商行政管理部门负责农资市场及流通环节监管。商务部门负责出口农产品综合协调及相关信息服务。

3. 加大政策扶持

对通过示范区验收考核的市县区，优先扶持争取国家促进农产品出口各项扶持政策。各级财政充分发挥资金的引导作用，优先加大对出口农产品质量安全示范区建设、出口农产品龙头企业、检测实验室、出口基地、品牌创建、新产品开发、市场开拓、国外注册认证、专业培训等方面的支持力度。检验检疫、海关、税务等相关部门为出口企业提供贸易便利化和信息服务，建立示范区出口农产品报检通关快速服务通道，优先办理检验检疫和通关手续，减少抽检频次和抽样数量，降低口岸查验比例，对农产品报关采取优先接单、优先审核、及时查验。商务部门加大综合协调力度，及时提供相关信息服务。2016 年 9 月，潍坊出入境检验检疫局、安丘市政府和青岛大学“一带一路”研究院联合，在潍坊安丘共建自贸协定实施研究中心和第三方原产地证区域发证中心。这两个中心充分整合检验检疫部门、地方政府和高校在自贸协定实施出口方面的优势，依托政府专项资金、社科基金以及国家质检总局科技计划项目资金等支持，对中韩、中国—东盟等自贸协定的原产地规则、原产地签证操作程序、降税模式开展理论研究，探索建立科学的自贸协定实施评价机制和自贸协定地方实施机制，客观、全面地评估分析自贸协定实施情况，研究改进措施，扩大政策宣传，便利协定实施，提升出口商品自贸协定利用率。通过构建自贸协定地方出口实施体系实施出口自贸协定体系，创建自贸协定出口实施示范区，安丘市的自贸协定优惠政策利用取得了有史以来的最好成绩，利用率突破 50%，对自贸伙伴市场的出口比重增至 35%，分别高于全省平均水平 10 个百分点和 5 个百分点。在此带动下，2016 年潍坊出入境检验检疫局共签发自贸协定优惠原产地证书 24 000多份，货值 8. 2 亿美元，同比分别增长 50. 9%和 25. 9%，获得自贸伙伴关税减免 7 033万美元。

4. 加强督查考核

随着山东省政府对示范区建设政策性方案的不断完善，2009 年，山东省商务厅、山东省财政厅、山东出入境检验检疫局联合制定了《山东省出口农产品质量安全示范区考核管理办法》，建立了示范区考核的动态管理和退出机制，对连续两年抽检不合格、整改无效果和发生重大食品农产品质量安全事故的示范区给予摘牌通报。为督促各级政府及相关部门进一步提高食品安全责任意识，促使地方政府建立的质量安全管理体系持续有效运转，形成示范区推进建设的合力，山东省突出和量化食品农产品质量安全科学评价指标，建立健全以产品抽查合格率、出口产品国外通报率、本地普查优劣状况等为主要内容的食品农产品质量安全评价指标考核体系。实行食品安全问责制，将食品农产品安全监督管理工作纳入各级政府绩效管理评价考核范围，把食品农产品安全纳入领导干部政绩考核，实行“一把手”负责制，强化各级政府属地管理责任，健全工作责任制，落实责任追究制，对监管不力、失职渎职，致使发生重大食品农产品质量安全事故的相关责任单位和责任人进行问责，在评先评优、干部提拔使用上，将食品安全纳入“一票否决”范畴。认真落实《中华人民共和国食品安全法》明确的“政府负总责，监管部门各负其责，企业是第一责任人”规定，进一步理清了政府与企业的责任。实行食品农产品生产经营企业诚信管理制度，建立示范区出口企业诚信档案和产品质量信用记录，定期评价、发布企业质量安全诚信信息，对诚信企业予以表彰，对因失信造成出口农产品质量安全被国外官方通报并产生重大影响的企业，依法进行处理。

第六章　创建出口食品农产品质量安全示范省取得的成绩

通过实施出口农产品质量安全示范区创建工程，山东省农产品出口贸易工作取得了显著成绩，年年创下历史性新纪录。经过近 10 年的创建，山东省基本实现了出口农产品质量安全示范区建设市域全覆盖的目标。截至 2016 年年底，青岛、威海、烟台、日照、潍坊、莱芜、临沂、淄博、济南、枣庄、济宁、德州、东营等 13 个市（区）建成"出口农产品质量安全示范市"；安丘、乳山、章丘、平度、五莲、乐陵等 106 个县（市、区）建成省级"出口农产品质量安全示范区"，占农业县（市、区）的 82.2%，基本覆盖了全省农产品出口县（市、区），其中，安丘、乳山、昌邑、邹城、荣成、青州、章丘等 49 个县（市、区）建成国家级"国家级出口农产品质量安全典型示范区"，占全国 291 个国家级示范区的 1/6，位居全国首位。示范区内的农产品出口占全省农产品出口量的 99%，全省出口农产品检验检疫合格率保持在 99.95%以上，区域性、系统性和行业性重大质量安全风险得到有效控制，国外通报批次较 2007 年示范区创建之初下降 59.1%。从 1999 年开始，山东农产品出口连续 18 年位居全国首位，2016 年出口总量首次突破 1 000亿元，达到1 075.3亿元，占全国农产品出口额的 22.1%，成为山东省农产品开拓国际市场的重要"里程碑"。通过实施创建出口农产品质量安全示范区，山东农产品出口行业实现了由"量的扩张"到"质的提高"的飞跃。"鲁花""龙大""得利斯""金锣""东方海洋""潍县萝卜""安丘大姜""苍山大蒜"等一大批山东优质安全农产品品牌享誉国内外，竞争力显著提升，出口农产品质量安全示范区成为山东农产品的一张"金名片"。农业供给侧结构性改革实现新突破，有效满足了国内广大民众需求侧变化的需要，"菜篮子""米袋子"产品的综合生产能力以及优质产品的供应能力得到全面提升。

一、农产品质量安全水平显著提高

初级农产品是所有食品的基础，位于食品产业链的最上游，上游不牢固，必然导致下游秩序混乱，影响到食品整个产业链，进而动摇国民经济根基。农业作为第一产业，同时发挥着"接二连三"的基础作用，是一个相互影响、相互制约、相互依存的整体，这就涉及推动现代农业发展的一个概念模式"农业全产业链"。农业全产业链是在当代我国农业产业结构升级和食品安全要求不断提高的背景下，产生的一种全新的农业经济发展模式。它是指以消费者为导向，同一农业产业内或不同产业间的多个经营主体，依据特定的逻辑关系、利益关系和时空布局形成的，以产品或服务为对象，以资本和技术为纽带，以价值增值为目标，从农业产业链的源头做起，涵盖了种养殖与投入品采购使用、农产品加工分销及物流、品牌推广等从田间到餐桌多个环节的产业链系统。简单地说，农业全产业链就是与农业初级产品密切相关的产业群的供给和需求关联构成的网络结构，包括为农业生产做准备的科研、农资等前期部门，农作物种植、畜禽养殖等中间产业部门，以及以农产品为原料的加工、储存、运输、销售等后期产业部门。发展农业全产业链，建立完善的标准体系，有利于推动现代农业实现种养加、产供销、贸工农一体化融合发展，保障食品农产品质量安全，加快推进农业现代化。在出口农产品质量安全示范区创建过程中，山东省始终坚持以完善的标准体系引领农业全产业链发展，通过健全完善标准体系，实现农业全产业链各环节之间的有效衔接，促进农业产业化发展，从而确保食品农产品质量安全。2014 年 7 月，山东省政府颁布《关于创建出口农产品质量安全示范省的实施意见》，要求通过连续 3 年的示范省创建活动，初步建成覆盖全省的全产业链标准体系，在水海产品、肉食品、蔬菜、果品、花生、粮油制品六大类主要出口农产品中普遍推行国际标准，构建起涵盖生产、加工、包装、储存、运输、消费各阶段关键质量安全技术要求的农产品全产业链标准体系，推动全省食品农产品质量安全水平全面提升。从农业部发布的农产品质量安全例行监测信息可以看出，近几年来，山东省的蔬菜、水果、水产品等主要农产品监测合格率一直稳定在 98%以上，位居全国第一，2017 年与 10 年前相比，蔬菜、水果的质量安全合格率提升了 30 个百分点，因食用农产品发生的急性中毒事件越来越少。从 2011 年开始，山东省农产品出口合格率始终保持在 99.95%以上，2017 年与 10 年前相比，农产品出口合格率提高了 4.3 个百分点，国外通报批次较 2007 年示范区创建之初下降 59.1%，区域性、系统性和行业性重大质量安全风险得到有效控制。

（一）从夯实基础入手，建立国际质量标准体系

评价农产品的质量安全状况，最基本、最核心的是看符不符合国家标准的规定，这也是世界各国通行的做法。山东省从种植养殖基地入手，围绕农资管理、产品生产标准体系等涉及农产品质量安全的各个环节，按照有标贯标，无标制标的要求，采取政府推进，部门指导，龙头企业带动的模式，依据国际标准和进口国技术、规程要求，组织制定食品农产品标准，推动食品农产品质量安全标准体系不断完善。鼓励引导农产品加工企业和流通企业开展质量管理体系（QMS）、良好农业操作规范（GAP）、良好生产规范（GMP）和危害分析与关键控制点（HACCP）等体系认证，支持鼓励农产品出口加工企业开展美国 NOP、KOSHER、日本 JAS、欧盟 GAP、英国 BRC 等国际认证。特别注重 GAP 标准认证体系研究制定，针对目标国农兽药残留标准限值要求，开展农药药效、最终残留和消解动态试验 1 000多项，筛选药剂 200 多种，建立了农药残留动态数据库，制定出了针对欧盟、日本、美国、韩国等主要贸易国进口标准的、16 种大宗出口作物的 24 个 GAP 草案。2011 年 9 月，基于山东省出口农产品质量安全示范区的基本做法，全国首部食品安全区域化管理国家标准《初级农产品安全区域化管理体系　要求》（GB/T 26407—2011）顺利实施，为确保某一区域内食品农产品质量安全提供了标准依据。积极开展国际质量标准研究，针对菠菜种植和家兔养殖产业管理情况以及目前

国家标准中对此无明确要求的实际，研究制定《出口兔肉、菠菜加工企业在种植养殖中良好农业规范标准的研究和应用》，填补了 CHINAGAP 和 EUREPGAP 标准中没有菠菜种植和家兔养殖的空白，进一步完善 CHINAGAP 标准。2010 年 4 月，山东省农业厅、质监局联合出台了《山东省省级农业标准化生产基地建设与管理办法（试行）》（鲁农质监字〔2010〕35 号），对标准化农业生产基地做出了明确的表述，从农业标准化基地建设与管理入手，推进农业标准化进程。2016 年 11 月，山东省推出了《山东省农产品食品链全过程管理通用要求（试行）》标准体系，包括食品链全过程通用标准、专项产品技术支持性标准、第三方评价标准 3 部分。在标准管理体系上采用“GFSI 国际食品安全动议”认可，且被国际市场广泛采信的标准，保障了国内外市场的认可与采信，切实满足了“一个标准，两个市场”的需要。其中，“通用标准”在国内首次提出了基于出口农产品质量安全示范区管理下的农产品种植、加工、流通等全产业链过程管理要求，也是我国首个初级农产品全产业链标准，这个标准从田间地头到餐桌都做了详细的规定，贯穿了种植、采收、加工、包装、储存、运输、消费全过程。潍坊市加大对进口国农产品标准研究力度，加紧制定完善农业标准，收集并制定了白菜、大姜、大蒜、大葱、大根、圆葱、芦笋、芋头、山药、菠菜等 19 个种植规模大、国内外畅销蔬菜的生产技术规程，收集整理了 61 项有关蔬菜、禽肉的国家标准，以及 24 项日本、韩国、欧盟等国家和地区的标准规范，印制成《农业标准化规范性文件汇编》，无偿发放到全市农业标准化生产基地和农产品加工企业，作为生产加工的标准依据。同时，组织农业、质监、检验检疫等部门，参照国家标准和国际标准，制定了包括产地环境、产品质量、生产过程和加工包装在内的 248 项技术标准规范，形成了较为完善的农业质量标准体系，使全市主要农产品的生产、加工、包装、流通等环节都有了标准可循。山东鲁丰集团规划建设了标准化蔬菜生产基地 6 000亩，并通过日本 JAS 认证；三通食品公司建设标准化蔬菜生产基地 5 000亩；寿光欧亚特菜公司建设标准化蔬菜生产基地 4 000亩；潍坊长江农业公司建成有机大姜生产基地 2 000亩。2014 年 1 月，威海市出台了《威海市农业标准化生产示范基地项目资金奖励办法》（威财农〔2014〕2 号），对获得农业部无公害农产品、绿色食品、有机产品认证的标准化基地进行扶持奖励。滨城区按照国际标准和进口国技术标准规程，结合本地农产品出口优势，制定了 15 种主要蔬菜的加工操作规程，要求每个农产品出口基地配备一名质保员，严格按照统一规划建设、统一环境质量、统一关键技术、统一规程操作、统一插牌立标的“五统一”要求生产。在以农兽药为重点的农业化学投入品控制上，山东省采取“两账两票一书一卡”制度，按照统一进货、统一仓储、统一配送、统一标识“四统一”标准，规范农资诚信经营主体及经营产品，确保农化品投入来源明、渠道清、流向可追溯。滨城区按照“方便运行、连锁配送、可追溯”的要求，建立完善农化品投入配送体系，成立了 10 个区级农资配送中心，逐级设立配送服务站，269 个经营门店全部纳入连锁经营，形成了区、镇、村一体化农资经营网络。安丘市实行农兽药告知备案、连锁直营、市场准入和实名购买制度，确保农兽药来源可确认、去向可查询、质量可追溯。截至 2017 年，已对 542 个农兽药生产企业的 3 409个农兽药产品进行了备案，全市 35 处农兽药批发企业和 973 处镇村连锁直营店全部实行封闭式管理。通过这些年的努力，山东省建立了涵盖质量标准、生产过程、投入品控制、物流运输、包装加工等一系列标准体系，建立起了一套与国际接轨的农产品质量安全管理制度和技术标准，达到了国际先进水平。截至2017年，全省出口农产品标准种植基地发展到311万亩，标准化养殖场239个，水域海域养殖面积43.36万亩，产品覆盖蔬菜、肉食、水海产品、水果、花生等优势出口农产品。其中，出口蔬菜基地占全国总数的67%，出口家禽养殖场占全国总数的32.3%，出口水果果园占全国总数的19%，兔肉养殖场站全国总数的43.1%。

（二）通过实施农业标准化项目，完善农业全产业链标准体系

山东省在出口农产品质量安全示范区推进过程中，农业、质监等部门通过实施农业标准化项目，促进农业全产业链标准体系不断完善。从2010年开始，山东省按照有生产规程、有生产档案、有产品品牌、有检测能力、有包装标识、有龙头依托、有管理责任人、有技术负责人、有质量安全追溯、有产地证明以及统一供种（苗）、统一供肥、统一病虫害防治、统一产品认证、统一质量检测的“十有五统”标准，实施省级农业标准化生产基地创建工程，出台了《山东省省级农业标准化生产基地建设与管理办法（试行）》，夯实了农业全产业链标准体系基础。截至2017年，全省已建成山东七河生物科技股份有限公司食用菌标准化生产基地、烟台市福山区蓝湾蔬菜基地等654个省级农业标准化生产基地，总面积161.82万亩。为更好地实施农业标准化示范创建项目，提高农业质量效益和竞争力，加快农业发展方式转变和农业标准化推广，2015年山东省质监局发布了《农业综合标准化示范区建设指南》山东省地方标准，为创建农业综合标准化示范区提供了标准依据。目前，全省已建成国家农业标准化示范项目295个，省级36个。在实施农业标准化建设项目过程中，山东省各级政府特别重视标准研究与应用，依靠政府、社会、企业的力量，开展多层次的标准体系研究制定工作。安丘市成立了安丘市农业综合标准化研究所，主要业务是研究、制定和推广农业标准综合体，开展农业综合标准化学术和技术交流，宣传普及农业综合标准化知识和培训，提供农业综合标准化业务咨询服务，接受委托，承担农业综合标准化科技项目的研究、试验以及农业综合标准化科技成果的推广应用等，先后编写了安丘生姜、安丘大葱、安丘大蒜、安丘草莓、安丘大樱桃等六大类40个农业标准综合体，涵盖农作物播种育苗、种植管理、收获运输、生产加工、包装运输等农产品质量控制各个环节，为安丘农业实现全产业链管理，提供综合性的标准参考依据。2013年12月安丘市成功创建为全国第一个全行政区域覆盖的农业综合标准化示范市。金乡县成立了金乡大蒜科技研究所和山东省大蒜技术工程研究中心，聘请中国农业科学院、山东农业大学等相关专业研究员和教授详细研究了大蒜及其制品方面的数十个国际标准，结合金乡县大蒜检测、种植、生产、加工和销售的具体情况，制定了适合金乡县情、符合国际标准、富有金乡特色的大蒜生产技术标准。章丘为进一步提升章丘大葱的品质，从2013年7月开始，大力开展“章丘大葱农产品地理标志监管追溯模式”研究，用以全面掌握农产品的产地、生产过程、销售流通等生产动向，实现质量安全全程追溯。目前，该市对大葱生产实行统一生产档案、统一关键技术、统一操作规程、统一监测方法、统一标志标识“五统一”管理，章丘大葱实现了良种选育、育苗移栽、生长收获、包装销售的全程质量控制。这种严格标准

体系支撑，保证了章丘大葱的优良品质和安全性能。基于这一优势，在 2014 年 11 月 10 日的 APEC 会议水立方欢迎晚宴上，章丘大葱登上了国宴的餐桌。

（三）充分运用“互联网+标准”，搭建信息化标准服务平台

随着互联网、物联网等信息技术的飞速发展，“互联网+”对各行各业的生产经营方式产生巨大影响和变革，互联网平台相对于其他平台而言，具有标准性、系统性和准确性的比较优势，能够提供快速有效的服务信息。山东省充分发挥“互联网+”的服务优势，利用多种网络信息平台，搞好农业标准的宣贯实施。2015 年 11 月，山东省商务厅开发的“山东省出口农产品质量安全信息管理公共服务平台”正式上线，平台涵盖企业信息、第三方检测认证、全过程追溯、产品展示推介、线上展会、线上培训等功能板块。这是山东省运用互联网、云计算、大数据技术，以“跨界融合，平台展现”的方式，改变甚至颠覆农业传统行业的新尝试。在实际运行中，山东省充分发挥“山东省出口农产品质量安全信息管理公共服务平台”对于全面提升农产品质量安全的引领作用，为促进优质农产品由出口保障转向全民共享提供了有力支持。山东省农业厅先后开通了 12316“三农”服务热线、12316 农业综合信息服务平台、农业 12316 微信公众平台，及时宣传农业政策，指导农业生产，推广农业技术，普及新产品和新品种等相关“三农”信息，为全省农业生产提供标准化服务。2016 年 4 月山东省农业厅按照“分级负责、属地管理”的原则，将“三农”服务平台进行整合，开通了“山东省农产品质量安全监管追溯平台”，将各级监管体系、农业综合执法体系、检验检测体系信息、农资执法信息等重点监管信息，以及标准化基地、“三品一标”基地、农药经营单位等重点生产经营主体信息全部纳入监管信息管理系统，实现了省、市、县三级农产品质量监管追溯平台实时对接和互联互通，对全省范围内所有市县镇村的农业生产信息以及农产品生产经营主体信息、标准化基地、农药经营单位信息全部实现可追溯、可查询，对于实现农产品质量安全管控全程信息化监管、加快推进全省农产品质量安全监管信息化管理具有重要意义。潍坊市政府基于服务于潍坊市出口农产品质量安全示范区建设、肉类蔬菜流通追溯体系和“一个标准，两个市场”的内外贸一体化战略，于 2014 年 11 月开通了“潍坊出口标准农产品流通平台”，设置采集、追溯、监督 3 个环节，涵盖种植环节采集子系统、养殖环节采集子系统、对外贸易采集子系统、国内流通采集子系统等 4 个子系统，对全市优质农产品的生产、加工、流通及消费信息进行记录和存储，具备农产品全程可溯、实时查询、有效监督的功能。及时推荐符合标准化、规模化、品牌化要求的潍坊优秀农产品生产加工企业、出口品质农产品和地方特色农产品，发布政府相关部门和第三方检测机构的检测检疫数据，为用户提供优质货源、检疫检测、质量追溯、信誉评定等服务信息。潍坊市政府充分发挥口标准农产品流通平台的作用，推进示范区建设，培育优质农产品高端特色品牌，实现农产品供应链中各个环节的互联互通和通查通识，为农业生产、国内消费、对外贸易、电商平台等提供综合性信息服务。禹城、平原、兖州等 106 个省级出口食品农产品质量示范区也相继建立了县级“出口农产品质量安全示范区”公共服务平台，为示范区建设发布指导信息。安丘市为进一步贯彻落实《国务院关于加快实施自由贸易区战略的若干意见》，提升示范区创建水平，

强化对自贸协定政策的研究能力，提升企业运用自贸协定的整体水平，助推山东外贸回稳向好。在商务部、国家质检总局的支持帮助下，从 2016 年年初开始，山东省在安丘试点构建自贸协定地方出口实施体系，推动开放型经济发展，在优化提升出口农产品质量安全示范区的基础上，创建自贸协定出口实施示范区。2016 年 9 月安丘建成了全国首个自贸协定实施研究中心和第三方原产地证区域发证中心。这个自贸协定地方出口实施体系，以推动开放型经济发展为目标，以“一个平台、两大中心、三项机制”为支撑。“一个平台”即构建集自贸协定税率查询、原产地证书申报、政策咨询、风险预警等功能于一体的自贸协定公共服务平台；“两个中心”即自贸协定实施研究中心和第三方原产地证区域发证中心。截至 2017 年，已参与国家社科基金项目、质检总局科技计划项目各 1 项，已签发原产地证书 491 份。“三项机制”即建立自贸协定地方出口实施推进机制，对自贸协定政策利用率排名前 20 位的企业给予扶持；建立自贸协定地方出口实施便利机制，对 96%的商品根据企业申报直接签发原产地证书；建立自贸协定地方出口实施指导机制，聘请 15 名专家学者担任自贸协定实施研究中心兼职研究员。同时，安丘市还配套成立了外贸综合服务平台、自贸协定政策受惠产品展厅及农产品质量安全标准监管中心 3 个服务平台，全力推进示范区创建工作的深化提升。截至 2017 年，全市自贸协定政策利用率突破 50%，比全省平均水平高出 10 个百分点；对自贸伙伴市场的出口比重增至 35%，比全省高出 5 个百分点。同时该市还以“世界菜篮子·安丘原产地”为主题，积极构建农产品质量安全大数据监管格局，全面创新实施农产品产地准出二维码追溯制度，开发建设安丘市农产品质量安全监管平台。通过“互联网+智慧监管”的方式，对农业生产的各个环节进行全方位的监控监管，实现农产品质量安全的在线化和数据化监管。该平台上连省、市农产品监管平台，下连全市各镇街区、农产品监管办公室、社区农产品检测室、农产品流动检测车、农产品标准化生产基地、农资示范店，实现了省、市、县、镇街区、基地数据互联互通，农产品监管信息共享。荣成市建成了农产品质量大数据监控平台，对农药品种、销售区域、销售门店、抽检情况进行实时监控，实时上传信息，并通过平台掌控风险舆情信息。高青县依托山东省农副产品质量监督检验中心（高青）和山东省特种香型白酒产品质量监督检验中心，采取市场化运作模式，创建了鲁中农副产品金质网，积极打造农产品和食品质量安全交易公共平台，是个集检验检测、技术服务、品牌创建、政策新闻产品推介为一体的综合性网站，旨在打造鲁中地区农副产品、食品品牌，让广大人民群众能够吃上安全放心绿色的农产品和食品。该市在对农产品实现二维码追溯管理的基础上，着手筹建涵盖云计算系统、管理系统、传输系统、应用系统及蔬菜专家顾问团微信语音平台、乐物网电商、广播电视商城等 15 个数据平台的高青智慧农业系统，采用三维码技术，建设“淄博智慧农业大数据云计算指挥服务平台”，运用大数据平台，遥控蔬菜大棚的通风、补光、浇水、施肥、用药。

（四）组建专家服务队伍，确保示范区建设高标准推进

为进一步提升出口农产品质量安全示范区创建水平，增强示范区建设工作的科学决策能力和实施绩效，加强农业创新驱动服务功能，充分发挥农业专家的咨询指导作用，

山东省积极构建农业科技高端智库—培育农业科技领军人才—壮大应用型农业科技研发团队—活跃基层农业科技人员——培养带动乡土技术能人，打造具有山东省特色的金字塔型的农业科技人才体系，推动农业新旧功能转换。2012 年 11 月，山东省商务厅牵头，山东出入境检验检疫局、省农业厅和省财政厅参与，联合成立“山东省出口农产品质量安全示范区专家组”，从不同层次、不同领域聘请专家，积极研究示范区建设重大课题，宣传指导地方政府示范区建设，为示范区建设提供专业指导和技术支持。山东省科技厅、农业厅、海洋与渔业厅等职能部门以及地方各级政府组建科技服务队伍，搭建科技创新服务平台，围绕新技术、新品种开展科技创新服务，促进山东农业产业转型升级，加快构建新型农业经营体系，组建了现代农业产业技术体系创新团队，开发了现代农业产业技术体系创新团队管理平台。同时，各级政府落实科技创新经费，建立科技创新考核机制，有效激发了科技人员在农业科技领域进行重大科技创新的工作热情，建立起多专业、多学科纵横联合、协同创新的新体制，实现了从产地到餐桌、从生产到消费、从研发到市场，全产业链条各环节紧密衔接、环环相扣的技术创新研发体系，促进了农业科研与生产紧密结合的有效途径。威海市紧抓建设“海上粮仓”的战略机遇，推进“海洋+科技”创新工程，创新提升技术含量，不断谋求转型升级之路，打造了具有威海特色的“海上粮仓”。威海市每年都安排专项财政经费，与中国海洋大学、中国水产科学研究院等科研院所进行产学研对接，集聚 400 多名专家，围绕 12 个重点海产品开展遗传育种创新研发，推进国家浅海综合试验场建设，建成了海洋生物遗传育种中心、海洋生物与碳汇研发中心、海底观测系统重点实验室、海洋生物制品和海洋装备研发基地等 12 个国家级研发平台，以及海参、海带、贝类、海洋食品等 6 个产业技术创新战略联盟，创建了 8 处省级海洋工程协同创新中心，促进创新链和产业链融合，最大限度将资源优势转化为产业优势。寿光市在创办中国寿光蔬菜研究院的基础上，投资 2 亿多元组建了“中国（寿光）蔬菜种业科技创新孵化器”，重金打造成蔬菜育种研究中心，建设世界一流的种业创新研发公共实验平台，年培育研发推广新品种新技术 30 多项，有效解决了国产蔬菜倚重“洋种子”的格局。截至 2017 年，山东省先后建成了玉米、蔬菜、水果等 22 个创新团队，涵盖了 63 个农产品种类，约占全省主要农产品种类的 76%，创新团队建设的数量、规模和覆盖范围都居全国前列。“十二五”期间，山东省农业科技创新团队解决了一批产业发展的瓶颈问题，培养造就了一批科研创新人才，创新了一批支撑产业发展的科技服务模式，取得了一批高水平的科研创新成果，为山东出口农产品质量安全示范区建设提供了坚实的科技服务保障。

二、农产品国际市场竞争力明显提升

保障食品农产品质量安全，提升农业国际市场竞争力，创造更大更多的食品农产品出口创汇效益，促进现代农业持续快速发展，实现农业增效，农民增收，农村发展，是开展出口农产品质量安全示范区创建工作的基本要求。经过近 10 年持续不断的努力，山东省食品农产品质量安全水平迅速提升，在国内外市场上的竞争力明显增强，山东农业美誉度名扬四海，出口农产品质量安全示范区已经成为山东经济社会发展的一张“金名片”，山东食品农产品受到国内外广大消费者的青睐，食品农产品出口创汇能力持续领跑全国。2017 年 6 月，经综合考核，山东省被国家质检总局确定为全国第一个出口食品农产品质量安全示范省。

（一）质量安全水平明显提升，贸易风险大幅度降低

农产品质量安全问题、技术性贸易壁垒以及包装运输不规范等是造成农产品贸易风险，导致出口产品退货的主要因素。为防止出口农产品遭遇退运风险，造成企业损失，影响山东农业国内外市场美誉度，山东省通过建设示范区，政府以及检验检疫等职能部门严把食品农产品质量关，及时分析掌握发布国际食品农产品贸易政策，为企业提供出口政策信息以及国际市场动态。食品农产品出口企业加强规避防范风险意识，科学建立涵盖原料种植养殖、加工、包装、运输、仓储、贸易、卫生安全检测及管理等全过程质量安全保证体系，对食品农产品质量安全进行严格的要求和控制，确保出口食品农产品全过程达到目标市场。通过政府与企业的共同努力，山东省出口食品农产品被国外通报的安全问题及出口退货事件逐年减少，山东优质农产品的国际美誉度在全球声名鹊起。据商务、检验检疫部门统计，2016 年山东省出口食品生产企业占全省食品生产企业总数的 11.9%，占全国出口食品生产企业总数的 22.5%，如此庞大的出口企业队伍，管理难度相对较大。但是山东省通过示范区建设，有效解决了这个难题，出口食品农产品质量合格率逐年提升。2007 年以前，山东省食品农产品出口合格率年均仅为 95.65%，每年都有十几批次出口产品因质量问题被退回。但从 2011 年开始，山东省农产品出口合格率始终保持在 99.95%以上，与 2006 年相比提高了 4.3 个百分点，国外通报批次较 2007 年示范区创建之初下降 59.1%，区域性、系统性和行业性重大质量安全风险得到有效控制，安丘、乳山、荣成等示范区出口食品农产品合格率年年达到 100%。

（二）突破国际贸易壁垒，对外出口额迅速扩大

创建示范区，确保农产品质量安全，最初目的是应对国际贸易技术壁垒，实现农产品外贸出口良性发展，为农产品出口创造更大的经济效益。中国加入 WTO 以来，欧盟、美国、日本等发达国家以农兽药残留超标为由，对我国的菠菜、冻鸡、兔肉等十几个产品进行封关。例如，2002 年 1 月，欧盟以从我国进口的部分动物源性食品中含有氯霉素残留和我国农药残留体系未达到其标准要求为由，全面禁止从我国进口动物源性产品以及禽肉产品。随着山东省示范区创建工程的深入推进，食品农产品质量安全水平不断提高，农业生产药物残留标准与控制体系不断完善，欧盟、加拿大、日本等国家相继开放对我国封关多年的产品，国际贸易技术壁垒逐步开始攻破。烟台大樱桃从 2007 年开始远销泰国、印度尼西亚、英国等国家，实现了出口“零”突破。从 2008 年开始，烟台春雪集团、新昌集团、诸城外贸、青岛九联等 9 家山东农产品出口企业，向欧盟出口熟制禽肉产品，这标志着经过 6 年我国禽肉产品开始重返欧盟市场。2009 年 5 月，日本在对我国冷冻菠菜封关 6 年后，恢复了我国冷冻菠菜的进口资格，全国共有 6 家企业，其中，山东省依靠良好的产品质量声誉，包揽 5 家。同样也是在 2009 年，传

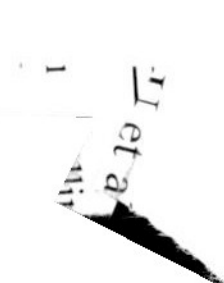

统的国内知名地标性农产品开始远销国际市场，潍县萝卜远销荷兰，出口到欧洲12个国家，金乡大蒜首次出口印度尼西亚，打开了东南亚市场。2015年烟台苹果、蒙阴蜜桃等一批优质水果打开了美国、迪拜、新加坡等国家和中国台湾地区的市场，结束了我国水果产品长期以来不能出口的历史。至此，山东农产品出口业走上了持续稳定的“快车道”，农产品国际贸易市场取得了良性发展，除2009年与2012年这两年外，一直处于上升趋势，农产品贸易额由2007年的92.53亿美元，上升到2016年的1 075.3亿元，年均增长率达到6.7%，高出全国2.3个百分点，较10年前增长63.8%，10年间山东农产品出口累计9 497.6亿元。2016年山东省农产品出口占全省农业总产值的比重达到15.3%，带动1 900多万人就业，对农民增收的贡献率达到25%，农产品出口额占全国农产品出口额的22.1%，连续18年稳居全国首位。

（三）树立良好形象，扩大内外交流

山东省在出口农产品质量安全示范区创建过程中，以宣传推介示范区建设成果为载体，以促进山东优质农产品出口为重点，采取举办或参加国外推介会、展览会、高层论坛等形式，多层次全方位宣传推介山东。通过开展国际宣传推介活动，不仅仅使得山东农产品得到了世界各地认可，更让山东在国际社会树立了良好形象，也有利于山东更好的开展对外交流工作，对于山东更好地实施“走出去”和“引进来”战略具有重要意义。近几年来，山东省通过“政府搭桥、协会穿线、企业参与”等形式，在日本、美国、英国、韩国、法国、德国、英国、意大利、澳大利亚、东盟、俄罗斯和中国香港等几十个国家和地区举办了几十次示范区宣传推介会、展览会、高层论坛，对于树立山东国际形象，提高国际知名度，发展对外贸易，起到了重要的宣传推动作用。

三、农产品内外贸一体化发展格局形成

受2008年全球金融危机影响，世界经济发展受到严重冲击，国际消费市场持续低迷，中国经济也进入“稳增长、调结构”的新常态，片面追求GDP增长的经济发展方式已难以为继，必须以调整经济结构为重点，改变以往过度依靠外贸拉动经济发展的方式，积极推动内部需求和外部需求、出口和进口、“引进来”和“走出去”的内外贸一体化融合协调发展。内外贸一体化融合发展使我国促进经济增长方式由过去主要依靠投资和出口拉动，转变为依靠消费、投资和出口协调发展的方式，成为加快中国经济结构调整、转变当下经济发展方式的重大举措。内外贸一体化发展是共同发挥国内外两个市场、两种资源的优势，在稳定扩大国际市场的同时，将出口级产品扩大国内市场投放范围，依靠出口品质，提振市民国内产品的消费信心，扩大内需和消费，开拓国内内销渠道，促进全国经济繁荣健康和谐发展。过去高端优质安全的农产品主要供应国外市场，国内广大民众很难买到高端优质的农产品，而广大民众对高端优质农产品需求的迫切性越来越强，这种市场供给与社会需求的矛盾越来越突出。山东省在创建示范区过程中，

提出“出口品质，全民共享”的农产品市场推广理念，采取超市直供、区超对接、农超对接等形式，加大出口级农产品国内市场投放力度，国内农产品供给侧矛盾逐步加以改善，农产品内外贸一体化协调发展格局基本形成。

（一）实施产销直供，畅通了农产品产销流通渠道

始于2007年的山东省出口农产品质量安全示范区创建工程，初衷是应对国内外频发的食品安全事件给我国农产品出口带来的严峻挑战，提升出口食品农产品的国际竞争力。随着我国社会经济的高速发展，以及广大民众消费观念的根本变化，我国经济发展已经全面进入新常态，农业需求侧发生根本性的变化，农业供给侧也必须进行配套的结构性改革，方可适应需求侧需求。随着山东省农产品质量安全水平的大幅提升，以及检验检测、追溯管理等硬件设施的不断完善，优质安全的山东农产品已经具备了直接入市的基础条件。为适应农业供给侧结构性改革和需求侧发生根本性变化的需要，2010年4月，山东省政府在第三次出口农产品质量安全示范区现场会上，确立了“推行一个标准，统筹两个市场，实现国民共享”市场开拓思路，开始了示范区建设由出口保障向全民共享的深度延伸，从而推动食品农产品市场内外贸一体化繁荣发展。2010年9月，山东省商务厅按照“政府引导、市场运作、龙头带动、优势互补”工作原则，以提升国内居民“菜篮子”质量水平，实现农产品质量安全由出口保障向全民共享转变为目标，通过在超市设立示范区农产品专区为载体，推动符合国际标准的农产品进入居民的“菜篮子”，出台了《关于推进连锁超市与出口农产品质量安全示范区开展对接工作的意见》，扎实推进连锁超市与出口农产品质量安全示范区开展对接，支持示范区内出口企业在省内大型连锁超市设立专柜，加强与家乐福、乐购、百盛、永旺等国际连锁企业的合作，扩大直销贸易规模。通过鼓励示范区企业在超市设立专柜、超市在示范区建立直采专供基地，并不断创新对接方式，丰富对接品种，畅通对接渠道，居民“菜篮子”质量得到明显提高。2011年5月，山东省商务厅、农业厅又联合实施了《关于全面推进农超对接工作的意见》，充分发挥大型连锁超市与农民专业合作社的优势，通过产业链的延伸和供应链的优化，实现“超市直采、产地直供”，从根本上解决小生产与大市场的矛盾，减少农产品流通环节，降低流通成本，保障食品农产品质量安全，进一步放大了示范区辐射效应。“区超对接、农超对接”作为山东省推进示范区工程实现农产品内外贸融合的主要抓手，对接规模的不断扩大，农产品内外贸融合程度不断加深。以安丘为例，安丘市为使农产品生产走上外贸出口拉动、国内超市销售带动的“双轮”驱动格局，通过对全市农业龙头企业进行筛选、归档，采取“标准化基地+公司+超市”“合作社+公司+超市”“示范区+公司+超市”等模式，鼓励引导全省80余家连锁经营企业参与农超、区超对接工作。其中，建立合作关系的大型连锁超市经营的生鲜农产品，从安丘示范区基地直采比重达到40%，带动各类农副产品生产基地1 000万亩左右，超市生鲜农产品经营成本降低10%左右。安丘市通过实施区超、农超对接，实现了农产品从田间到市场的一步跨越，年均带动农户1.2万户，消化劳动力2万多人，销售各类农产品2.5万吨，销售额2亿多元。

（二）农业现代化流通体系更加完善，“菜篮子”质量水平明显提高

在推进示范区创建过程中，山东省不断拓宽示范区优质农产品对接渠道，把示范区建设与国内现代流通体系建设有机结合起来，优先在示范区建设基础好的烟台、潍坊、临沂、威海、日照等地开展集中连片推进农产品流通和农村市场体系建设试点，打造全省统一的出口农产品质量安全示范区电子展示、交易、追溯平台，面向全国的中高端消费群体，组织赴北京、上海等大型城市开展对接推介活动，积极推动示范区与国内大中城市建立稳定的供销渠道，减少流通环节，降低流通成本，使内外贸一体化发展提升层次。2011 年 7 月，山东省紧抓黄河三角洲高效生态经济区和山东半岛蓝色经济区“蓝黄战略”大力实施的重大机遇，紧紧围绕“蓝黄”两大战略提出的“建设胶东半岛高端产业集聚区，提升海洋食品精深加工技术水平；大力推动黄河三角洲开发，建设绿色生态种植养殖基地，创建全国重要的高效生态农业经济区”，编制了《山东省出口农产品质量安全示范区发展规划（2011—2015 年）》，健全完善出口农产品质量安全保障体系，提升水平扩大规模，这是全国第一个出口农产品质量安全示范区发展规划，为实现农产品质量安全由出口保障转向全民共享再增动力、再加砝码。地方各级政府也扎实推进农产品内外贸融合发展。青岛市按照“用外贸标准办内贸”的工作思路，本着“寻标对标、完善制度、创新机制、保质保量”原则，将中国农产品出口欧美、日本的运行方式、监管模式，运用到国家“菜篮子”工程建设中。2014 年年初，青岛市出台了《关于加强“菜篮子”工程建设的意见》，实施“菜篮子”国际标准提升计划。提出了加快安全保障国际标准体系建设等 11 条工作措施，从体制机制上创新保障工作，确保广大群众吃上“放心肉菜”，打造青岛“菜篮子”工程建设升级版。在打造青岛“菜篮子”过程中，青岛市重点在国际标准体系建设、产地准出、市场准入、检验检测体系、全产业链追溯体系、诚信体系、公益性农贸市场建设和保障机制 8 个方面，按照国际标准提升“菜篮子”工程建设水平。在加快安全保障国际标准体系建设方面，青岛市制定实施符合国际标准的农产品生产、流通地方标准，按照国际标准制定了《鲜活农产品生产流通管理规范》地方标准，于 2014 年开始实施。截至 2017 年，青岛市通过的蔬菜和猪肉标准共 84 条，贯穿农产品生产、流通全产业链。在生产领域，重点是种子、农药兽药用量及间隔期等农业投入品的使用管理，以及有害物质限量标准的强制性推广应用，加强源头控制。在流通领域，严格执行产地准出、市场准入标准。从 2014 年青岛市全面启动“菜篮子”工程国际标准体系建设，到 2016 年“菜篮子”工程建设体系全面实现与国际标准基本接轨，青岛市“用外贸标准办内贸”的做法，运用倒逼机制，以外促内，提升了内贸工作水平，使城乡市场得到繁荣稳定。威海市大力实施“万村千乡市场工程”，扶持超市建立农产品直采基地和物流配送中心，通过“基地+超市”的农超对接，使安全放心的农产品进入国内销售网络，摆上广大市民群众餐桌，实现了农民与市民、基地与超市的共赢。2009 年以来，商务部两次在威海召开现场会，推广农超对接经验。威海农产品已通过好当家集团，在北京、上海、广州等全国主要城市设立 500 多家连锁店。

（三）内贸外贸统筹兼顾，国内外两个市场齐头并进

在出口食品农产品质量安全示范省创建过程中，山东省通过大力推行“同线同标同质”工程，以严格的出口标准为引领，农产品加工企业有效地破解了外贸市场低迷和国内市场质量差异化竞争的难题，既为扩大出口提供了质量保障，提高了国际市场的竞争力，又拓展了国内市场，提升了品牌价值，满足了国内市场的需求，真正实现了国际国内市场的“两翼齐飞”，高效便捷的农产品市场流通体系与内外贸一体化发展的格局基本形成，农产品供给侧结构性改革成效突出，示范区内优质农产品国内市场销售份额逐年扩大。山东致力推进的“出口品质，全民共享”，得到了商务部、国家质检总局等国家部委的高度评价，商务部、国家质检总局等有关领导曾经指出，山东这几年示范区建设最大的贡献，就是通过抓出口农产品质量安全带动了国内食品农产品质量安全的整体提升。中央党校课题组评价指出，示范区建设作为发展中国特色现代农业的成功尝试，实现了从传统分散经营向规模化、产业化经营的转变，从依靠经验向依靠科技进步和劳动者素质提高的转变，从传统的生产至销售无人监管到农业标准化生产、检验检测和质量追溯的转变，从依靠人力物力等量的扩张到向科技、管理要效益的转变，我们有理由相信，在“安丘模式”与“威海经验”乃至山东省的示范下，在政府、部门、企业与全社会的共同努力下，山东省食品农产品质量安全管理模式成果由出口保障向全民共享拓展，支持外贸、内贸共同发展，终将成为现实。2016 年全国重点区域性连锁超市设立区超对接销售专柜达到 300 多个，从示范区农产品采购金额达到 74. 67 亿元，是示范区创建之前的 3 倍，全省有 251 家出口食品农产品生产企业参与“同线同标同质”三同工程，国内市场销售额达到 173. 05 亿元，同比增长 17. 9%。2017 年，全省超市生鲜农产品自营占生鲜农产品经营比重的 80%以上，超市农产品直采占生鲜农产品经营的 60%以上，农民专业合作社主要生鲜农产品直接进入超市销售的比例达到 20%。经过几年的努力，山东省组织实施的出口农产品质量安全的示范区建设已辐射大江南北、长城内外，全国已建成各类出口农产品质量安全示范区 369 个，基本囊括了国内“菜篮子”全部产品，对于满足国内市场需求、推动农业供给侧结构性改革具有重要意义。

四、农产品品牌美誉度和影响力不断提升

山东凭借丰富的农业资源优势、得天独厚的区位优势和紧跟潮流的创新精神、齐心协力的拼搏精神，通过创建农产品质量安全示范区，促使山东农业品牌战略走在了全国的前列，无论是产量，还是质量，均名列全国前茅，成为全国品牌农业发展的“领头羊”，涌现出一大批含金量较高的涉农高端品牌。随着山东农业品牌数量的不断增加，品牌对于农业发展的带动作用凸显，全省农业品牌建设走上了持续良性发展的轨道，山东被誉为中国的“渤海粮仓”“菜园子”和“果篮子”，更与乌克兰、美国得克萨斯州并称“世界三大菜园”，山东农业逐步成为名扬四海的知名品牌，全球影响力不断提升，为品牌农产品出口和满足国内高层次需求打下了良好的基础。截至 2017 年，全省

区域公用品牌已达到300多个，已有500多家企业生产的600多个农产品获得了“山东名牌产品”称号，涌现了“鲁花”“龙大”“张裕”“得利斯”“金锣”“鲁丰”“九联”“谷神”等涉农知名产品品牌。培育发展了年出口额超过1 000万美元的国际知名自主品牌53个，九联、GOLDEN ROCK、GOODFARMER、东方海洋、凤祥、佳农、柳絮食品等品牌深受国外市场欢迎，“出口食品农产品质量安全示范省”“食安山东”“齐鲁灵秀地·品牌农产品”“海上粮仓”等山东整体品牌在国内外市场知名度和影响力显著提升。

（一）农业生产组织化程度不断提升，得到了社会大众的广泛认可

山东省通过创建示范区，把农业生产有条理、有步骤、有计划的组织起来，突出农业龙头企业的带动作用，实现产供销一条龙发展，无论是种植养殖基地的农业劳作，还是农产品市场流通、生产加工，都在一套行之有效的标准体系引领下，开展组织有序的产业化经营，解决了以往农民盲目、跟风式的农业生产模式，农业组织化程度大幅提升，国内广大民众对山东农产品的品质认知度逐年大幅增长。截至2017年，山东省地理标志总数达到191个，认证并有效使用“三品一标”的产品7 904个；出口农产品标准种植基地发展到311万亩，标准化养殖场239个，覆盖了主要传统优势出口农产品；分别有45家和258家企业进入国家级和省级龙头企业行列；获得出口食品生产企业备案证书的企业达到3 141家，占全国的21. 4%，获得国外注册的食品生产企业占全国的24. 4%。

（二）持续不断的宣传推介行动，拓宽了山东品牌农产品的认知领域

在当前产品日趋同质化的今天，产品要想得到更多的消费者认可，形成一批忠诚的消费“粉丝”，获取更大的经济社会效益，必须进行大力宣传推介。以往那种“酒香不怕巷子深”的市场营销概念已经难以适应瞬息万变的消费市场，为了让更多消费者认知并购买自己的优势产品，必须拉开嗓门高调“喊出来”，绝不能“深在闺中无人知”。在示范区创建过程中，山东省通过设计品牌标识、塑造品牌形象、加强品牌宣传、举办全省品牌建设会、开展品牌推介活动等措施，多层次全方位的推进山东品牌农产品宣传推介活动，积极参加中国农交会、中国农产品品牌大会等全国性品牌农产品活动，形成了泰山农博会、苍山菜博会、乐陵枣博会、寿光菜博会等一批国内外知名展会。同时，建立一套线上线下相结合的山东品牌农产品营销推广体系，依托国内外知名电商平台，筹建山东品牌农产品网上商城，与第三方电商平台合作，开设山东品牌农产品O2O展销中心，支持省内龙头企业等新型经营主体在北京、深圳、上海等发达城市特别是省会城市，探索建立山东品牌农产品展销中心，树立山东品牌农产品宣传推介的窗口，进一步增强国内大众对山东品牌农产品的消费信心。山东省积极实施品牌农业“走出去”战略，通过加强与国际农业交流合作，加大山东品牌农产品国际宣传推介力度，大力开拓国际农产品品牌市场。近几年来，山东省组织力量赴日本、法国、英国、美国、意大利、比利时、印度尼西亚、马来西亚、东盟、拉丁美洲、东南亚等几十个国家和地区举办山东示范区推介会、品牌农产品推介会，提高了示范区国际知名度和山东食品农产品

美誉度，达到了宣传中国、展示山东的良好效果，开辟了食品农产品质量安全对话的渠道，增强了国外消费者对山东出口食品农产品的信心，推动了传统市场的巩固和新兴市场的开拓，为进入国际食品农产品零售体系奠定了基础。家乐福、乐购等国际品牌企业，已经开始在山东采购农产品，进行全球配送。

（三）积极有效的品牌培育打造措施，保证了山东品牌农产品的品质

质量是品牌的生命，也是影响市场竞争能力的重要因素。农业品牌得以持续发展的根本在于健全的农业产业链和过硬的农产品质量，从全产业链确保农产品质量安全，是保证农业品牌始终处于竞争发展优势核心因素，农产品的品质与安全水平高低是赢得市场认可的关键。农产品质量安全与品牌发展相辅相成、彼此依赖，单纯地追求质量效益，而不树立品牌理念，质量效益难以持久，同样，单纯地追求品牌，而忽视产品质量，品牌也不能长久不衰。农产品品牌对于全面提升农产品质量，解决“三农”问题，改善农业产业结构，提升农业综合竞争力，具有重要作用。同样，完善农产品质量安全体系，是农产品实现品牌化和打造品牌市场的基础，只有依托质量安全这个基础，加之以品牌的力量，才能确保我国食品农产品在竞争激烈的国际市场立于不败之地。在示范区创建过程中，山东在培育壮大农产品品牌的同时，又高度重视产品质量，特别是安全问题，确保每一个品牌质量过硬，适销市场需求。2016 年山东省的蔬菜和水果两种优势农产品出口额达到 162. 2 亿元，占全省农产品出口额的 15%，两者合计拉动农产品出口增长 6. 8 个百分点，其中，烟台苹果、蒙阴蜜桃、寿光蔬菜、苍山蔬菜等区域公用品牌在拉动农产品出口上，起到了重要的骨干作用。

五、构建了农产品质量安全管理的制度体系

从 2007 年潍坊安丘试点探索出口食品农产品质量安全区域化管理体系建设，到 2008 年威海乳山创建出口农产品质量安全示范区，2010 年全面建设出口农产品质量安全示范市，再到 2014 年开始全面创建出口食品农产品质量安全示范省，山东省政府通过近 10 年的探索实践，形成了农产品质量安全管理的“山东经验”，为全国提供了一种可复制、可借鉴的食品农产品质量安全监管模式。山东省组织实施的出口农产品质量安全的示范区建设已辐射大江南北、长城内外，除西藏自治区外，全国其他的省区市都掀起了示范区创建的热潮，目前，全国已建成各类出口农产品质量安全示范区 291 个。山东省通过示范区建设，创新了农业生产管理模式和农产品外贸出口管理模式，变过去出口农产品质量安全监管主要由出入境检验检疫部门负责为地方政府负总责，有效整合政府各有关部门的人力、技术和执法管理资源，改变了部门分头管理、各自为战的管理模式，形成了联合协作、富有成效的工作机制，特别是政府的主导作用得到了充分发挥，采取从源头控制和基础工作抓起，从标准化基地建设入手，通过加强农业投入品控制管理，推行标准化生产，实施全过程监控，有效解决了影响出口农产品质量安全的社会大环境问题，形成了一个上下联动、齐抓共管、协作配合的食品农产品质量安全工作

管理机制，建立起食品农产品质量安全长效监管机制。在出口农产品质量安全示范区建设中，山东省政府成立了工作领导小组，由省商务厅牵头，商务、检验检疫、农业、工商、质监等相关部门全面参与，明确责任，建立各司其职、密切配合、齐抓共管的部门合作推进机制，保证了示范区创建工作的稳步推进，也取得了预期成效。山东省商务厅作为示范区创建的牵头部门，大力发挥职能作用，积极研究国家产业政策，分析发布国际农产品贸易形势，不断加强对出口企业的政策指导和市场开拓，组织举办国内外品牌农产品市场推介会、展览会等，及时向出口企业提供综合协调及相关信息服务，组织相关部门对示范区进行督促检查和考核验收。山东出入境检验检疫局作为全省出口农产品质量把关的执法部门，将进一步发挥自身的职能作用，加强对出口农产品质量安全示范区的协助地方政府及有关部门加强对出口农产品质量安全示范区建设的技术、业务指导，加强出口农产品质量安全的监督管理。一是关口前移，对区域内原料种植地或养殖场实施备案管理，在种植养殖环节推行良好农业规范等农业标准体系，保障出口食品农产品源头过程中的质量安全。二是重心下移，加强一线检验检疫力量，对生产加工企业质量保证体系、种植养殖基地、高风险食品农产品企业、企业产品原料与辅料、企业自检自控、检验检疫抽样、驻厂或巡回监管及协检员管理、出口敏感国家高风险食品的口岸查验等10个关键环节进行过程监督，提高检验检疫监管工作科学性、有效性。三是科学把关，加强检验检疫机构农产品实验室建设，充分发挥国家级重点实验室、区域性中心实验室和常规实验室三级实验室的功能，按需要开展检测，确保出口产品检得准、检得快、检得了，并通过抽检验证区域内出口产品质量状况。加强检测人员技术培训，开展检测能力验证和水平测试，大力提升企业实验室自检自控能力。四是加强指导，山东出入境检验检疫局专门抽调5名处级干部到荣成市、乳山市、文登区、环翠区以及莱阳市挂副市（区）长，专职协助市长专门负责当地出口农产品质量安全示范区建设工作；各分支局还派出62名业务骨干担任当地示范区建设领导小组或技术保障组的副职，帮助推进出口农产品质量安全示范区建设。山东省农业厅作为农业种植养殖规划与技术指导的主管部门，在示范区建设中，突出负责植物产品原料种植环节、动物产品原料养殖环节以及水生动物原料养殖环节的质量安全监督，加强对农业投入品使用的管理和指导，做好动植物源性疫情疫病统防统治，加强种养殖环节农业科技研发推广与指导，做好“三品一标”种养殖基地的规划认证与监督，以及农产品流通批发市场规划建设工作。山东省工商行政管理局立足本职监管责任，配合各地政府加强农资市场及流通环节监管，及时指导扶持商标注册、品牌认定与推广。山东省质量技术监督局加强农业标准的修订、推广和指导，依法查处生产和经销假冒伪劣商品活动中的质量违法行为，协助推进农业标准化以及品牌创建。

在商务部和国家质检总局的联合推动下，从2009年开始，全国各省市结合自身实际，普遍开展农产品质量安全示范区创建工程。山东省作为示范区创建工作的发源地，无论是创新做法，还是创建成效，都一直走在全国前列。从省际层面看，山东省政府推行“政府主导、部门联动、企业主体、市场运作”的工作机制，采取以企业为龙头、基地为依托、标准为核心、品牌为引领、市场为导向的“五位一体”发展模式，围绕出口农产品质量安全标准化、农业化学投入品控制、质量安全可追溯、监控评估预警、企业质量安全诚信、多元化国际市场六大体系建设，确保农产品出口走上“源头无隐患、投入无违禁、管理无盲区、出口无障碍”的良性发展轨道，逐步形成了“推行国际标准、统筹两个市场、打造山东品牌、促进富民强省”的农产品质量安全示范区建设“山东模式”。从市县个体单位来看，山东各县市区在贯彻落实“山东模式”基本思路的大前提下，又结合自身实际情况，进一步放大示范效应和连锁效应，逐步形成了以安丘为代表的高端基地封闭管理型的“安丘模式”，形成了政府主导、科学指导、部门联动、龙头带动、全面行动的“两导三动”管理模式；以乳山为代表的开放式基础全面管理型的“乳山经验”，形成了公司+基地+标准+品牌+市场的“五位一体”管理模式。随着示范区建设在全国的推广实施，各省市区在借鉴“山东模式”的基础上，结合本地的实际情况，不断深化，拓宽领域，在山东形成的上述两种主要模式的基础上，在全国范围又创新性地出现了以在一定地理区域内对单一优势品种规范化管理的单项名优农产品区域管理型示范区运行模式，从而构成了在目前情况下的3类出口农产品质量安全示范区创建模式。

（一）以封闭式中高端出口基地管理型为主要特点的示范区创建管理模式

这种模式的典型代表是潍坊安丘。以安丘市农产品质量安全示范区为代表的“安丘模式”，主要特点是在一定的行政区域和地域范围内，通过政府与社会的双重推动，在家庭联产承包责任制不变的情况下，流转土地经营权，出口农业企业获得土地相对集中的经营权，建设规模化标准化种植养殖基地，对种植养殖生产基地实行农场化管理，从源头上确保出口农产品质量安全。2009年中央党校“食品农产品质量安全区域化建设研究课题组”以《构建食品农产品质量安全体系的成功探索》为题，发布研究报告，对“安丘模式”进行了系统论述。研究报告指出，“安丘模式”是“以市场化、国际化为导向，以标准化为主线，以区域化为空间，以组织化为动力，以体系化为保障，以科技化为支撑，以规范化为准绳，构建标准化现代农业生产经营体系”。从其示范区创建过程来看，由试点探索之初的“两导三动”工作机制，健全完善“五个体系”，到现在的建立“一套机制”，完善“八个体系”，筑牢“三道防线”，“安丘模式”的内涵也在不断深化提升。

1. 健全组织领导体系，实现管理无盲区

整合政府和社会资源，建立了政府主导、科学指导、部门联动、龙头带动、全民行动的“两导三动”工作推进机制。政府主导，就是政府负总责，切实发挥好政府的主导和行政推动作用，搞好统筹协调和宏观管理；科学指导，就是依托业务部门的业务指导与技术支持，及时把握发展方向和工作重点，不断完善具体工作措施；部门联动，就是整合部门资源，明确部门职责，做到既各负其责，又密切配合；龙头带动，就是充分发挥农产品加工出口龙头企业和农村合作组织的辐射带动作用；全民行动，就是加强宣传培训，充分调动广大干部群众开展示范区建设的积极性。该市设立了副县级规格常设办事机构，各镇街区设立农产品质量安全监管站，各村、社区设立农产品质量安全监管员和动物防疫员。市政府与镇街区、镇街区与村、村级监管员与种养业户全部签订农产品质量安全责任书或承诺书，以“军令状”的形式明确各级责任，形成了层层监管、上下联动、左右配合的工作格局，确保农产品质量安全监管横到边、纵到底、无盲区。

2. 健全质量标准体系，实现生产标准化

该市按照“有标贯标、无标建标、缺标补标”的原则，积极做好农业生产标准的推广实施与修订完善工作，推动农产品生产由粗放型向标准化转变。建设了集检测监控、农技服务、告知备案、联合执法等职能于一体的市农业综合标准化管理中心，成立了市农业综合标准化研究所，制定安丘大姜、安丘大葱、安丘肉鸡等六大类 40 个标准综合体，修订完善了农业操作规程 33 个，生产技术标准 200 多个，大力推进标准化种植养殖园区建设，把农产品生产的每一个环节都纳入标准化管理的轨道，实现了主要农产品质量的全过程控制。生姜、大蒜、小米等 7 种农产品获得地理标志产品认证，标准化基地发展到 40 万亩、养殖园区 139 个，“三品一标”农产品发展到 276 个，其中国家地理标志产品 7 个。引导出口企业走深加工、精加工路子，不断开发技术含量高、附加值高的产品，形成了高中低档产品搭配合理的加工产品结构，推动农产品加工由初加工向深加工转变。从 97 家潍坊市级以上农业龙头企业入手，引导企业积极开展 ISO、HACCP、GAP、GMP 等质量安全认证，严格遵守生产技术标准，推行农业生产标准化管理，在种植养殖、收获贮存、生产加工、包装运输、物流配送等环节全面普及农业标准化，推动出口企业不断向标准化延伸。截至 2017 年，全市 73 家企业获得 ISO9000 认证，65 家企业通过了 ISO14000 认证，32 家企业通过食品卫生安全控制（HACCP）认证，10 家企业的产品获得 GLOBALGAP、Kosher、JAS、NOP、BRC 5 种高端国际认证。

3. 健全控制管理体系，实现投入无违禁

抓住农产品质量安全工作的“牛鼻子”，对农业化学投入品实行全过程、全封闭管理。一是实行告知备案。制定印发了农兽药管理办法，所有进入该市经营的农兽药生产企业和产品必须严格落实告知备案和市场准入制度。截至 2017 年，已对 542 个农兽药生产企业的 3 409个农兽药产品进行了备案。二是推行连锁直营。全市 35 处农兽药批发企业和 973 处镇村连锁直营店全部实行封闭式管理，落实实名购买制度，确保农兽药来源可确认、去向可查询、质量可追溯。三是创新实行综合执法。将农业、畜牧的执法资源进行整合，建立农业综合执法大队，与市场监管、公安等部门一起，对全市农资市场进行联合执法，始终对农资违法行为保持严打高压态势。

4. 健全检测监控体系，实现检测监控全覆盖

一是设立检测机构，组建检测队伍。建立以市级农产品质量检测机构为中心、镇街检测资源为主体、出口龙头企业和市场检测室为辅的市镇企业共同参与、分工协作、覆盖广泛的三级检验检测网络，实现了全过程无缝式检测。截至 2017 年，该市已建成检测机构 268 处，其中，安食捷检测、东和分析检测等 6 家检测机构通过了国家认可委认证，形成了职能部门检测室、镇（社区）检测室、企业检测室、农产品批发市场检测室这四位一体的质量检测网络，实现了农产品从种植养殖、生产加工、包装运输等全过程、无缝隙的质量安全检测网络。通过检测，对农产品质量安全状况进行评估，对出现的问题，按照事先制定好的应急预案进行纠偏控制和处理、风险评估。二是实施食用农产品产地准出。在食用农产品生产加工过程中，建立健全质量安全管理体系，实施标准化管理，杜绝不合格食用农产品进入市场，保障上市食用农产品质量安全。建立市、镇、村三级食用农产品产地准出管理织，出台了《安丘市食用农产品产地准出管理办法》，开发了农产品质量安全追溯查询系统，按照全行政区域覆盖、品种逐年扩大的原则，努力打造中国食用农产品产地安全准出第一县。三是探索实行食用农产品安全指数发布制度。在对农田土壤、灌溉水以及初级食用农产品进行抽样检测的基础上，形成《安丘市食用农产品安全产地环境指数报告》《安丘市初级食用农产品质量安全信息报告》，通过政府新闻发布会、政府网站、追溯查询网络系统对社会公布，以“用政府信誉保险”的新做法，提高地域农产品品牌的信用度，切实以品牌影响力提升其附加值。

5. 健全查询追溯体系，实现监管“数字化”

充分利用“大数据”“物联网”等现代信息技术，开发了农产品质量安全信息追溯体系；自主研发了农产品质量安全信息监管平台，及时采录农产品产地环境、施肥用药、检验检测等关键信息，对农产品实行“数字化”“身份证”式的标识管理，逐步健全完善了源头可追溯、流向可跟踪、信息可查询的质量安全查询追溯体系。消费者用手机、查询机等扫描农产品一维码、二维码，便能方便快捷地对农产品质量安全信息进行追溯查询，实现了知根溯源、放心消费。

6. 健全科技服务体系，实现技术有保障

一是健全科技服务组织。投资建设了农业标准化管理中心，设立了科技服务区，设置了农业远程教育中心、网上视频庄稼医院、土地流转中心、违禁农兽药有奖举报中心等服务窗口，组建了“农业 110”专家顾问组，开通了 12316“三农”服务热线，为农民提供便捷的农业技术服务。二是加大科技培训力度。定期对部门业务骨干、镇村干部和农村带头户进行培训，普及农业综合标准化知识。三是推行农业社会化服务。大力培育多元化农业社会化服务组织，初步建立起以公共服务机构为依托、合作经济组织为基础、龙头企业为骨干、其他社会力量为补充，覆盖全程、综合配套的农业社会化服务体系，采取“套餐式”“菜单式”等模式，为农户提供“耕种管收”全方位服务，提高了农业生产效率，有效保障了农产品质量安全。

7. 健全多元化市场体系，实现销售无障碍

坚持“一个标准，两个市场”，支持企业打造自主品牌，引导出口企业积极开拓国内高端市场，实现内外并重、优质优价。在主要销往日韩、欧美发达市场的基础上，引导企业积极开拓非洲、东南亚、拉丁美洲等新兴国际市场，推动农产品销售由单一的国际高端市场向国内外多元市场的转变，“重出口，轻内销”农业贸易模式，逐步得以改善，形成了一批规模大、牌子响、市场影响力强、带动能力强的出口龙头企业，农产品国内高端市场以及新兴国际市场销售的数量明显增加。截至 2017 年，全市农产品出口已扩展到日本、韩国、欧美、新加坡、马来西亚等 93 个国家和地区，以及中国香港地区，2016 年向国内大中城市供应农产品 96 万吨，同比增长 30%。

8. 健全诚信管理体系，实现失信有惩戒

建立涉农企业生产经营诚信管理电子户口档案，定期评价、发布企业质量安全诚信信息，完善涉农企业信息共享机制。制定了失信行为举报、诚信信息甄别、申诉复核、守信企业鼓励和失信企业惩戒等制度，对长期诚信守法经营的企业予以表彰奖励，对因失信造成恶劣影响的企业，列入“黑名单”，依法追究相关责任，涉农企业的责任意识、自律意识和诚信意识明显增强，为出口农产品质量安全示范区的发展创造了良好信用环境。

安丘通过实施出口食品农产品质量安全区域化管理体系建设，创建出口农产品质量安全示范区，农产品质量安全水平大幅提高，出口农产品抽检合格率，由2007年的95%左右提高到目前的100%，有效破解了国外贸易保护主义、国际金融危机和国际市场需求下降对农产品外贸出口造成的困境。从2007年开始，安丘农业实现了飞跃式发展，农产品出口呈现企稳回升的好势头，连年刷新安丘农业发展的纪录。同时，通过创建示范区，发展适度规模经营，从2008年以来，安丘市年实现农村劳动力转移28万人，人均劳务收入占农民人均纯收入的60%以上，采取适度规模经营的耕地，亩均纯效益增收520多元，比分散经营高出26.5%。安丘农产品出口由2007年的1.1亿美元，增长到2016年的3.6亿美元，年均递增14.1%，比全国高出4.1个百分点，农产品出口额占全市出口总额的40%，其中，大葱、生姜、大蒜占日本市场的80%以上。

（二）以开放式基础全面管理型为主要特点的示范区创建管理模式

这种模式的典型代表是威海乳山。以乳山市食品农产品质量安全示范区为代表的“乳山经验”，主要特点是在县级行政区域内以“管理无盲区、投入无违禁、产品无公害、百姓无担忧、出口无隐患”为目标，对农业科技人员、行业管理人员和广大种养殖者分3个层面进行深入、细致、持久地培训教育。实施“农兽渔药市场准入备案制”，在行政区域内坚决杜绝禁用农兽渔药的流通和使用，严格管理限用农兽渔药的流通和使用，科学规范常用农业化学投入品的流通和使用，着力构建组织网络合力化、资源监管一体化、工作推进联动化、出口管理链条化、消费保障民本化“五化体系”，保证大部分达到无公害标准的农产品，也能够达到出口的质量安全要求。而对国外有更严格要求的特定高端、高附加值的农产品，出口企业在此基础上，通过自属基地、合同管理、政府主导特定农业化学投入品区域禁用等各种有效的管理形式，获得特定高端农产品。2009年，农业部《种植业快报》以“管理无盲区　责任全覆盖　规范药瓶子　产品无公害”为题，向全国介绍了乳山市农产品质量安全示范区建设经验，通过实施“农兽渔药市场准入备案制”，农业化学投入品实现了“来路清楚、成分明确、标签清晰、含量准确、安全可追溯”。按照“推行一套标准，兼顾两个市场，区域系统监管，成果全民共享”的理念，通过规范区域内农业化学投入品的流通和使用，确保农产品质量安全的具体做法，在全国起到良好的示范带动作用。

1. 政府主导，构建“安全网络”

乳山市按照“全领域、全方位、全覆盖”监管思路，探索走出了一条农产品质量监管新路子。“全领域”，就是跳出出口界限，将管理范围由出口农产品延伸到行政区域内农、牧、渔所有农产品，实现两个市场、一个标准，从整体上塑造区域农产品的品牌形象。“全方位”，就是建立无缝隙无盲区的管理体系。在市级，成立市长牵头、分管副市长主抓的领导小组，建立联席会议制度，设立农产品质量安全管理办公室；在镇村，注重网络下移、管住一线，全市15处镇、街道全部设立镇级农产品质量安全管理办公室，配备专职管理人员，601个行政村每村确定2名村干部兼任农产品质量安全监管员，从而实现了市镇村三级管理网络的上下贯通、一体联动。“全覆盖”，就是把责任落实到每个机构、每个岗位、每个人。市、镇、村、企业层层签订责任状，逐级细化、落实管理责任，形成严格的责任落实追究体系，保证监管无死角、管理无断档。

2. 管好源头，规范农资市场

管好农资市场是保障农产品质量安全的关键环节。乳山市出台了《乳山市农兽渔药市场准入管理办法》，实行市场准入，对获准备案的农药、兽药等产品实施加贴识别标签的管理措施，全市筛选确定了37处农业投入品配送中心，建立了直供配送体系，规定所有进入乳山的农业投入品必须是经配送中心到市农安办备案并获批准的产品，未经备案不准进入；零售店只准经销从配送中心采购的备案产品，从而实现了农业投入品“一个关口进入、一个闸门管理”，从源头上树起管理“屏障”，为农产品质量安全夯实了管理基础。

3. 全民参与，共建质量安全区

提高农产品质量安全水平，离不开全民的自觉行动和主动参与。围绕调动全社会的参与积极性，乳山市采取开设培训课堂、录制播放专题讲座片以及免费发放农产品质量安全管理手册和挂历等形式，重抓种养业户的基础培训、管理人员的骨干培训和技术人员的专业培训，通过大密度、多层次的宣传教育，使“重视质量、关注质量、享受质量”成为全社会的共同追求。针对一家一户分散生产方式知识普及和生产管理难度大的实际，该市加快推广“龙头加基地联农户”的生产方式，通过建立市场化的利益导向机制，充分调动企业、基地、农户参与标准化生产的积极性。一方面，与检验检疫部门一起对出口企业基地实行“双备案”，获备案企业产品出口享受“绿色通道”便利，极大激发了企业建管基地的主动性。另一方面，引导企业与农户签订产销合同，凡按标准要求种植，企业实行优质优价收购，从而真正把标准化生产的各项措施落实到了每家每户和每个生产环节，形成了全民参与、共抓安全的良好格局。

4. “五体一位”，夯实出口优势

发展农业外向型经济是富民强企的重要举措。乳山是农产品出口大市，出口农产品质量直接关乎国际声誉。在强化产地环境保护的基础上，乳山市以出口农产品质量监管为重点，建立了企业+基地+标准+品牌+市场“五位一体”的质量管理模式。在原料生产环节，制定了严格的生产技术操作规程，所有出口企业基地都明确管理负责人，建立日常生产档案，实行统一规划、统一品种、统一播种、统一管理、统一用药、统一收获“六统一”管理，较好地保证了出口产品原料安全。在产品加工环节，建立了生产、储藏、运输等一整套质量管理制度，严格按出口标准组织生产，鼓励企业自建检测中心，把住原料进厂和产品出厂两道关口，全市所有出口企业都具备了基本的检测能力。在品牌创树环节，整合企业、协会、合作社的力量，共创区域性、代表性品牌，乳山牡蛎、乳山大姜通过中国地理标志证明商标注册，乳山绿茶、乳山大花生、乳山苹果获得中国地理标志认证，16家企业通过了日本、美国和欧盟等进口国家与地区质量认证，出口市场拓展到欧盟、美国、加拿大、新加坡等准入标准较为严格的国家和地区，花生制品、浓缩果汁及牡蛎等产品出口量稳居全国县级前列。

5. 以民为本，保障消费安全

让百姓消费无担忧，让受益群体最大化是农产品质量安全管理的宗旨。乳山市通过引龙头、建协会、育大户，多方培育标准化生产载体。从 2010 年开始对辖区内的规模种植基地和合作社开展条码追溯管理，并相继在各大超市和农贸批发市场设立终端查询机，实现初级农产品质量全程可追溯。在流通环节，辖区内的规模基地、超市、农贸市场严格实行产地准出和市场准入制度，及时向消费者公示产品质量检测信息。与此同时，投资 3 250万元建立了具有省级资质的山东省农副产品监督检验中心，在镇级也配套建立了相应的检测室，从而建立了完善的农产品质量监督检测体系，既为农产品质量安全风险评估和预警提供了科学依据，又为百姓营造了放心、安全的消费环境。农产品质量安全管理工作的开展，收到了提升形象、扩大出口、壮大龙头、促进增收的明显成效，乳山市农产品出口连年保持高位增长，农民人均纯收入更是以每年 10%以上的速度递增。

无论是高端基地封闭管理型的“安丘模式”，还是开放式基础全面管理型的“乳山经验”，都是以一定的行政区域为单位，以政府为主导，推进创建示范区，这是山东省创建出口农产品质量安全示范区的基本模式。从全国范围来看，还有一种是以在某一地理区域范围内，对单一优势品种进行规范化管理的单项名优农产品区域管理型示范区创建模式。这种单项名优农产品区域管理型的示范区创建模式，构成了全国出口农产品质量安全示范区创建的第三大模式。

（三）以单项名优农产品区域管理型为主要特点的示范区创建管理模式

受自然地理环境因素的制约，很多山区省市虽然有着知名特优的农产品，但是在某一行政区域内农产品不够集中，种植养殖情况布局分散，从而形成了在一定的地理区域范围内，在某一责任主体的带动下，对单一优势农产品进行标准化管理，形成规模相对较小的名优农产品质量安全示范区。这种模式主要分布在安徽、山西、浙江、福建等省份。这种模式由于创建的责任主体不同，又分为政府主导型和企业创建型两种示范区创建类型。

1. 政府主导型的单一名优农产品示范区创建模式

这一模式主要在本地政府的推动下，立足本地的优势突出产品，对区域内特色优势农产品实施标准化管理，创建单项名优农产品质量安全示范区，如安徽出口砀山梨质量安全示范区、浙江省临海市出口西兰花质量安全示范区、江山市出口蜂产品质量安全示范区、河南省夏邑县出口食用菌质量安全示范区、吉林省洮南市出口金塔辣椒质量安全示范区、江苏省苏州太湖出口大闸蟹质量安全示范区。以浙江省江山市出口蜂产品质量安全示范区为例，江山市是中国最大的养蜂市，连续 20 年蜂业规模与经济效益位列全国各县（市、区）之首，蜂业年总产值达到 10 亿多元。2011 年 7 月，江山市紧扣产业增效和蜂农增收两个主题，充分发挥政府的主导作用，以养蜂产业化协会为技术依托，以保障蜂产品质量安全和提升品牌效应为抓手，以生产符合国际标准的蜂产品为目标，以创建示范区标准体系建设为核心，以示范区内浙江恒亮、健康、福赐德等 4 家出口蜂产品企业和下属的 550 户养蜂户为样板，辐射带动全市蜂产品质量提升为方向，全面推动示范区建设。这种高度产业化组织化科学化养蜂的做法，被农业部、中国养蜂学会称为“江山模式”。

从其创建的过程来看，主要有以下几个特点：一是产业推动组织化程度高。该市采用“政府+协会+企业+合作社+蜂农”的蜂产业组织化运作模式，极大地提高了江山蜂农的组织化程度，有效地解决了蜂农一家一户所难以解决的生产与生活上的困难，利用联合的规模优势和质量监控，提高了蜂农养蜂技术水平和蜂产品质量；二是蜂药配送全封闭。该市实行“四二四一五”蜂药配送与监控新模式，即四级配送、两级档案、四级监管、一五现金补助，从根本上杜绝兽药对蜂产品的污染。“四级配送”就是由养蜂产业协会制定出蜂药厂商和药品目录，由企业根据需要发放给合作社，然后由合作社下发给所属的蜂农；“两级档案”就是由企业和协会分别按照流程建立蜂药入库、派发、使用档案；“四级互动”就是协会、蜂产品企业、合作社、蜂农四者之间形成互动，形成完善的组织体系；“一五补贴”就是按规定采购使用蜂药的蜂农，由协会对蜂农提供购买蜂药总额15%的现金补贴，充分调动蜂农科学用药的积极性。三是实行蜂业补贴激励制度。该市创建了质量安全预警信息收集与发布平台，实行风险救助机制、经济补贴激励机制和二次返利机制等激励保障机制，建立养蜂互助基金会，蜂农直接受惠500万元以上，政府每年划拨给协会25万元作经费。对养蜂业实行的“风险救助”与“二次返利”激励保障机制，有效带动了示范区内4家蜂产品出口企业和550户蜂农走上蜂产品质量提升与经济快速发展之路。

2. 企业创建型的单一名优农产品示范区创建模式

这一模式主要是依靠本地的出口农业龙头企业，在政府支持下，在一定的地理区域范围内，对本区域内龙头企业建设的合同基地标准化管理，从而创建特色优势农产品质量安全示范区。如，重庆市出口涪陵榨菜质量安全示范区、福建省宁德市出口大黄鱼质量安全示范区。以福建省宁德市出口大黄鱼质量安全示范区为例，宁德作为中国最大的大黄鱼生产、出口基地，年产大黄鱼7万吨、占全国的70%，年出口量1万吨、约占全国的80%。从2010年开始，宁德市为促进大黄鱼扩大出口，加大出口大黄鱼质量安全示范区建设，建成了涵盖宁德市蕉城区白基湾2个核心片区出口大黄鱼养殖区域。宁德出口大黄鱼质量安全示范区建设主要做法是，宁德市14家出口大黄鱼加工企业自愿组建了宁德市渔业协会大黄鱼加工出口合作社，养殖户组建渔排联合体，实施以合作社为核心的“八统一”管理模式。一是统一建立放心药店。在连片备案渔排所在海区设立药品供应中心和分销点，由合作社指派专人负责，实施药物的采购、检测、验收、储存、配送和用药跟踪“全链条”管理。聘请鱼病专家负责收集掌握养殖区域渔病动态，帮助养殖户诊断和防治渔病，保障备案渔排使用药物全部来自放心渔药店。二是统一饲喂备案饲料。组织对海区养殖鱼排使用饲料情况进行调查、监测，及时收集和推荐经检验检疫部门备案的合格饲料清单，未经检验检疫部门备案的饲料不允许投喂。三是统一检测苗种。对投养的鱼苗进行采购前检测，并向养殖渔排推荐经检测合格的育苗场，未经检测合格苗种不允许投入养殖。四是统一监测水质。选择适合监测点，由海洋与渔业环境监测站定时监测养殖水质情况，及时收集和公布监测结果，指导养殖渔排根据水质监测结果规范养殖管理。五是统一管理原料集中供货。协调渔排联合体对企业合作社成员供货，监督企业原料收购前检测和收购过程，验证供货证明和实际原料的一致性，保证出口原料集中供货管理的有效实施。六是统一生产质量标准。协调制定产品生产质量标准，监督企业按统一的生产质量标准组织生产，保证出口产品的安全性。七是统一加施原产地标识。制定使用原产地标识规范，核定企业使用资质，统一原产地标识的申领、核销，对符合规定的出口产品统一加施原产地标识，发挥大黄鱼原产地优势，树立宁德大黄鱼在国外市场的品牌形象。八是统一开展对外交流协作。建立产品安全质量反馈协调机制和对外信息交流机制，由企业与合作社统一对外开展交流和协作，强化企业合作社成员间团结协作，提升企业应对国际贸易壁垒的应对能力，建立畅通的长期性沟通平台。